ESSAI SUR LA MÉTHODE

DES

ÉTUDES ECCLÉSIASTIQUES.

ESSAI

SUR LA

MÉTHODE DES ÉTUDES ECCLÉSIASTIQUES

EN

FRANCE

PAR J.-B. AUBRY

docteur en théologie, ancien directeur de grand séminaire
missionnaire en Chine

PREMIÈRE PARTIE

Se trouve chez l'Éditeur, M. A. AUBRY
DRESLINCOURT par RIBÉCOURT (Oise)

LILLE. — DESCLÉE, DE BROUWER ET Cie. — LILLE.

PRÉFACE.

L'ÉTUDE que nous publions aujourd'hui fut composée par le Père Aubry, à l'occasion de la promotion du R. P. Franzelin à la pourpre cardinalice. Entreprise sur les instances de plusieurs de ses amis, et adressée, sous forme de lettre, à un religieux de la *Compagnie de Jésus*, elle ne devait être primitivement qu'une *Esquisse* de la théologie de cet illustre maître; elle est devenue un ouvrage considérable, dont l'exposé de la méthode du cardinal Franzelin forme le couronnement.

« Plus j'avance dans cette étude, nous écrivait le P. Aubry, plus le sujet s'agrandit, plus les horizons s'élargissent devant moi ». Et il méditait, creusait profondément son sujet, amassait et groupait ses matériaux, mûrissait son plan, préparait la synthèse de ses idées sur la manière de comprendre, d'étudier et d'enseigner les sciences sacerdotales — *Non nova sed nove.*

Composé — comme les écrits des apôtres — au milieu des labeurs, des agitations et des souffrances de la vie apostolique, l'ouvrage du P. Aubry garde vivante et originale l'empreinte de son âme ardente et enthousiaste. Ce sont ici des pages admirables, de la plus haute valeur, et dont le prix apparaît plus grand encore, lorsqu'on songe aux circonstances dans lesquelles se trouvait l'auteur. Et cependant, l'*Essai sur la méthode* n'est qu'une *ébauche inachevée* — une ébauche avec sa liberté d'allures, sa franchise d'expression, son unique préoccupation de ne rien sacrifier de l'idée au style, aux conventions littéraires, aux susceptibilités de partis.

Mais pour inachevée qu'elle soit, et à la différence de la plupart de nos articles de revues et de brochures, qui demandent un certain *apprêt littéraire*, cette ébauche s'impose d'elle-même, et par les principes de premier ordre qu'elle défend, et par la forme magistrale dont elle revêt leur exposition. D'aucuns trouveront difficile d'y marquer les numéros et les alinéas, soit !

Mais le lecteur impartial reconnaîtra la grande et noble *manière* de l'exposition traditionnelle et scolastique.

Certaines questions, traitées par le P. Aubry, semblent aujourd'hui plus ou moins complètement résolues. Et pourtant, les pages qu'il consacre à leur exposé, les développements et la solution qu'il propose, ne sont pas des hors-d'œuvre. Quelles que soient les modifications apportées en France, depuis la fondation des Universités catholiques, à l'organisation des sciences sacrées, il reste à faire immensément, de l'aveu même des hommes les plus compétents ; et il est inutile de faire observer combien sont graves tous les aspects, et jusqu'aux moindres détails de la thèse du savant théologien. Il est remarquable d'ailleurs qu'en fait de méthode, nulle question, même secondaire, n'est jamais réglée sans appel et définitivement, tant que demeure indécis le point d'orientation, tant que n'est pas infailliblement constituée la charpente, mieux que cela, l'âme de l'enseignement.

La puissance créatrice de cette âme, c'est l'Église, et l'Église, c'est Rome. Pendant plus de trente ans, et avec toute l'énergie dont il était capable, Pie IX a travaillé à faire de l'admirable Collège Romain l'*Alma Mater* des écoles théologiques du monde entier. La fondation du *Séminaire français* à Rome n'avait pas d'autre raison d'être, et la Bulle *In sublimi* du 14 juillet 1859 le place « sous la haute surveillance et la protection immédiate » de l'Église romaine.

Les actes de Léon XIII sont plus explicites et plus formels encore, s'il est possible. Avec une sûreté de coup d'œil, une profondeur de pensée, une netteté d'expression qui appartiennent au seul représentant infaillible de J.-C., le Souverain Pontife établit que le mal moral et la désorganisation sociale, dont se meurt le monde, ont leur source dans les idées. L'encyclique *Æterni Patris* (1) rattache directement la restauration des études de principes — surtout la philosophie scolastique — à la question sociale. L'encyclique *Sapientiæ christianæ* (2) est plus explicite et plus précise encore : en fait de restauration sociale, elle déclare que rien ne sera fait de salutaire, de durable,

1. 4 août 1879. — 2. 10 janvier 1890.

pour la régénération des nations chrétiennes, si on ne remonte à cette source première de toute vie sociale : *les idées — les idées catholiques !*

Pour entreprendre logiquement, solidement, la restauration sociale, il faut donc commencer par réorganiser les études sur l'ancien type catholique. Là, et là seulement, est le germe de la régénération vraie, durable, que tout le monde appelle. C'est ce que Léon XIII déclare après Pie IX ; c'est ce qui incombe aux Universités catholiques, et ce que demande le P. Aubry. Toute la raison d'être de l'*Essai sur la méthode* est là.

« Je parle beaucoup de réforme, dit-il lui-même ; quand je pense à toutes les utopies, à toutes les sottises, à tous les crimes qui se sont couverts de ce prétexte, et dont cette prétention a été l'origine, cela me fait trembler, et ce seul mot m'effraie. Mais j'aurai le courage de le prononcer, puisque je le pense, et de le justifier. Je ne crains pas qu'on m'accuse d'innover, de me poser en réformateur ; ce que je veux, c'est la tradition et tout ce qui vient d'elle ; mon principe premier est le vieil axiome : *Nihil innovetur nisi quod traditum est* (1). — *Depositum custodi* (2). Ma thèse, c'est que nous périssons pour avoir innové ; que nous ne pouvons nous sauver sans revenir aux vieilles institutions catholiques, ébranlées en France par le protestantisme, le gallicanisme et le jansénisme d'abord, puis par l'école libérale et rationaliste, mais conservées par l'Église — surtout à Rome — et contre lesquelles il n'est pas de prescription possible. »

« Ce qui me rassure, nous écrivait-il encore, c'est que je demande qu'on prenne à Rome l'idéal de l'organisation des études. Toute ma ressource est de songer que ce sont les idées catholiques que je défends ; toute ma prudence, de protester que je ne veux un retour aux institutions antiques que dans les termes et autant que Rome le veut... Déjà on est *Romain* par le cœur ; il faut le devenir par les principes ; on veut bien aller à Rome pour aimer ; mais il n'est pas rare de trouver des hommes, des prêtres, des personnages éminents et amis du Saint-Siège, qui ne connaissent de l'enseignement des sciences sacrées à Rome

1. S. Vincent de Lerins. *Commonitorium.*
2. *II Tim.*, I, 14.

que la « facilité, disent-ils, avec laquelle on en revient docteur en théologie » !

Le P. Aubry ne jette le dédain ni au passé, ni au présent ; il ne demande pas à faire monde neuf, table rase. Encore une fois, les réformes qu'il appelle reposent sur les antiques institutions de l'Église ; il demande seulement le retour *complet*, *pratique*, aux méthodes antiques consacrées par les siècles et l'expérience, en tenant compte sans doute des progrès accomplis, mais dans un sens sévèrement scolastique.

Nous touchons ici aux intérêts majeurs de la société catholique ; car la restauration, l'avancement des sciences sacrées, qui est toujours et partout une question capitale, est, à l'heure présente, le premier besoin de l'Église de France. Les plumes les plus autorisées en ont écrit longuement depuis un demi-siècle ; tout le monde sent et déclare que la société se désagrège (1). Il n'est pas un esprit qui n'ait sa théorie sur les moyens de salut ; les impies eux-mêmes proposent leurs combinaisons insensées, et elles se résument, comme toujours, dans la destruction de cette antique Église qui a sauvé le monde. Mais, parmi les bons, que de divergences ! On dit et on prouve que le salut de la société, comme des individus, est dans les *principes religieux;* à force d'être répétée, cette vérité est devenue un axiome, un lieu commun ; nous l'avons entendue jusque dans nos assemblées délibérantes (2), jusque dans des revues fort peu habituées à de tels aveux. Le clergé a mission pour dénoncer le mal, et il le dénonce plus que personne ; depuis l'*Année terrible*, les mandements de nos évêques sont pleins de cette idée.

L'*Essai sur la méthode* n'est donc pas un acte isolé ; il n'a pas un autre objectif. — « Nous sommes au cœur de la question, disait le P. Aubry ! Notre formation cléricale est le baromètre de celle du peuple ; le temps qu'il fait chez nous aujourd'hui, indique le temps qu'il fera demain chez lui ! »

A certains esprits, amis de la conciliation quand même, des tempéraments et de la paix à outrance, les idées du P. Aubry

1. Cf. Vanloo, Laurentie, Capri, Audisio, Pie, Guéranger, etc., etc.
2. Jean Brunet à la *Constituante*, 1872.

sembleront dures et blessantes; lui-même le sentait bien; mais, tout en ne sacrifiant rien aux intempérances de plume, il ne voulait pas faire un *livre timide* — on n'en fait que trop, des livres timides, dans notre siècle et dans notre pays. — Pour s'épargner les coups du libéralisme, pour satisfaire les tendances rationalistes de beaucoup d'esprits, il ne pouvait, avoue-t-il lui-même, « dissimuler la franchise de ses idées, en atténuer la crudité, les entourer d'un nuage qui, en les rendant moins incisives, les eût aussi rendues moins claires ».

Nous sommes dans un temps où il faut *parler clair*, nous, du moins, les organes de la vérité, chargés de la *crier sur les toits*. Cela importe d'autant plus, que nombre d'écrivains, de bonne foi ou non, amoindrissent la vérité, soit par tendance doctrinale, soit par complaisance pour des esprits faciles à *effaroucher* et trop habitués, par ces précautions mêmes, à ne rechercher qu'une nourriture fade. — « Si la franchise disparaissait de ce monde, disait le P. Aubry, on devrait la retrouver dans la bouche et sous la plume des prêtres. On ne sent plus, dans les livres, cette fermeté d'accent, cette sincérité de conviction — la plus grande beauté des écrits français, leur sel gaulois ! »

Et il aborde sa grande thèse avec le coup d'œil synthétique et la phraséologie de l'homme du métier, avec la grande allure de la vérité qui se sent libre et indépendante parce qu'elle est la vérité, avec cette puissante originalité, ce sens d'orthodoxie, cette saine et fière critique, toujours sûre d'elle-même, toujours mesurée, même dans ses censures les plus mordantes. Aussi bien, qu'il s'agisse d'affranchir l'homme du péché, ou de le délier des préjugés de l'ignorance, le P. Aubry est partout *radical* (1) ; partout il va au fond des choses, il sait et il ose en parler. Voilà un esprit qui ne craint pas d'affirmer : *Ab ungue leonem !*

Cet ouvrage n'est pas un règlement d'études, et il ne faut pas reprocher au P. Aubry une prétention qu'il n'a point ; lui-même le déclare formellement : C'est à l'Église, et à l'Église

1. Pour comprendre le sens vrai et profond de ce mot, il faut lire la *Biographie du Père Aubry* et son opuscule *Le radicalisme du sacrifice*. Se trouve chez M. Aubry, Dreslincourt (Oise).

seule, qu'il faut demander une méthode, et qu'il appartient de nous guider en matière de sciences sacrées. Nous avons d'ailleurs le *Traité des études monastiques* de Mabillon, et le *Ratio studiorum* de la Compagnie de JÉSUS ; ils sont anciens, mais il faut y revenir ; et si le salut est dans une réforme, cette réforme, selon Léon XIII, ne doit être qu'un *retour à l'antiquité*, sans dédaigner ce que les modernes ont trouvé.

Le P. Aubry s'applique plutôt à dénoncer quelques-unes des erreurs de fond et de procédé, qui ont amené, chez nous, la ruine de la scolastique et l'organisation moderne. Il demande et indique une restauration, dans le sens et par la mise en œuvre du procédé de S. Thomas, qu'il expose magnifiquement.

L'essai sur la méthode comprendra deux parties — deux volumes, dont le second sera publié incessamment. Dans la première partie, nous donnons, groupés en une magnifique synthèse, l'exposé philosophique et historique de la question, la thèse et les idées générales du P. Aubry sur la méthode. Dans la seconde, l'auteur descend aux points de détail les plus importants, il présente quelques conseils pratiques, sur la manière dont devra s'opérer cette restauration dans chacune des branches de la théologie.

Dans l'une comme dans l'autre, nous nous sommes fait un scrupuleux devoir de respecter absolument l'ordre, les idées, l'expression du théologien et du penseur, même ce quelque chose d'inachevé que le lecteur sentira dans plusieurs chapitres. D'ailleurs, nous ne craignons pas de l'avouer, il nous eût été impossible de retoucher une œuvre de ce genre ; l'immense travail de méditation qu'elle suppose mettait trop au-dessus de nos forces une aussi délicate entreprise.

C'est au traité de la Tradition du cardinal Franzelin que le P. Aubry déclare être redevable des idées qu'il développe : « A vous, maître bien-aimé, disait-il, je veux faire le premier hommage de mon travail ; heureux serai-je, si vous y trouvez quelques-unes de ces grandes idées qui sont les vôtres, celles de l'Église ! S'il est dans ces pages quelque chose de bon, c'est de vous que je le tiens, c'est dans vos livres que je l'ai puisé ! »

A l'école du cardinal Franzelin, il s'était initié à cette science générale des concepts théologiques, et de leurs développements traditionnels et méthodiques ; ce sujet *l'obsédait*, disait-il, et il voulait formuler ses idées sur la science générale de la formation sacerdotale ; *tirer du chaos* un plan d'études théologiques qu'il « avait dans la tête » !

Ce plan d'études, le voici en partie réalisé. *L'essai sur la méthode* nous en donne les grandes lignes ; c'est, à proprement parler, la *somme* de ses idées, nous pourrions dire, empruntant l'expression d'un théologien éminent, le *discours sur la méthode théologique*.

En France, beaucoup d'esprits sont très peu préparés à faire bon accueil à quelques-unes des idées du P. Aubry ; pourtant le P. Aubry est avec l'Église ; et nous soutenons que, parmi les lois canoniques relatives à la formation intellectuelle et sacerdotale du clergé, même celles qu'on attaque le plus, même celles qui passent chez nous pour surannées et impraticables et qui sont rejetées à ce titre par des hommes d'ailleurs vertueux et éminents, même ces lois ont toujours une raison dogmatique profonde. On aura beau dire, le retour à la vieille législation catholique sera toujours, de toutes les combinaisons, celle qui aura le moins d'inconvénients ; le reste n'est qu'expédient, sagesse humaine, *humanæ sapientiæ verba* (1). Les principes, les institutions, les moyens traditionnels, c'est l'Église, la force de l'Évangile, la vertu divine mise au service des fidèles — *non erubesco Evangelium, virtus enim Dei est in salutem omni credenti* (2). Le P. Aubry ne s'adresse pas à ceux qui, comme disait J. de Maistre, ont horreur de la vérité, et il y en a encore ; mais à ceux qui ne demandent qu'à voir la vérité pour se mettre à son service.

Notre plus grande inquiétude n'est pas dans la crainte de voir cet ouvrage combattu et repoussé ; elle est plutôt dans cette pensée qu'un grand nombre d'esprits intelligents, sincères et bien disposés, liront d'un œil distrait, sans en comprendre toute la portée, ces pages où le théologien et l'apôtre a mis toute sa conviction, ses méditations, et, si nous en jugeons

1. *I Cor.*, II, 4. — 2. *Rom.*, I, 16.

sainement, l'indication vraie de ce qui doit sauver notre société.
Il faut bien avouer que le clergé *régulier* l'emporte, en ce qui est essentiel au sacerdoce, sur le clergé *séculier*. Ne pourrions-nous pas emprunter à certains ordres religieux, à la Compagnie de JÉSUS, par exemple, quelques-uns de leurs grands moyens de formation, de préservation et d'action, ceux qui sont compatibles avec notre état ? Et, puisqu'ils nous sont supérieurs en tant de choses, ne pourrions-nous pas demander à leur vie et à la discipline intellectuelle qui les trempe, le secret de notre formation, pour en imiter ce qui pourra être transporté dans notre vie? Prêtre séculier par vocation et par mission J.B. Aubry a voulu écrire pour le clergé séculier. Puissent ces pages lui être de quelque utilité ! Puisse surtout la sainte Église voir dans la pensée de l'éditeur, comme dans celle de l'auteur, un nouveau témoignage de son amour, et recevoir, dès aujourd'hui, le désaveu formel des erreurs qui s'y seraient involontairement glissées.

AUGUSTIN AUBRY,
prêtre du diocèse de Beauvais.

Dreslincourt, 28 août 1890.

AVANT-PROPOS.

Cher ami et cher Père (1).

Il y a bien longtemps que votre lettre m'est arrivée, déjà vieille de trois mois, comme tout ce que nous recevons d'Europe, dans cette province retirée des Missions Catholiques, où nous vivons si complètement séparés de notre patrie, et où les communications avec elle sont si lentes et si pénibles.

Les nouvelles, que quelques rares journaux et les lettres de nos amis nous apportent de l'Europe, sont bien tristes, bien désolantes ; et je ne puis vous dire avec quelle vivacité nous ressentons ici, nous autres missionnaires, la honte et la douleur du lamentable état de notre pays, et combien nous sommes navrés et inquiets, nous aussi, de voir notre pauvre France livrée, pour ainsi dire définitivement et sans résistance, à ces fléaux intellectuels, à cette désorganisation des idées, à ce mal social dont vous me parlez, et dont tout ce qui vient d'Europe nous parle.

En apportant au milieu de ces peuples lointains nos forces et notre vie, pour travailler à la propagation de l'Évangile, et à l'accroissement de la société chrétienne, nous y avons apporté nos cœurs français ; et les espaces qui nous séparent de la patrie, s'ils n'ont pu augmenter

1. A un religieux de la Compagnie de Jésus.

notre amour pour elle, l'ont rendu plus sensible, et plus facile à émouvoir.

Votre lettre à vous, mon cher Père, m'apportait au moins quelques pensées consolantes, en me donnant de bons détails sur les œuvres d'apostolat qui se fondent et s'étendent, sur l'heureuse organisation des Universités Catholiques, et sur le mouvement qui se produit dans le clergé vers les sciences sacrées, entendues comme on les entend à Rome. Si ce mouvement n'a pas encore toute la précision, toute la fermeté et toute l'étendue que nous lui désirons, si ce n'est qu'un germe ; n'en doutez pas, c'est le plus consolant de tous, c'est le germe de l'Évangile, celui d'où est sortie l'Église, d'où sont sorties les nations chrétiennes, celui que semait Jésus-Christ, Semen est Verbum Dei !

*S'il est vrai qu'au milieu du triste travail qui s'accomplit en France, et qui fait aujourd'hui tant de mal, il se produise un mouvement de vie catholique, dans les parties les plus saines de la population ; n'en doutez pas, le réveil de l'*Idée théologique *dans le clergé, est le fond, la racine, l'endroit le plus sérieux de ce mouvement, c'est le cœur de la question. Et, puisqu'on cherche des motifs d'espérance, et des signes de rénovation, eh bien ! en voici un, le meilleur et le plus profond de tous ; ou, pour mieux dire, le seul qui soit profond, le seul qui soit capable de réussir complètement, s'il peut s'étendre et aboutir.*

J'ai vu un événement et un signe du même ordre dans la nouvelle que vous m'appreniez aussi, de l'élévation du R. P. Franzelin, notre ancien maître et professeur de théologie au Collège-Romain, *récemment promu au cardinalat par une volonté expresse et instante de Pie IX. Cette nouvelle, mon cher Père, n'est pas petite, et n'intéresse pas seulement Rome, la Compagnie de Jésus, et ceux qui ont connu le R. P. Franzelin ; en l'apprenant, je n'ai pas seulement partagé votre allégresse et celle qu'auront éprouvée, je le sais, tous les anciens élèves de cet homme éminent, aujourd'hui répandus partout ; j'y vois un événement, un grand* Événement théologique, *et je vais vous dire pourquoi.*

Déjà nous étions fiers, quand nous avions appris l'influence, peu bruyante à cause de son humilité, mais considérable, qu'il avait eue dans les débats préparatoires et dans la rédaction définitive du Concile. Aujourd'hui, notre joie est complète ; et Pie IX, en l'élevant, a, comme toujours, rendu justice, et dit au monde une vérité salutaire. Bientôt, vous me direz, j'espère, si cet événement a été compris et apprécié en France par le clergé, par la presse catholique, et surtout par nos revues théologiques ; si on l'a remarqué suffisamment, si on a saisi la portée de ce que Pie IX a voulu dire et faire, en renouvelant, pour le R. P. Franzelin, une exception qu'il avait déjà faite, il y a six ans, pour le R. P. Tarquini, également notre maître et professeur au Collège-Romain ; *enfin, s'il s'est trouvé parmi ses anciens élèves, comme je le pense bien, quelqu'un pour éveiller l'attention et pour dire, pour crier au public, ce que c'est que le P. Franzelin et pourquoi Pie IX vient encore une fois de passer par dessus vos constitutions, pour élever au premier rang après lui, un homme si humble, si simple, si éloigné des grandeurs, et si complètement étranger à toute espèce d'ambition.*

L'élévation d'un Jésuite aux dignités de l'Église, et surtout au cardinalat, est un fait assez rare dans l'histoire, et suppose une intention assez particulière du pape, pour qu'on y voie toujours une grande portée. Certes, le mérite du R. P. Franzelin, comme autrefois celui du

R. P. Tarquini, et l'influence de leurs travaux, justifient bien cette exception. Il y a six ans, tout le monde vit, dans l'élévation du R. P. Tarquini, une signification pour ainsi dire politique ; une protestation contre les calomnies et les attentats prodigués à l'Église Romaine, aux ordres religieux, et dont la Compagnie de Jésus portait surtout le poids ; une marque particulière d'amour envers elle, et de reconnaissance pour les services qu'elle rend partout à la cause religieuse.

La même intention est bien visible aujourd'hui ; mais il me semble voir autre chose encore dans la répétition de cet acte si important, à si peu de distance, et envers deux professeurs du Collège-Romain. *Cette exception, qui a été si rare dans l'histoire de la Compagnie de Jésus, n'a été faite que pour des théologiens, et quels théologiens ! Bellarmin, Tolet, Lugo, Pallavicini ! Quelles œuvres et quels noms ils ont laissés dans l'Église ! Ils ont donné à la théologie plus que des œuvres, remarquez-le ; ils ont formé une époque, une* grande époque théologique ! *A juger par le passé, l'acte de Pie IX annonce donc quelque chose d'important, on peut bien voir ici un* grand événement théologique, *et, notamment aujourd'hui, une déclaration de principes, une indication précieuse, surtout pour la France, et tout un programme à suivre, au moment où s'agitent les questions d'enseignement, et où s'organisent les Universités Catholiques.*

Vous me rappelez, mon cher Père, ce que je vous disais en France, il y a déjà quelques années, à propos de ce que j'appelais alors la Théologie de l'Avenir, *et du rôle que le P. Franzelin se trouverait plus tard y avoir joué, en produisant, dans l'enseignement des sciences sacrées, un immense progrès, en créant, ou du moins en achevant de formuler, par ses travaux, un genre d'expo-*

sition théologique admirable, à la fois antique et nouveau, comme doit toujours l'être la théologie, et supérieur, je ne dis pas comme résultat une fois obtenu, mais comme genre, à tout ce qu'on a vu.

Si hardie que soit cette affirmation, j'espère vous en donner quelques preuves solides. Aujourd'hui, vous me redemandez mes idées là-dessus : réflexions faites, je vous les envoie, car j'ai besoin, moi aussi, comme dit l'Écriture, de délivrer mon âme, *en vous faisant part de mes idées sur ce qui se passe aujourd'hui en France. Je veux aussi vous dire ma pensée sur le* Vice de Méthode, *qui a été, selon moi, la principale cause de la ruine des études théologiques en France, et qu'il faudra nécessairement et courageusement corriger, quand on voudra sérieusement relever et replacer dans leur véritable voie les études sacerdotales, sous peine de n'arriver à rien de bon, mais de revenir, fatalement et bientôt, aux anciens errements, et de faire encore de tristes expériences. Enfin, je tâcherai, selon votre désir, de vous exposer ma manière de voir, sur la méthode qu'il faut aujourd'hui appliquer à l'enseignement des sciences sacrées, pour réaliser cette restauration projetée; sur l'influence que doivent avoir à ce point de vue les œuvres du R. P. Franzelin, et qu'il faudrait surtout leur donner en France, pour mener à bonne fin ce projet.*

CHAPITRE PREMIER.

L'ORGANISATION des UNIVERSITÉS et des SÉMINAIRES en FRANCE.

Rôle de nos universités dans la restauration sociale. — Place des sciences théologiques dans les hautes écoles. — L'avenir de la nation est dans les séminaires diocésains; quelle impulsion reçoivent-ils des universités? — Cours élémentaires et cours supérieurs, selon saint Thomas. — L'institution, l'influence et l'esprit des séminaires en France, depuis le XVIIe siècle. — La centralisation. — L'idée GALLICANE, l'idée ROMAINE des études sacrées. — L'école théologique de Poitiers, la Compagnie de Jésus et le RATIO STUDIORUM.

LE mal de la France, l'a-t-on assez dit, notre lamentable histoire l'a-t-elle assez prouvé, et commence-t-on à le comprendre enfin? le mal de la France est, avant tout, un *mal intellectuel*, parce que son péché, c'est *le péché de l'esprit.* Ce mal a sa source et son explication, au-dessous et au fond de toutes les autres causes malsaines, dans l'état de l'enseignement; sa seule guérison possible est dans une restauration vraiment catholique de l'enseignement, avant tout et par-dessus tout, de l'enseignement de la science sacrée, puisqu'elle est la lumière la règle, et, comme disait Pie IX, la modératrice de toutes les autres sciences.

Il semble bien qu'on l'ait compris, quand on a accueilli, les uns avec tant d'espérance, et les autres avec tant de fureur, l'établissement des *Universités Catholiques*. En effet, le salut peut être là ; si petite et si laborieuse que soit son origine, cette institution peut sauver notre malheureux pays, si elle est bien pratiquée, selon les principes et les traditions antiques, et conformément aux besoins de ce temps, parce qu'elle retrempera la France dans son vieil esprit chrétien, et lui rendra ce qui a toujours été sa force et le principe de sa vie. Toutes ces vérités ont été dites, inutile d'y insister.

Il est évident aussi que pour être de vraies *Universités Catholiques*, et pour réaliser de telles espérances, elles doivent, comme les anciennes *Universités*, commencer leur organisation par la théologie; lui donner non pas une place, mais la première place; l'établir reine des sciences; subordonner à elle, baser sur elle, et faire pivoter autour d'elle, tout l'ensemble des études ; faire de l'enseignement théologique le fondement, le contrôle actif, la règle doctrinale des autres facultés, le cœur, le tabernacle des études, d'où partent la lumière et les principes mis en œuvre dans les autres parties de l'enseignement, et qui leur fournisse l'impulsion et l'idée générale.

Nous savons tous combien les intelligences laïques ont été maltraitées depuis longtemps, et combien les études dont elles se nourrissent ont besoin aussi d'être restaurées dans un sens plus chrétien. A vrai dire, c'est pour les laïques et en vue du bien général qu'on travaille, quand on s'occupe du clergé, tout comme c'est pour le monde que JÉSUS-CHRIST travaillait, quand il instituait l'Église, et s'occupait d'abord de former ses apôtres. C'est donc à la restauration de l'éducation des gens du monde et à la réformation chrétienne de la société séculière qu'il faut arriver finalement ; mais encore, faut-il commencer par le principe. Toutes les parties se tiennent dans une société ; mais le sacerdoce est au centre et à la base ; c'est lui qui forme et qui laisse déformer ; c'est par lui qu'entre le bien, et c'est lui qui laisse entrer le mal ; c'est par lui enfin que doit *com-*

mencer le jugement, terrible parole que nous devons tous porter dans notre âme, et que nul n'oserait dire, si elle n'était dans l'Écriture. C'est donc à lui qu'il faut d'abord pourvoir, pour le mettre en mesure, non pas de prendre sa part dans l'œuvre du salut, mais de faire lui-même cette œuvre tout entière. Quand donc on voudra prendre le mal à sa racine, ce ne sera pas par la restauration des études laïques qu'il faudra commencer le travail, mais *par celle des études sacerdotales !*

N'en doutez pas, le plus important et le plus pressé n'est pas d'avoir de bons cours de droit, de médecine, de sciences exactes, de littérature et autres — si grand besoin qu'on ait de toutes ces choses, et si urgent que soit ce besoin ; encore moins, d'avoir de beaux bâtiments et une belle installation, bien que cela soit nécessaire ; c'est d'avoir de bons cours de théologie, aussi bien dans les séminaires que dans les *Universités ;* c'est de rendre d'abord au clergé ce qu'on reconnaît lui manquer aujourd'hui, et de remplir cette immense lacune par laquelle on est parvenu à s'expliquer enfin son impuissance en face du fléau irréligieux, et des lamentables besoins d'une société qui, visiblement, tend à lui échapper tout à fait des mains ; avec la meilleure volonté du monde, on ne peut plus nier cela.

De même que la question d'enseignement en général est le fond du travail qui s'opère, des idées qui se remuent, et de la lutte qui tourbillonne aujourd'hui en France ; de même, la question de l'enseignement théologique est le fond de cette question d'enseignement en général, et, en définitive, de toute la question sociale. C'est le sacerdoce qui a fait les nations chrétiennes, il les a faites par l'enseignement ; c'est lui qui doit les refaire, et par le même moyen. Le sacerdoce se forme dans les séminaires, et la substance de la formation sacerdotale, dans les séminaires, c'est l'enseignement théologique. Voilà donc l'endroit où il faut regarder. Tout cela serait facile à prouver, mais il me faudrait trop d'encre ; il me semble d'ailleurs que la chose n'est plus à faire.

Je vous ferai seulement, à ce propos, l'aveu d'un doute qui m'est pénible, parce qu'il va contre des idées généralement reçues, ce me semble. Me rappelant ce que j'ai lu autrefois, chez M. de Maistre et ailleurs, sur la fondation des *Universités Catholiques* au moyen âge, sur leur organisation, sur la manière dont leurs règlements se sont élaborés, et puis encore sur les conditions de succès et de durée des législations en grand et en petit, et sur l'avenir des institutions qui doivent leur origine à des assemblées délibérantes, j'ai une inquiétude sur laquelle je vous prie de me rassurer : Malgré moi et d'instinct plus encore que par raisonnement, tout en cherchant à me rassurer moi-même par le souvenir des hommes éminents qui ont été les promoteurs et les organisateurs de cette institution, je suis un peu inquiet de voir tant d'*Universités* fondées du premier coup, et, du jour au lendemain pour ainsi dire, jaillir toutes montées, tout organisées, d'un conseil d'évêques, avec des chaires nombreuses qu'il faut pourvoir d'hommes solides, avec un règlement *a priori* très sagement conçu, c'est certain, mais que l'expérience n'a pas encore signé, qui n'a pas été, comme celui du moyen âge, élaboré peu à peu, par le temps, et *pratiqué avant d'être écrit.* Je crois avoir vu, il y a deux ans, une inquiétude semblable, dans une lettre très remarquable, adressée au Cardinal-Archevêque de Paris par Mgr Turinaz, évêque de Tarentaise, ancien élève, lui aussi, du Collège-Romain et du R. P. Franzelin. — Je suis inquiet de voir qu'on s'est préoccupé d'abord et surtout de l'installation, et de l'organisation matérielle, pas assez des principes, du mécanisme intérieur des études, des programmes à suivre, des moyens d'assurer l'unité d'esprit et de méthode dans l'enseignement ; je suis inquiet surtout de voir que, dans l'exécution, l'on n'ait pas commencé par la théologie, qui me semblait être la première pierre de cet édifice ; j'ai peur qu'elle n'ait pas été tout à fait mise à sa place qui est le trône; il me semble que dans plusieurs *Universités* déjà en fonctions elle n'est pas représentée. Je sais bien comment s'explique cette lacune ; malgré moi, cependant, j'y vois un sacrifice, excusable mais malheureux, aux idées du temps, une préoccupation trop grande de porter la réforme d'abord sur les études des laïques, et un signe qui me fait peur. J'ai lu dans *L'Univers*, il y a plus d'un an, un article signé : *Un docteur en théologie et en droit canoni-*

que, qui insinuait les mêmes craintes, et qui m'a paru fort sensé (1). L'auteur, ai-je su depuis, était encore un des nôtres, M. Grandclaude, aussi élève du Collège-Romain et du R. P. Franzelin, aujourd'hui professeur de théologie à Saint-Dié (2), auteur d'une excellente philosophie, et tout à fait capable de bien juger en ces matières.

Le Saint Père ne semble-t-il pas exprimer aussi le regret de cètte lacune, dans quelques-unes des pièces émanées de lui depuis deux ans, et particulièrement dans la lettre à Mgr l'évêque d'Angers, où, tout en accordant sa plus abondante bénédiction à la nouvelle université catholique établie dans cette ville, tout en félicitant l'illustre évêque du soin avec lequel il cherche à procurer aux laïques une instruction plus chrétienne par l'établissement des chaires de droit et autres, il fait allusion à ce qui manque encore, ajoutant que la science sacrée est la *Modératrice des autres sciences*, et il souhaite que cette lacune soit bientôt comblée, afin que l'institution ainsi complétée *puisse recevoir les louanges et la confirmation du S. Siège.*

Je sais bien que cette lacune se comblera, mais je suis inquiet de voir que, dans une institution où l'on a tant parlé de suivre l'exemple et les principes du moyen âge, à Angers comme ailleurs, la théologie ait commencé par manquer. Cela m'effraye, et j'ai toujours peur que l'avenir ne montre ce que signifiait et les craintes que contenait ce regret. Ni les magnifiques succès qu'auront sans doute bientôt ces établissements, ni même la bénédiction que le pape donnait et devait donner à une œuvre si belle d'ailleurs, ne me rassurent complètement contre les craintes, et n'empêcheront ces universités d'avoir à leur racine un *Desideratum* du pape, formulé dans le bref même qui bénit leurs débuts vraiment brillants, bien plus brillants que ceux des universités du moyen âge, et des modernes universités catholiques, à Rome, en Espagne, en Autriche et même de celle de Louvain.

Un autre doute que je vous soumettrai aussi, et auquel vous aurez certainement la réponse : Tout le monde parle de la

1. *L'Univers*, 6 octob. 1875.
2. Depuis, supérieur du grand séminaire de Saint-Dié.

restauration des études théologiques, et le besoin que nous en avons n'est plus, grâce à Dieu, un mystère pour personne. Puisque c'était l'une des fins, et la principale, de la fondation des universités catholiques ; je viens de dire pourquoi je regrette qu'on n'ait pas commencé par là, et que ce ne soit qu'un projet dont l'exécution est ajournée dans plusieurs des établissements déjà fondés; mais si enfin on tente cette restauration, quel plan suivra-t-on pour la réaliser ?

J'ai lu dernièrement une suite d'articles publiés dans le journal *Le Monde*, en janvier-février 1876, par un docteur en théologie, élève aussi du Collège-Romain et qui paraît fort compétent : j'y retrouve encore la même appréciation et les mêmes craintes [1]. Je veux m'associer de toute mon âme aux jugements de l'auteur, et ajouter quelques réflexions qui se rapportent au sujet dont j'ai à vous parler ; si les faits qu'il critique sont exacts, j'ai peur, comme lui, de cette tendance à vouloir, en théologie, des cours supérieurs, et à s'envoler au-dessus de l'élémentaire, et si haut, que le commun des mortels n'y pourra prétendre, et que la restauration projetée n'atteindra ni la théologie des écoles où se forment les apôtres et les pasteurs, ni la masse du clergé, mais seulement quelques heureux privilégiés qui feront peut-être de belles études transcendantes, et comme on dit, de l'art pour l'art, mais dont la science n'aura jamais une influence bien efficace et une action étendue sur le peuple. Ce sera l'arbre sans fruit. Ce n'est pas là ce qu'il nous faut ; et d'ailleurs, il y a bien des dangers à monter ainsi dans les nuages. Je crois, comme lui, que l'enseignement à restaurer en théologie, c'est l'enseignement élémentaire, parce que c'est celui-là qui est pratique, qui s'adresse à tous, qui influe sur l'ensemble du clergé, pour donner à ses œuvres leur esprit et leur direction. Je crois, comme lui, que le *séminaire diocésain* doit être *la faculté de Théologie*, ou dépendre d'elle pour les études, et que c'est là qu'il importe de restaurer l'enseignement théologique, parce que là il y aura toujours des auditeurs, parce que ces auditeurs sont destinés à l'action, et

1. Ces articles ont été publiés en brochure: *Des facultés de théologie dans les universités cathol.* 1876.

deviendront la partie agissante et influente du clergé, la vraie Église militante.

J'ai depuis longtemps dans l'idée que l'avenir du clergé, et par conséquent de la nation, est dans les séminaires diocésains, plus encore que dans les universités ; et que la restauration des études théologiques dans les hautes écoles, très désirable d'ailleurs à cette condition, doit avoir pour but la restauration des mêmes études dans les séminaires, et par conséquent doit être ordonnée à cela, parce que c'est cela qui est nécessaire. J'ai lu de magnifiques discours, vraiment magnifiques, mais—c'est bien audacieux à moi de faire cette remarque—je n'ai pas bien vu que ce *côté pratique* de la formation des facultés de théologie, cette idée vraie de leur rôle au milieu d'une nation, et cette raison profonde et sérieuse de leur institution, y fussent indiqués et recherchés comme le but principal à poursuivre. Il m'a semblé y voir principalement le côté brillant, mais spéculatif et secondaire, de ce que nous pouvons espérer d'elles : Relever les gloires du passé, renouer la chaîne des traditions, des grands travaux d'autrefois, couronner l'édifice des sciences, faire une belle organisation d'études pour les intelligences supérieures, former de grands hommes. Tout cela est très beau, plus beau même que ce que voulaient nos anciens théologiens ; mais il me semble qu'il y a quelque chose de plus urgent, la restauration de l'enseignement commun. Et même, ces belles espérances ne seront réalisées, selon moi, que si on relève l'enseignement commun, tout comme les grands docteurs n'ont produit leurs splendides travaux, qu'en visant surtout à ce qui est solide, en soignant avant tout les études élémentaires, et ont fait de grandes choses sans les chercher.

Dans nos universités, on ne visera pas plus haut que S. Thomas, je suppose. Or S. Thomas, en définitive, n'était qu'un professeur, et sa chaire n'était pas un objet de luxe, ni son cours une académie pour les rois de l'intelligence. Nous ne voyons nulle part qu'il ait visé à un *Enseignement supérieur* destiné à un auditoire d'élite ; et je crois voir le contraire dans ce *prologue* si simple et si bref de sa *Somme théologique*, où il a l'air de prétendre qu'elle s'adresse au commun des étudiants et aux commençants. Or, ses élèves, dont il se faisait comprendre apparemment! étaient trop nombreux pour être tous des intelligences supérieures. La forme même et le détail de ses ouvrages indiquent aussi sa visée. Les plus beaux sont du genre élémentaire, et ce qui fait leur valeur en même temps que leur solidité. Il expliquait à ses élèves, en philosophie et en théologie, les livres classiques d'autres auteurs qui ne le valaient pas ; sa *Somme* est un *précis* de la science théologique aussi condensée que possible, et sa prétention était d'en faire un manuel de l'enseignement, à la portée du grand nombre et de la moyenne des esprits ; c'est ce qu'on appellerait en style moderne *de l'or en lingots!* Encore ne dédaignait-il pas de composer un *Compendium Theologiæ*, qui est un vrai trésor, malheureusement peu connu en France, même des professeurs, et qui, dans son intention, était destiné aux hommes trop occupés pour faire de la théologie leur étude propre ; c'est, comme on dirait aujourd'hui, une *théologie à l'usage des gens du monde.* Ses commentaires sur l'Écriture, dont quelques-uns, comme ceux de S. Paul, sont une sublimité, ne sont pas autre chose que l'explication du sens littéral, faite en classe, et encore divisée en leçons, comme ses élèves l'ont reçue. On peut faire les mêmes remarques et on trouverait la même prétention chez tant d'autres de nos grands théologiens, dont les noms sont cependant assez glorieux : par exemple chez S. Bonaventure, qui s'en explique, en des termes bien curieux à ce point de vue, dans la préface de son admirable *Breviloquium.* En théologie, comme partout, et encore plus qu'ailleurs, la simplicité est la compagne et même la condition de la grandeur ; et il est assez ordinaire que l'enseignement le plus vulgaire et le plus pauvre dans son fond, soit en même temps le plus prétentieux et le moins clair dans sa forme : *Qui habet aures audiendi audiat!*

Du reste, il n'y a pas deux enseignements théologiques. En théologie, le véritable enseignement, c'est celui qui est à la fois élémentaire et supérieur, — comme la Révélation ; c'est une des choses que je tâcherai de vous mieux montrer plus loin. Si par *Enseignement élémentaire* on entend ce qui se fait aujourd'hui dans beaucoup de séminaires de France, je crois que cette idée est fausse, que cet enseignement n'est pas le véritable enseignement théologique, mais, comme dit le théologien dont j'ai parlé, un *Catéchisme développé*, et que c'est cela qu'il faut changer. Si par *Enseignement supérieur* on entend des cours transcendants, inabordables pour la moyenne ordinaire des intelligences, de hautes conférences littéraires sur des matières théologiques, des considérations à perte de vue sortant du cadre austère et précis de la *Science de la Foi*, je crois que là ne serait pas encore la vraie théologie ; et j'ai peur que tout cela d'abord n'ait pas d'influence sur l'éducation du clergé dans son ensemble, ensuite ne produise pas grand'chose de bon, et, comme souvent les choses brillantes, ne finisse par s'évanouir en fumée, je veux dire en théories libérales ; ce ne serait pas la première fois que ce malheur arriverait en France après de belles espérances ; mais, pour cette fois, il serait plus désolant, et il y a du moins lieu de prendre des précautions.

Or, dans les documents que j'ai pu lire, je ne vois pas bien ce qu'on a fait pour que l'enseignement supérieur projeté, ait sur l'ensemble du clergé, du côté de la théologie, cette influence pratique et complète, qui est, je le suppose, le but des facultés de théologie à établir, et qui doit s'étendre à tous jusqu'aux derniers membres, et agir efficacement sur toutes les parties du grand corps de la nation. Je vous signalerai, au moins par mode de conjecture, l'une et non pas la moins active des causes auxquelles j'attribue la décadence des études sacrées que tout le monde reconnaît et à laquelle on veut remédier ; ce n'est qu'un épisode de notre malheureuse histoire gallicane.

L'institution des séminaires, si sage et si admirable au fond, après avoir été décidée, *en principe*, par le concile de Trente, et après avoir causé aux Pères cette joie célèbre que l'histoire a enregistrée, ne fut appliquée, *de fait*, en France, qu'à une époque où le gallicanisme régnait à peu près sans conteste, et où le jansénisme, moins puissant peut-être, avait aussi bien des partisans. Serait-il téméraire de croire que leur fondation, et surtout leur organisation intérieure, s'est ressentie de l'esprit sous l'influence duquel elle a germé ? Le gallicanisme et le jansénisme nous ont gâté tant d'autres choses en elles-mêmes excellentes, et celle-là devait leur être si précieuse à conquérir et à détourner de son vrai sens ! Le fait est qu'il y eut toujours une différence profonde entre la manière dont cette institution fut entendue et pratiquée en France, et dans les autres pays où le gallicanisme ne régnait pas. L'autorité du pape étant affaiblie dans son exercice, chaque évêque fut, de fait et dans la même proportion, dans son diocèse, et le pape et la loi ; c'est connu, et on n'est plus exposé aujourd'hui, comme autrefois, pour dénoncer ce fait immense et déplorable, à être soupçonné d'idées subversives, et accusé de mauvais esprit. Or, le séminaire diocésain, comme tout le reste, était sous la main de l'évêque, et il était bon, il était nécessaire qu'il en fût ainsi ; et ce n'est pas sur ce point que devra jamais porter la réforme. L'évêque, étant pasteur et juge de la foi, chef du ministère et de l'enseignement, source de la doctrine et de la vie spirituelle, que distribue le sacerdoce par un pouvoir émané de lui, doit avoir la haute-main sur le recrutement et la formation de son clergé ; l'organisation et l'enseignement des séminaires devaient donc être inspirés et dirigés par lui. Mais encore, devait-il prendre lui-même, pour règle de son institution, non ses idées personnelles, mais l'esprit et les principes de l'Église catholique, c'est-à-dire du Saint-Siège ; et ce que je dis d'un évêque, je le dis d'un fondateur quelconque de séminaires, individu ou congrégation. Le gallicanisme en affaiblissant l'autorité suprême, affaiblit d'autant l'unité. Quand chaque évêque pouvait se regarder comme presque indépendant du pape, dans le gouvernement de son Église, et dispensé de prendre à Rome ses inspirations ; les évêques, égaux entre eux, et indépendants aussi les uns des autres, dans le gouvernement de leurs diocèses respectifs, n'avaient plus, pour les relier en un seul corps et donner l'ensemble et l'unité à leur action, le lien hiérarchique de l'autorité. Et, pour le dire en passant, ce fut peut-être la cause de leur impuissance au XVIIIe siècle, contre l'impiété rationaliste et la Révolution, qu'ils voyaient bien venir, et contre laquelle ils ne pouvaient rien, quoique chacun fît ses efforts.

Pour ce qui est de l'institution des séminaires, bien antérieure à ces faits, et de la formation des clercs, l'unité fut affaiblie, comme sous tous les autres rapports. Chacun entendit à sa manière, et dirigea selon ses idées propres, et l'organisation de son séminaire, et le recrutement du corps professoral, et le mode de préparation des hommes de l'enseignement. Je sais bien qu'il y eut une certaine uniformité dans l'organisation matérielle des séminaires, quelques types principaux sur lesquels se modelèrent les autres, on peut même dire un type qui fut généralement reçu. Mais ces types ne furent pas pris à Rome, surtout en ce qui regarde le mécanisme des études et la formation spirituelle. Ce ne sont pas les pierres, ni la disposition du local et des appartements, ni la distribution du temps et des exercices, qui constituent essentiellement le séminaire, et qui font la qualité de l'éducation qu'on y reçoit.

Il y eut donc, pour le fond, des divergences considérables qu'on découvrirait certainement, si, après avoir étudié d'abord l'histoire de l'enseignement clérical sous le rapport des principes et de la méthode dans chaque diocèse séparément, on rapprochait ensuite, pour les comparer entre elles, ces diverses traditions. On y découvrirait aussi, dans l'histoire de chaque diocèse en particulier, des variations, des changements, souvent un manque de tradition et d'*esprit de suite* dans les idées, qui s'explique par l'absence d'une autorité supérieure et unique, et qui justifie très bien lui-même cette décadence de la théologie et ce désarroi de l'enseignement, auxquels on était venu aboutir. L'enseignement clérical, en France, ne présenta plus cette heureuse entente, cet ensemble harmonieux, ce beau réseau[1]; les diverses écoles ne furent plus liées par cette admirable concordance que présentait l'enseignement au moyen âge, quand les hommes d'une école, professeurs ou élèves, pouvaient se transporter au loin dans une autre, pour y enseigner, y achever leurs études, ou simplement pour y prendre part, en passant, aux exercices et aux discussions scolastiques, et tout cela sans y trouver ni une organisation ni des principes différents, sans être gênés par la forme inconnue des méthodes. Il y a quelques années encore, quand un jeune homme, élevé dans un séminaire de France, le quittait pour entrer dans un autre, tout changeait pour lui ; il lui fallait démolir l'édifice de son éducation théologique commencée, et le reconstruire à nouveau, sans exception pour les principes doctrinaux qui variaient souvent d'un diocèse à l'autre, à vingt lieues de distance. Il n'y eut plus ni ensemble, ni direction unique, qui émanât de Rome d'un côté, et influât de l'autre sur l'enseignement des diverses écoles, en contrôlant leurs principes et leur méthode.

Les facultés de théologie elles-mêmes, qui avaient transigé avec le mal, et reçu le principe gallican, furent punies par où elles avaient péché. Le gallicanisme en amenant le morcellement de l'enseignement, et en minant l'unité, ruina aussi leur influence ; ainsi, par suite d'une mauvaise application de la loi du Concile de Trente, l'institution des séminaires, qui fut salutaire cependant, mais qui n'aurait dû être que salutaire, si elle avait été bien conçue, fut nuisible et même fatale, en France, aux facultés de théologie, et, par elles, à l'université. Les séminaires s'isolèrent les uns des autres comme les diocèses, pour s'organiser et se gouverner chacun à sa façon ; l'université, dont l'influence sur un ensemble de provinces et d'écoles était encore une sorte d'harmonie et un reste de l'ancienne unité, fut à son tour isolée des séminaires, et le vide se fit autour d'elle ; elle eut peu d'élèves, et fut réduite au rôle d'académie de savants, travaillant, pour son propre compte et à sa responsabilité particulière, sur des études spéciales, plus ou moins relevées dans leur objet, comme aujourd'hui l'école des chartes ou toute autre ; académie libre et sans attache directe avec l'Église, ne faisant plus corps avec le réseau des écoles ordinaires du clergé, n'étendant plus son influence sur la grande famille ecclésiastique, n'ayant plus une part efficace et assurée d'action sur l'enseignement de détail et sur le fonctionnement pratique du ministère sacerdotal dans les diocèses, enfin ne tenant plus comme autrefois aux entrailles de la nation. L'État mit la main sur elle, même avant la Révolution ; vous savez ce qui s'en est suivi. Et quand Napoléon Ier la rétablit, en s'assurant toute autorité sur elle, il ne fit, après tout, qu'y rétablir l'esprit des deux siècles précédents, et il eut beau jeu pour faire de la faculté de théologie en particulier, comme de toute l'université en général, un instrument de ses vues, le foyer des idées gallicanes et des articles de foi du pouvoir civil.

Aujourd'hui que tout cela est tombé, et que les universités catholiques, grâce à la liberté rendue à l'Église, se relèvent au nom du principe opposé, en voyant surtout les évêques se réunir et se concerter pour agir d'ensemble, et faire appel à leur clergé et aux fidèles, j'espérais que les éminents fondateurs allaient changer cet état de choses qui est tout simplement l'organisation ou plutôt la désorganisation gallicane; j'espérais que les nouvelles universités allaient être, dans le gouvernement de France, comme *le ministère de l'instruction catholique*, et spécialement pour la théologie, *le ministère de l'enseignement des sciences sacrées.* J'espérais qu'ils allaient établir, dans cette institution, cette belle hiérarchie embrassant en un seul ordre toutes les écoles fondées, et aboutissant à un centre commun qui, d'une part, recevrait directement de Rome, et sa direction spirituelle, et l'investiture de ses chefs supérieurs ; de l'autre, ferait sentir son influence, par les séminaires, du haut en bas de l'échelle, jusqu'aux derniers rangs de la grande famille sacerdotale. Si on fondait tant d'universités à la fois, j'espérais qu'on allait prendre des mesures pour les réunir en une seule institution, fonctionnant d'ensemble ; puis, tous les séminaires autour d'elle, en un réseau d'écoles succursales, recevant d'elle inspiration et direction supérieure.

Veuillez me dire si mon espérance est trompée ; quelle unité il y a entre les divers établissements fondés ; comment les actes qui les instituent, se réduisent à un seul acte, et ne sont pas isolés ; dans quelle relation, dans quelle dépendance les séminaires diocésains seront placés par leurs chefs naturels, qui sont les évêques, vis-à-vis de ces établissements centraux, pour profiter de leur travail; si l'université catholique aura sur eux un contrôle, soit en nommant leurs professeurs et directeurs, et en déterminant les conditions d'aptitude et d'admissibilité qu'elle exige d'eux ; soit en imposant des livres d'enseignement, des programmes, des méthodes, la division, la répartition et la durée des cours, le détail et le mode des exercices ; soit en vérifiant leur enseignement par des inspections, par des députations chargées d'assister et de présider aux examens ; que sais-je ? Ils ont mission et certainement ils ont dû faire quelque chose pour cela. Je n'ai rien vu à ce sujet, et mon ignorance ne s'explique évidemment que par la distance où je suis de la patrie, et par le peu d'informations que je reçois.

J'ai lu quelque part que la centralisation des parties autour d'un centre unique, d'où part le mouvement et la vie, n'est pas possible en matière d'éducation, et ne peut être appliquée sans danger à cette noble et délicate fonction de l'enseignement, parce qu'il est impossible de trouver une méthode unique qui convienne à tous les esprits, et un traitement qui puisse être imposé à tous les tempéraments intellectuels, sans enchaîner l'action personnelle des maîtres, et paralyser l'essor des facultés dans les disciples. Cette remarque, je dois le dire d'abord, je l'ai lue dans un document sorti d'une source tout à fait éminente, et dont il n'est permis de parler qu'avec un grand respect, surtout si c'est pour le contredire. Si donc j'ose y trouver quelque chose à critiquer, je ne puis que proposer ma critique humblement, et protester que je la rétracte d'avance, si elle doit aller, ce que je ne crois pas, contre les idées de l'Église.

Quand il s'agit du pouvoir civil, ce n'est pas seulement la centralisation de l'éducation, c'est l'éducation elle-même qui est funeste entre ses mains, et qu'il doit remettre tout entière à l'Église, parce que l'éducation de l'homme, *dans nos sociétés chrétiennes*, est la fonction de l'Église ; il y a longtemps que ceci est démontré par les doctrines et par les faits. Mais, de ce que la centralisation en cette matière sera funeste entre les mains de l'État, il ne s'en suit pas qu'elle ne sera pas possible et salutaire, nécessaire même, dans celles de l'Église, où l'éducation doit revenir. Établir cette impossibilité de la centralisation dans l'éducation en général et absolument, dire que ses funestes effets dans le passé tiennent à la nature de l'éducation en général, qui se refuse à être ainsi centralisée, et non à l'incompétence radicale du pouvoir qui se l'était abusivement appropriée, me semblerait une idée fausse, démentie par l'histoire comme par les principes, et, pour le dire simplement, un des dogmes du libéralisme. Je ne l'accepte pas, et je crois qu'il serait dommageable à la notion de l'Église, à ses droits, à la dignité de sa situation au milieu des sociétés chrétiennes, de jeter dans les esprits encore droits une pareille doctrine, et de la faire passer devant le public pour une idée catholique. Ce n'est pas la centralisation en elle-même qui est funeste, même en matière d'éducation, c'est l'instrument qu'elle a eu jusqu'ici chez nous. Je viens, pour ce qui est des hautes études dont il s'agit dans le document et dans le passage en question, de dire comment elle s'exerçait dans la belle organisation des universités au moyen âge, et quels fruits elle y produisait. Elle n'est donc pas seulement une *tendance moderne*, mais un *fait antique*. Pour être encore une perfection et un progrès, elle ne demande qu'à être remise à sa place et rendue à la seule autorité qui ait mission et grâce d'état pour l'exercer ; c'est l'Église qui a cette mission et cette grâce d'état.

A ces conditions, loin d'être un abus et un danger, la centralisation sera et l'exercice, et la manifestation, et le moyen de cette unité de l'Église, qui est, dans le passé, le grand fait de l'histoire, dans le présent, la grande force du catholicisme, dans l'avenir, la conclusion éclatante vers laquelle Dieu semble nous conduire, et par laquelle il semble vouloir couronner nos combats d'aujourd'hui. Aussi, ce que l'Église demande, envers et contre tous, même à ceux qui ne veulent rien lui donner si ce n'est la persécution, ce qu'elle ne peut s'abstenir de leur demander, non comme une concession mais comme un droit, ce n'est pas seulement de décentraliser l'éducation, pour lui en laisser une part dans le droit commun, ce n'est pas seulement la liberté d'élever à sa façon, en concurrence avec d'autres institutions également libres, ceux de ses enfants qu'on voudra bien lui confier ; ce qu'elle demande, au moins en principe et comme l'état normal auquel on finira toujours par revenir, c'est l'éducation tout entière, c'est le monopole, au moins en ce sens qu'elle doit avoir contrôle sur tout enseignement, dans quelque branche d'études et à quelque degré que ce soit.

Dire et demander de pareilles choses au monde moderne, même à beaucoup des amis et des enfants de l'Église, je sais bien que c'est dur, et très éloigné des idées d'aujourd'hui ; si pourtant c'est là ce que demande et ce que croit l'Église, faut-il le leur cacher ? Je le sais bien, ses ennemis, qui sentent en elle cette prétention, en sont scandalisés et en ont fait leur plus puissante objection contre la liberté de l'enseignement, seule chose qu'en pratique on ait pu revendiquer jusqu'ici; mais il ne s'agit pas de ce qui les scandalise, et de ce qu'ils veulent ou ne veulent pas rendre à l'Église; il s'agit de ce qui lui est dû. Ce n'est pas sur leurs objections et leurs répugnances que doivent se former nos idées, et se mesurer nos revendications; c'est sur les principes de la foi, qui, sans rien brusquer dans l'ordre pratique, n'admet pas, dans celui des doctrines, ces concessions *ad tempus* et avec arrière-pensée, ces transactions soi-disant prudentes.

La prudence de l'Église ne pourra jamais consister à cacher ses prétentions finales, pour l'emporter par ruse et lambeau par lambeau. Quand il s'agit de l'effet que produiront sur les esprits les idées catholiques prêchées sur les toits et en conflit avec les idées du monde, *summa prudentia, summa imprudentia ;* et c'est à ce point de vue que JÉSUS-CHRIST se déclare envoyé pour apporter le glaive, non la paix. La suprême prudence de l'Église a toujours été la franchise de sa prédication, qui ne sacrifiait pas une idée, *Iota unum aut unus apex* (1). La suprême prudence des catholiques ne peut consister qu'à se tenir fermement dans les idées de l'Église. Et la suprême imprudence, en ce point délicat et culminant de la controverse actuelle, serait de laisser entrer dans le peuple chrétien une idée trop restreinte, un concept inexact et amoindri des droits et des exigences de l'Église.

Il est bien vrai que nous voulons, comme on nous en accuse, entreprendre sur la société et la reconquérir, que c'est pour en faire, en tenant compte des modifications utiles apportées par le temps et des progrès véritables accomplis dans ces derniers siècles, ce que nos pères en avaient fait au moyen âge ; il est

1. *Matth.*, V, 18.

bien vrai que c'est là notre ambition, notre programme, et que nous n'aurons pas de repos jusqu'à ce qu'il soit réalisé ; il est bien vrai que l'Église ne s'arrêtera pas à obtenir la liberté et le droit commun, mais tout ce que JÉSUS-CHRIST lui a donné; on sait ce qu'elle en a fait, et ce qu'elle veut en faire; il est bien vrai que nous ne voulons pas ce qu'on appelle *une part* dans l'éducation, mais ce qui est vraiment, de par l'Évangile, *notre part*, c'est-à-dire toute l'éducation, qui est le moyen de former la société chrétienne et de la donner à JÉSUS-CHRIST. Enfin, une fois que l'Église aura, comme au moyen âge, ce monopole, ou, du moins, ce contrôle universel sur l'éducation, elle centralisera les méthodes, plus encore qu'elle ne le faisait alors, et au moins autant que l'État le fait aujourd'hui, mais sur de meilleures bases, et on y verra d'autres fruits ; cette centralisation catholique ne portera pas sur les infimes détails de l'organisation des maisons d'étude et des procédés d'enseignement, elle n'ira pas jusqu'à régler ce qu'il est mieux de laisser au bon sens des maîtres et à l'initiative personnelle ; elle ne gênera pas la liberté légitime et l'originalité de bon aloi ; elle n'étouffera pas le génie dans sa germination, elle ne le stérilisera pas dans sa fleur ; elle a grâce d'état pour éviter ces dangers; et si l'accord de la liberté avec l'unité est un problème, ce problème est tout résolu dans les autres branches de l'activité de l'Église.Elle donnera des règles sages,à la fois larges et précises. Il y aura, comme dans tout le reste du gouvernement des choses catholiques, autorité, hiérarchie rattachée à Rome, son centre nécessaire ; échange de relations, de lumières, et solidité d'expérience ; harmonie dans l'action et dans le fonctionnement des parties ; ensemble de méthode comme d'idées; de manière qu'enfin on puisse s'entendre, parler le même langage, et se regarder comme une même famille intellectuelle. Déjà l'Église a tout cela dans sa doctrine, et, hors de France, dans son enseignement scolastique ; il faut bien espérer qu'elle l'aura aussi chez nous.

Je sais bien que tout cela est un renversement de l'organisation qui existe ; mais elle n'est pas si précieuse à conserver ; tout le monde sait qu'elle est gallicane, et sa stérilité est prouvée avec surabondance, et par les principes et par l'histoire. Je sais bien aussi que certaines familles enseignantes, très respectables à beaucoup d'égards, mais absolument opposées *a priori* à tout changement venu du dehors, même dans le sens du retour à des traditions plus autorisées et à des idées plus saines, se refuseront pour elles-mêmes à cette réforme qu'elles prennent pour une innovation, et qui aura beau avoir le mérite de prendre sa source à Rome, si elle a le tort de n'être pas prévue dans la lettre de leur règlement inexorable comme le destin. Mais qu'importe ? On les laissera, en dehors de ce courant vraiment catholique, s'éterniser dans leur organisation vermoulue, qu'elles prennent pour la tradition antique. Il a bien fallu se passer de leur concours, et même de leur assentiment, pour quitter les principes gallicans ; on s'en passera bien encore pour abandonner les méthodes gallicanes, qui n'ont été faites que pour servir de cadre à ces principes, et qui n'ont pas d'autre raison d'être. Elles finiront, du reste, bon gré malgré, par venir aux méthodes romaines, quand il ne sera plus possible de faire autrement, comme elles ont fini, dit-on, par venir aux principes romains, non pas sans doute au premier rang, parmi les auteurs de ce mouvement où tout le monde avant elles avait senti le doigt de Dieu, mais au moins à la remorque, et en arrière-garde. Exprimer cette espérance et faire ce vœu, n'est pas leur manquer de respect, ni refuser à leur bonne volonté et à leurs vertus l'hommage qu'elles méritent bien.

Ce renversement, d'ailleurs, est de sa nature inoffensif, quand il est pratiqué avec sagesse ; il n'exige ni ressources nouvelles, ni génies extraordinaires, ni presque aucun changement sous le rapport matériel, mais seulement un remaniement courageux et complet dans le mécanisme intérieur des études ; et puisqu'on veut une restauration des études, il faudra bien en venir là. On a posé des principes ; ils germeront quand même, et produiront leurs fruits ; ou bien, si on les en empêche, ils disparaîtront encore ; car c'est le propre des idées catholiques, de ne pouvoir à la fois vivre et vivre stériles. Ce qu'on veut faire, en somme, c'est l'application de *l'Idée Romaine* des études sacerdotales. Je pense bien qu'on ne veut pas greffer un principe comme l'idée romaine sur une organisation gallicane ; et dans la situation actuelle, un changement profond, comme doit l'être la restauration des sciences sacrées selon la forme antique, ne se fera pas sans une modification profonde de tout ce qu'ont fait les gallicans, à qui nous devons les méthodes existantes. Une restauration, faite sur ce plan et ainsi arrêtée à moitié chemin, serait impossible et malsaine; l'essai avorterait; les professeurs qui consentiraient ou qu'on obligerait à y entrer, bien possédés, je suppose, de l'idée romaine, auraient bientôt une position intolérable: ils seraient forcés ou de transiger avec l'esprit gallican, dont les méthodes, encore épargnées cette fois, leur seraient imposées ; ou de travailler *per modum belli*, en se retournant contre l'organisation même des institutions auxquelles ils auraient apporté leur intelligence et leur bonne volonté. Peut-être, en cherchant bien dans l'histoire de certains séminaires de France, où des essais de ce genre ont été tentés, on trouverait des exemples de ce malheur dû à une restauration des études incomplète, inconséquente et mal cousue, qui avait, comme je le disais tout-à-l'heure, la prétention de greffer quand même un principe vrai et fécond sur une organisation fausse et stérile. De semblables essais ont beau être loyaux, ils se terminent mal, comme les essais loyaux de république par des monarchistes, ou de monarchie par des républicains.

Si, par impossible, on voulait restaurer l'enseignement théologique, sans réunir en une seule institution les divers établissements fondés, et sans grouper les séminaires diocésains autour de cette grande institution centrale, pour les rallier à elle par un lien de subordination sérieuse et efficace, comme les artères au cœur, quel progrès aurions-nous donc fait sous le rapport de l'unité, et quelle sécurité nouvelle aurions-nous contre la tendance des esprits à s'éloigner les uns des autres, et à se cantonner chacun dans son système et dans ses idées particulières ? Qui donc dirigerait, contrôlerait, et, au besoin, redresserait, soit dans son fond et ses principes, soit dans sa forme et sa méthode, l'enseignement de chacune de ces écoles qui resteraient isolées comme jusqu'à présent ? Sans doute l'évêque du lieu, s'il s'agit d'un séminaire, et les évêques de la circonscription sous la présidence de l'évêque du lieu, s'il s'agit d'une faculté. Assurément, l'évêque a mission et autorité pour fonder et donner l'impulsion première, il l'a aussi pour gouverner comme pasteur des âmes et maître de la foi, et c'est un pouvoir qu'il ne peut abdiquer; mais si la direction intellectuelle est tout entière à sa charge, si le *gouvernement pratique des études* est exclusivement réservé à l'évêque du diocèse pour le séminaire, à lui seul encore ou aux quelques évêques de la province pour la faculté, il me vient un terrible doute que je ne sais comment vous dire.

Parlons franchement : L'évêque d'aujourd'hui est éminent, plein de doctrine, théologien supérieur, parfaitement uni à Rome, très compétent, surtout en matière d'éducation sacerdotale, et tout à fait en mesure d'établir dans son séminaire ou dans sa faculté une organisation excellente, des traditions dignes de se perpétuer et capables de faire tout le bien qu'on espère. Mais enfin il mourra, et il y a toujours lieu de craindre, même pour les traditions les meilleures, si, ayant été fondées par une personne qui meurt, elles n'ont pas été confiées à une personne qui ne meurt pas (1). Les évêques qui viendront ne seront plus gallicans, je le sais bien, quoiqu'on prétende qu'il reste encore dans le clergé quelques représentants, je ne dis pas des doctrines, mais des tendances gallicanes ; il est difficile de supposer qu'ils puissent être encore libéraux, même à petite dose, et avoir des idées antipathiques à celles de Rome, bien que cela se soit vu dans un passé encore peu lointain. Mais l'homme changeant, les idées peuvent changer ; je parle des idées qui, n'étant pas de foi, sont précieuses à conserver cependant ; je tremble en pensant qu'un successeur pourra modifier encore une organisation si bien conçue, et faire dévier une tradition si droite.

Et puis, un évêque isolé suffira-t-il à la besogne ? Et s'il s'agit d'une réunion d'évêques concourant à l'établissement

1. La mort du cardinal Pie a été le coup fatal pour l'université catholique de Poitiers ; et c'est ici un argument historique de la plus haute valeur, qui corrobore singulièrement la thèse et réalise de point en point les prévisions du P. Aubry. *(Note de l'éditeur.)*

d'une faculté, j'ai peur encore que les diverses réunions, formées pour subvenir, chacune de son côté, à l'établissement d'une des diverses facultés dont on parle, ne se rencontrent pas absolument dans les règlements qu'elles porteront, et par conséquent ne donnent pas encore au clergé de France cette centralisation harmonieuse, cette unité hiérarchique des écoles, et ce type unique d'organisation qui fut la gloire et la force du moyen âge. Je me demande enfin si cette réunion d'évêques peut être regardée comme une organisation une fois fondée et destinée à fonctionner à perpétuité; si elle se tiendra toujours; et souvent, comme il le faudrait dans cette hypothèse, si elle entrera dans le détail des questions pratiques à régler ; si la dignité même de ses membres et les fonctions si hautes et si absorbantes de leur ministère, ne les empêcheront pas d'entrer dans ce détail et de juger par eux-mêmes; s'ils ne finiront pas par abandonner, au moins *de fait*, à l'évêque seul du diocèse, avec l'inconvénient que j'ai dit plus haut pour ce cas, la direction entière de cette belle œuvre.

Remarquez-le bien, je n'ai pas peur que, dans l'enseignement, soit des séminaires soit des universités, on s'écarte d'abord de l'esprit du Saint-Siège en matière de doctrines, ni qu'on *commence par tomber* dans des erreurs, ni, pour trancher le mot, qu'il entre, dans l'enseignement des nouvelles universités, un peu du vieux levain gallican, ou de ce venin libéral qui est partout, qui s'insinue si bien, et qui cherchera évidemment à pénétrer là. Mais, pour préciser et pour conclure, j'ai peur qu'on ne s'entende guère, qu'il se produise un peu plus tard des divergences profondes de méthodes, et même de petits écarts d'esprit, qui engendreront du malaise et aboutiront à des luttes. Je sais bien et je vous ai dit moi-même ce qu'on peut espérer de ces universités, mais je voudrais savoir si l'on a bien prévu ce qu'il faut craindre pour elles sous ce rapport, plus encore, bien plus que la persécution du dehors, à laquelle on s'attend et contre laquelle on est armé. Je crains encore que, surtout aux cours de théologie, il ne manque, d'ici à quelques années, que des élèves ; ne serait-ce pas une désolation ?

Réunissez ce doute aux précédents, et répondez-moi qu'ils

ne sont nullement fondés. Je ne m'en étonnerai pas, car je suis si mal informé, et la question des universités catholiques a été étudiée et résolue par des hommes si éminents. Mais les inquiétudes que j'exprime sont plutôt encore des questions que je vous pose, et sur lesquelles je vous prie de rassurer mon patriotisme. Si, par malheur, quelqu'un de mes doutes était fondé, ne serait-il pas à craindre qu'on se préparât pour l'avenir des déceptions ? Et ces déceptions, après tant d'espérances et d'enthousiasme, ne seraient-elles pas plus terribles encore que notre état présent déjà si malheureux ?

La plupart des craintes dont je viens de vous faire part, n'ont plus de raison d'être, quand il s'agit de l'œuvre entreprise par les Révérends Pères Jésuites à Poitiers. Sans la connaître aucunement par le détail, je sais qu'elle sera toujours sérieuse et solide, en tout ce qui devra être fourni par eux et dépendre d'eux-mêmes. Pourvu qu'on leur fasse une situation où ils soient à l'aise pour développer et faire fonctionner leur système d'études, pourvu qu'on leur fournisse des élèves, et que ces élèves soient entièrement à eux en tout ce qui regarde la formation intellectuelle, je sais que leur institution sera forte, assurée contre les dangers dont j'ai parlé, enfin organisée pour vivre et pour répondre à son but. Chez eux, ce n'est pas l'enthousiasme qui inspire les entreprises, et ce ne sont pas les idées personnelles qui gouvernent les choses instituées. La direction de leurs œuvres est toujours sûre et pratique, en même temps que courageuse et conséquente avec elle-même ; on ne les voit jamais ni reculer devant une mesure à prendre, si grave soit-elle, quand il est prouvé qu'elle doit être prise, ni détruire ou laisser périr ce qu'après un sage examen ils ont une fois décidé de fonder. Dans tout ce qu'ils établissent, on trouvera toujours une méthode éprouvée, sérieuse et profonde; des principes aussi assurés que possible d'être bons, parce qu'ils sont toujours puisés à la bonne source, à la source romaine ; des traditions d'enseignement ayant pour elles le témoignage d'une longue et triomphante expérience, d'une application étendue et multiple, et d'une entente complète entre tous leurs établissements, grands et petits, ecclésiastiques et laïques, en

France comme dans toute l'Europe et partout ; les idées fondamentales comme les procédés principaux sont toujours les mêmes, et on ne les voit jamais transiger avec l'esprit du temps et les prétendues exigences du lieu et de la situation.

C'est ce qui fait en tout et partout votre force, et ce qui rend vos œuvres si saines, si robustes et si fécondes. Cette merveilleuse solidité que vous portez en toutes choses, et surtout dans l'enseignement, beaucoup la trouvent étonnante, elle n'est pourtant pas un mystère, et votre secret n'est caché à personne; la recette est simple et d'une application facile : fidélité inviolable et rigoureuse aux principes romains, unité constante dans l'organisation et dans les méthodes, elles aussi toujours prises à Rome ; avec tout cela, cette qualité précieuse et rare en France qu'on peut appeler l'*esprit de suite* dans les idées, et d'*ensemble* dans l'exécution. Votre admirable *Ratio studiorum* a bientôt trois siècles d'existence ; il a été fait à Rome par quelques-uns de ces grands hommes, grands dans la science, grands dans la vertu, à qui j'attribuais plus haut la gloire d'avoir formé la dernière de nos belles époques théologiques ; et c'est encore lui qui gouverne le Collège Romain et tous vos établissements, en France et ailleurs, dans l'ensemble et jusque dans les plus infimes détails de l'enseignement, sans nuire cependant, chose merveilleuse ! au génie propre et à la forme personnelle des divers esprits, sans gêner la liberté des idées saines, l'originalité des découvertes utiles et du progrès de bon aloi, mais en dirigeant les forces, et en prévenant les fautes et les écarts. C'est, en quelques pages, le résumé de tous vos principes, de toute votre expérience, et enfin de toute votre sagesse en matière d'enseignement à tous les degrés de la série des études ; il est pour les études ce qu'est pour la vie spirituelle le livre *des exercices* de saint Ignace, aussi court et aussi profond ; ces deux livres vont ensemble; le même esprit les a inspirés, une idée semblable les a conçus, et le même génie les a faits.

Spécialement pour les études sacrées, le *Ratio studiorum*, c'est le code de l'enseignement théologique ; il est, et, sans doute, il restera longtemps, ce qu'il y a de meilleur, de mieux conçu et à la fois de plus facilement applicable, comme plan complet d'une maison d'études. Une chose m'étonne, c'est que, tout en admirant les résultats de vos œuvres, et surtout votre système d'enseignement, on songe si peu à prendre pour guide et pour modèle la belle économie de vos études en ce qui concerne la philosophie et les sciences sacrées. Je ne sache pourtant pas que vous poursuiviez en justice, pour délit de contrefaçon, ceux qui, ayant quelque chose à fonder, déroberaient ainsi le secret de votre force, et en feraient une application aussi fidèlement imitée que possible. Je ne vois pas pourquoi les fondateurs de nos universités, qui connaissent évidemment votre *Ratio studiorum*, ne le prendraient pas tout simplement pour type de ce qu'ils font, et ne tireraient pas de ce trésor, pour en enrichir leur institution et en faire la base de leur travail, tous ceux de vos règlements d'études qui pourraient, sans mutilation, être séparés de votre règle religieuse, et appliqués dans un établissement dirigé par n'importe quelle famille sacerdotale.

CHAPITRE DEUXIÈME.

NÉCESSITÉ d'une RÉFORME dans la MÉTHODE des ÉTUDES SACRÉES.

La méthode intérieure des études. — L'esprit français et la scolastique. — Il faut retourner aux traditions antiques. — C'est à Rome qu'il faut chercher une direction. — Comment résoudre la QUESTION PRATIQUE?

DE toutes les questions qui se posent aujourd'hui en France pour l'enseignement des sciences sacrées, si on les restaure, soit dans les universités catholiques, soit dans les séminaires diocésains, cette question d'organisation et de *méthode intérieure* des études, dont j'ai parlé jusqu'ici, est, à mon avis, la plus urgente et la plus délicate ; c'est celle qui m'inquiète le plus, parce que c'est la seule sur laquelle je n'ai rien vu statuer, et qui semble avoir été moins prévue. C'est pourtant la seule où il y ait vraiment danger aujourd'hui de faire fausse route; et c'est précisément à celle-là que Pie IX me semble avoir répondu, en termes généraux mais suffisamment explicites, dans quelques-uns de ses derniers actes. Il l'a touchée bien des fois, dans ses allocutions et lettres apostoliques, surtout adressées aux Français et aux Allemands ; et en étudiant avec soin ces différentes pièces, on en tirerait une somme très riche de renseignements clairs et précieux. Enfin, cette même question, il l'a en quelque sorte approfondie et résolue tout entière, dans son bref de 1875 à Mgr l'évêque de Poitiers, où, félicitant l'éminent prélat d'avoir confié aux Pères de la Compagnie de JÉSUS la faculté de théologie qu'il établissait dans sa ville épiscopale, catégoriquement et sans ambages, il recommande à ceux qui seront chargés d'organiser, en France, l'enseignement catholique, de prendre pour type de leur travail les universités Romaines, particulièrement les écoles tenues par les Jésuites, et surtout ce *Collège-Romain* qui, du reste, est leur centre et leur modèle, et d'adopter le plan des études suivi dans cette grande école et consacré par une si longue et si heureuse expérience. Voilà, j'espère, un document assez significatif par sa teneur et assez respectable par la source d'où il émane.

Or, l'élévation du R. P. Franzelin, dans les circonstances que j'ai dites, n'aurait-elle pas le même sens, et ne serait-elle pas un indice du même genre, et encore plus précis ? La pensée de Pie IX n'aurait-elle pas été d'honorer et de proclamer en lui le représentant de ce vaste mouvement théologique qui se fait sentir dans les grandes écoles catholiques, et dans lequel la France, malgré ses bons désirs, n'est pas encore entrée, ce me semble ; de dénoncer enfin l'immense importance que le genre d'études suivi et formulé dans les ouvrages du R. P. Franzelin doit avoir, dans ce vaste et admirable travail de développement dogmatique, qui ne cesse de s'opérer au sein de l'Église, et qui est l'élément le plus élevé de son histoire et le bénéfice final de ses grandes controverses doctrinales ? Je le pense, et c'est à ce point de vue, selon moi, au point de vue de la méthode d'exposition dogmatique, que les théologiens français, surtout ceux qui sont appelés à travailler à l'enseignement des sciences sacrées dans les universités catholiques et les séminaires, devront se servir de ses ouvrages et y chercher le type de leurs études, et la méthode à suivre dans leurs travaux.

Cette question de méthode n'étant qu'une question de forme et d'exposition, il y a des esprits qui la croient secondaire et de peu d'importance. Qu'importe, en effet, de quelle façon la vérité sera enseignée, pourvu qu'elle soit enseignée, et que l'enseignement, au fond, soit conforme à la vraie doctrine, aux vrais principes catholiques ? Grâce à Dieu, les erreurs de fond sont réduites, et la question n'est plus à résoudre aujourd'hui de savoir où l'on trouvera désormais, en cas de conflit, la lumière sur les doctrines, je veux dire une autorité pour trancher les difficultés et controverses dogmatiques, et ramener aux vrais principes. Cette lumière, cette autorité, on sait qu'il faut les prendre à Rome, et de ce côté la cause est finie. C'est beaucoup sans doute, puisque la question de doctrine est, au fond, la principale, et que ce sont les doctrines qu'il s'agit de sauver et de prêcher; c'est beaucoup, mais ce n'est pas tout. La question de méthode a souvent été la pierre d'achoppement des maîtres et des disciples, et, bien ou mal entendue, a souvent décidé de l'avenir de la théologie. C'est le cas pour nous de ces trois derniers siècles ; l'expérience a montré, encore une fois après bien d'autres, qu'avec les vrais principes au point de départ, on peut s'égarer dans la suite, et aboutir finalement à des erreurs bien subversives et radicales, pour avoir laissé, sous le rapport de la méthode, les hommes de l'enseignement sans direction, sans unité, livrés chacun à ses idées particulières, à son sens personnel, et, pour ainsi dire, à son examen privé. Parcourez la liste des erreurs condamnées, depuis celle de Luther dont le germe fut précisément une erreur de ce genre ; vous en trouverez un bon nombre qui concernent uniquement ou principalement *la forme ou la méthode* appliquée à l'étude des questions doctrinales. Vous trouverez la même préoccupation et la même cause, assignées à quelques-unes et aux plus pernicieuses de nos erreurs modernes, dans ces allocutions et lettres de Pie IX, auxquelles je vous renvoyais tout à l'heure, surtout dans celles qu'il adresse aux Allemands. Les Allemands, paraît-il, auraient bon besoin, eux aussi, d'une restauration de la théologie, quoiqu'en un autre sens que nous, mais pour des raisons semblables ; eux, cependant, ne manquent pas d'universités, même catholiques, ni d'enseignement supérieur. Ce spectacle est instructif, et il faut bien qu'il y ait une cause là-dessous.

La question de méthode, en effet, n'est pas petite; elle est décisive aujourd'hui pour le salut, la restauration et le progrès des sciences sacrées, et, par conséquent, pour bien d'autres choses qui dépendent de celles-ci ; c'est la *question pratique* de l'enseignement, c'est la seule qui reste à résoudre en France, et qui se pose, aujourd'hui surtout, impérieusement. Ce n'est donc pas merveille de dire et de penser qu'ici, comme en tout ce qui intéresse la foi et les principes, Rome seule possède et peut donner la solution vraie, une direction saine et adaptée à tous les besoins, un type d'études capable de servir de modèle et de règle à tous.

Je dis que c'est ici la *question pratique*, vous le savez comme moi ; et tous ceux qui s'occupent un peu spécialement de l'enseignement des sciences sacrées le comprendront d'abord, la question de méthode dans l'enseignement de ces sciences contient deux problèmes : Trouver une méthode d'exposition et de démonstration qui nous donne, sous une forme adaptée à des temps, à des esprits et à des besoins toujours nouveaux, une vérité qui ne peut jamais être nouvelle dans son fond, puisqu'elle est absolue et immuable.

Cette méthode, d'un côté, sera puisée, comme la doctrine elle-même, aux sources vénérables de l'antiquité ecclésiastique; elle restera rigoureusement fidèle à l'esprit de ceux que l'Église appelle ses *Pères*, aux règles consacrées par l'usage traditionnel, et aussi vieilles que le christianisme ; — de l'autre, elle sera au niveau et à la portée des intelligences d'aujourd'hui, qui ont raison de ne pas vouloir d'une nourriture vulgaire ; elle se sera enrichie de tout ce qui s'est fait de bon et pensé de solide, dans les temps modernes ; elle aura profité des progrès, des découvertes, des bonnes idées de ces derniers siècles, des malheurs même et des erreurs, qui ne sont pas ce qu'il y a de moins instructif dans l'histoire, mais surtout de ce beau travail de développement philosophique et dogmatique qui se poursuit sous l'influence de la foi, à travers les hérésies, les controverses, les agitations de la société, profitant même du mal, par la miséricorde de Dieu, et se complétant tous les jours — *Non nova, sed nove.* C'est là le premier problème de l'enseignement ; et voici le second :

Trouver une méthode, qui, employée dans un livre ou transportée dans un cours public, convienne aux intelligences les plus diverses et les plus inégales; qui, tout ensemble, soit assez riche, assez élevée, assez substantielle, pour satisfaire, nourrir, enlever, vers les hauteurs de la pensée, les intelligences des élèves ou des lecteurs les mieux doués ; et assez facile, assez simple, pour être atteinte et suivie par les intelligences plus faibles; car il n'y a pas que des aigles qui soient appelés au sacerdoce; et, cependant, tous ceux qui y sont appelés, sont, par cela même, appelés à une étude aussi profonde que possible des sciences sacrées, dont ils doivent nourrir leur âme et fortifier leur vie sacerdotale, chacun selon la mesure des dons que Dieu lui a faits.

Les études ecclésiastiques ne sont que le développement et l'exposition de la foi catholique, dans ses diverses applications qui forment les différentes branches de la science sacrée. Or, quand nous savons que la même et immuable foi a été la vie et la lumière des intelligences de tous les temps; que, de sa même et immuable substance, elle a nourri l'antiquité et elle doit nourrir les générations modernes; quand nous voyons cette même foi, tout ensemble si élevée et si simple, contenue dans un *credo* que savent et comprennent les enfants, et qui occupe et dépasse les méditations des grands hommes, au niveau enfin des plus belles intelligences et à la portée des plus humbles ; ne devons-nous pas soupçonner que ces deux Problèmes doivent avoir une solution possible et même réalisée, qu'il doit exister quelque part, dans l'Église, pour l'enseignement des sciences sacrées, comme pour celui de la foi, une méthode d'exposition tout ensemble élémentaire et supérieure, c'est-à-dire grande et simple, élevée et pratique, féconde et capable de s'appliquer à tous? Et, encore une fois, si cela, existe, est-ce donc merveille de dire que Rome, gardienne, maîtresse et organe de la foi et des traditions enseignées, le soit aussi de la méthode d'enseignement, et puisse, et doive nous fournir cette méthode? Je dis que précisément Rome a cela et nous l'offre, et que l'enseignement romain est la solution cherchée. Parmi les diverses écoles qui représentent cet enseignement Romain, ce n'est pas moi, c'est Pie IX qui, parlant à Mgr Pie, et par lui au clergé de France, montre le type à suivre dans cet enseignement du Collège Romain, dont le travail du R. P. Franzelin est certainement le produit le plus parfait, la formule la plus complète, et la personnification la plus belle dans notre temps. Et c'est sans doute encore là ce que Pie IX a voulu dire, en élevant si haut le R. P. Franzelin, comme il l'a fait.

Je disais tout-à-l'heure les tristes fruits que devait produire et qu'a produits, en France et ailleurs, la question de méthode négligée ou mal comprise dans le passé. N'a-t-elle pas été, dans ces derniers siècles, la cause principale, et peut-être la seule cause, de cet affaiblissement des études sacerdotales, qui a lui-même amené tant d'autres maux, et que tout le monde semble enfin reconnaître et déplorer aujourd'hui, sans peut-être en chercher suffisamment l'origine pour y remédier et prendre le mal à sa racine?

Certes, ce n'est pas moi qui dirai que l'esprit français est, par nature, incapable de pénétrer profondément dans les sciences philosophiques et théologiques. Cette sotte affirmation n'est pas assez rare en France. Je l'ai entendue quelquefois, mais je pense bien tout le contraire. La grande école de Paris, au moyen âge, a fourni d'assez beaux génies et d'assez beaux travaux en tous genres, auxquels notre génération présente devrait bien être plus reconnaissante, au lieu de leur reprocher de n'avoir pas épuisé la science, et d'avoir surtout posé les principes. C'est bien en France que venaient se former, dans ces beaux siècles, les grands docteurs qui allaient fonder l'enseignement scolastique et les universités au sein des autres nations; et c'est bien à la France qu'on les demandait, ou qu'on les confiait, pour les préparer à ces nobles combats de l'intelligence.

S. Anselme, le *Père de la scolastique*, nous appartient comme docteur, bien plus qu'à l'Angleterre, qui n'a eu que la fin de sa vie et sa carrière d'évêque. Ce titre de *Père de la scolastique*, d'autres le donnent à Pierre Lombard, d'autres le font reculer jusqu'à S. Bernard ; tous ont raison à divers titres, et ces deux hommes sont à nous. D'autres retournent jusqu'à Charlemagne, et font remonter le premier germe de la scolastique à cette

École palatine où Alcuin était professeur, et avait pour élève notre grand Charlemagne et toute sa famille ; ceux qui pensent ainsi ont raison encore, et tout ceci est encore à nous. Mais les deux grandes lumières du XIIIe siècle, S. Thomas et S. Bonaventure, il serait banal de les louer, et je n'ai pas à le faire ici ; quoique nés en Italie, ils nous appartiennent bien aussi, avec beaucoup d'autres, par leur enseignement, par leur vie, passée littéralement à élever la nation française, par les élèves innombrables qu'ils ont formés dans son sein et dont les noms sont restés assez glorieux, par le cachet propre de leur génie où je retrouve, dans S. Thomas surtout, toutes les qualités de *l'esprit français :* cette concision forte, ce laconisme substantiel et vivant, cette plénitude d'idées, cette lucidité de pensée et d'expression, ce relief, cette pénétration, cette vigueur de style, cette riche sobriété enfin qui dit tout, qui le dit en peu de mots,et qui,dans ce peu de mots,met chaque chose en son lieu, et fait apercevoir toutes les raisons et toutes les harmonies de la doctrine exposée. S. Thomas et S. Bonaventure sont, dans la meilleure acception de ce mot, *deux vrais esprits gaulois*, qui représentent les deux belles nuances de notre vieux génie national ; et je m'étonne, qu'en littérature, les hommes du métier, même chrétiens, semblent n'avoir pas remarqué l'immense influence qu'ils ont eue sur la formation du génie de la langue française. Il y aurait beaucoup à dire là-dessus, mais ce n'est pas le lieu.

Je le sais, toutes les nations sont belles, parce que c'est Dieu qui les a faites ; et chaque caractère national est un admirable sujet d'observation, avec son génie particulier et son cachet propre de beauté qui est la marque divine de sa création et de sa vocation ; mais il n'est pas défendu de comparer et de remarquer qu'avec d'éminentes qualités d'ailleurs, toutes les autres grandes nations manquent, dans l'ensemble, de quelques-uns de ces dons excellents d'intelligence, qui ont fait et qui peuvent faire encore la supériorité de la France, dans la production des ouvrages de l'esprit, et surtout des grands travaux théologiques. L'Allemand est nébuleux ; l'Espagnol est diffus ; l'Italien a peu d'ordre. Je ne parle pas du *théologien romain*, qui souvent est pris dans une autre nation, et qui n'appartient ordinairement par son génie à aucune nation particulière, mais en qui la réunion *de l'esprit romain* avec le tempérament moral de sa nation, a formé une catégorie à part et produit un ensemble vraiment *catholique*, c'est-à-dire appartenant à tous, et capable de s'adresser à tous.

L'esprit français, quand il n'est pas gâté par l'éducation et par l'influence d'une atmosphère intellectuelle imprégnée d'erreur et de vice ; quand il est nourri de foi et préparé par de saines et fortes études ; l'esprit français est complet, capable de réunir les qualités profondes aux qualités brillantes ; de penser avec justesse et avec élévation ; de dire avec force et avec entraînement, en un style qui n'a son pareil ni pour le charme ni pour la clarté, incrustant les pensées les plus métaphysiques dans des expressions d'une efficacité saisissante, dans des mots brefs et puissants dont elles semblent désormais inséparables, qui les rendent claires et frappantes, qui les fixent pour toujours et dans l'intelligence de chacun et dans le langage de tous. J'ai souvenance d'avoir lu, à ce sujet, quelques bonnes pages de M. de Maistre, qui pourtant ne ménageait pas la France dans ses travers, et qui, n'étant pas Français de nationalité, l'était si bien, lui aussi, par le génie. On dit trop, surtout en France, que le caractère français est vif, spirituel et ardent, mais léger, superficiel, incapable de mener à bonne fin des études profondes, et d'apporter dans ses travaux un coup d'œil pénétrant et une investigation vraiment philosophique. Aujourd'hui, sans doute, grâce à la désorganisation des études sacrées dans le clergé, et à l'affaiblissement de la foi qui en est la conséquence dans le peuple, beaucoup de Français sont légers ; mais que *l'esprit français* soit léger, ce mot m'a toujours déplu et paru exprimer tout juste le contraire de la vérité. La vérité, c'est que l'esprit français est éminemment propre à l'étude et au développement des sciences de principe, à une contemplation très haute et en même temps très lucide de la philosophie et de la théologie ; et il est à remarquer que ces sciences n'ont pas produit grand'chose dans le monde entier, depuis et parce qu'elles ne produisent rien en France. La vérité, c'est que l'esprit français a besoin de ces sciences, qu'il a été formé sur elles et fait pour elles, qu'elles sont sa nourriture, sa vie, sa santé — comme le prouve l'espèce d'intuition avec laquelle, depuis très peu d'années, le véritable esprit français, toujours vivant au cœur du clergé et des catholiques, s'est aperçu de ce besoin, et a reconnu que ces sciences lui manquaient ; et l'élan spontané, l'ardeur enthousiaste avec lesquels il cherche à revenir vers elles. Je dis *l'intuition*, je dis *l'élan spontané*, car ce retour qui a besoin maintenant d'être dirigé par la sagesse de l'Église, pour ne pas échouer, comme tant d'autres essais, n'a pas été, dans son impulsion première, le fruit du raisonnement et le résultat d'une délibération en règle, mais un mouvement profond comme l'instinct de l'âme et le cri de la nature ; signe évident d'un dessein de la Providence et de l'action intime de l'Esprit-Saint de qui vient toute inspiration salutaire.

Ce qui a gâté l'esprit français, ce sont nos prétendus philosophes, ennemis de la foi et de la théologie; c'est cette fraction, inférieure au fond, mais puissante du clergé, qui a voulu ou permis l'affaiblissement de la science sacrée ; c'est Descartes et son esprit — Descartes, le grand ennemi de la scolastique, et le père du rationalisme qui n'est qu'une traduction du principe protestant ; c'est le XVIIe siècle, inféodé à ce prétendu grand homme qui nous a fait tant de mal. Mais il n'est gâté, grâce à Dieu, qu'à la surface ; et, si grand que soit son mal, ce n'est qu'un mal accidentel et passager. Qu'en lui laissant les incontestables progrès accomplis dans les temps modernes, et surtout l'expérience cruelle mais salutaire de ses malheurs, on lui rende ses belles études, cette grande formation catholique, cette éducation puissante qu'il recevait dans ce moyen âge si sottement décrié, et que les autres nations n'ont pas eu le malheur de perdre autant que nous, qu'on lui rende tout cela, et on verra comment l'esprit français est léger et superficiel.

CHAPITRE TROISIÈME.

DESCARTES et la MÉTHODE THÉOLOGIQUE MODERNE.

Le dernier mot de la philosophie cartésienne. — Descartes est l'hérésiarque de la philosophie, le père du rationalisme moderne. — Caractère et influence de son doute méthodique. — Comment le système cartésien, né du protestantisme, a opéré le divorce entre la science et la foi. — Parallèle entre Descartes et Pascal (1).

AU risque de m'écarter un peu du terrain théologique, et de quitter un instant mon sujet, avant de dire comment j'explique, par un vice de méthode, la décadence de l'enseignement théologique en France, j'ai besoin d'insister sur un des faits que j'ai cités en dernier lieu, et qui tient, à mes yeux, une place immense, la principale, parmi les causes de cette décadence et de ce que j'ose appeler l'affaiblissement de l'intelligence publique en France: il s'agit de Descartes. Cet écrivain a joué, depuis deux siècles passés, un rôle trop considérable dans la direction des travaux intellectuels et des études en général, il a trop influé sur les études doctrinales en particulier, pour qu'il soit possible de comprendre et d'expliquer à fond les temps modernes, à quelque point de vue que ce soit, au point de vue philosophique et scientifique, même au point de vue politique

1. Le R. P. Ramière a publié, dans les *Études littéraires* des Pères Jésuites, une étude absolument identique, quant aux idées, à celle du P. Aubry, sur Descartes et la révolution cartésienne. Octobre 1872. 16e année, 5e série, t. II, n. 10.

et social, mais surtout au point de vue des questions dont je parle ici, sans y voir son influence. Je ne puis donc entrer plus avant dans l'intérieur de mon sujet, sans vous dire d'abord quel jugement je porte, et quel jugement un catholique, un théologien, un homme de principes doit porter, selon moi, sur le caractère et la portée intellectuelle, sociale et doctrinale de son œuvre, sur le développement d'idées dont il fut l'auteur ou l'instrument, sur les effets de sa méthode relativement à la philosophie d'abord, et par la philosophie, à la théologie, à la direction générale de l'enseignement religieux, à la formation des esprits, à l'éducation de la nation.

Je trouve d'abord assez étonnant que le clergé français, pendant plus de deux siècles, en lui ouvrant toutes les portes de l'enseignement, se soit, pour ainsi dire, livré pieds et poings liés, à un homme dont le Saint-Siège a condamné l'esprit et les principes, quintessenciés et condensés par lui-même dans son fameux *Discours sur la méthode ;* étonnant surtout que, faisant entrer sa méthode et ses idées dans le sanctuaire des études sacerdotales, à la place de la méthode et des idées de nos saints et de nos docteurs, le clergé, principalement le clergé, ait été, en France, l'artisan de sa renommée et du succès de ses théories, et lui ait accordé l'honneur de présider et de donner le ton à la triste réforme qui s'est opérée depuis dans l'enseignement de nos sciences sacrées. N'était-ce pas l'inviter à diriger lui-même la démolition de ce bel édifice de la philosophie scolastique, qu'on a tant détractée, les uns, par légèreté, faute de la connaître ou de la comprendre, les autres, par malice et impiété, parce qu'ils comprenaient trop bien que c'était la vraie philosophie chrétienne?

Je dis que le mal qui a été fait à l'esprit français, vient en grande partie de Descartes ; je veux dire de ce mouvement antiscolastique et anticatholique qui procédait du protestantisme, et que Descartes n'a pas inventé, mais auquel il obéissait lui-même, qu'il a mis en théorie et formulé, dont il a été le héraut et la personnification, je voudrais dire l'*hérésiarque*, et vous verrez tout à l'heure si le mot n'a pas quelque justesse.

Descartes, ai-je dit, obéissait lui-même à un courant d'idées dont la première source n'est pas dans ses ouvrages, mais bien au-delà dans l'histoire. En effet, ni les découvertes bonnes ou mauvaises, ni l'influence, ni le génie d'un homme, ne suffisent à expliquer de pareils mouvements historiques ; et les grandes révolutions intellectuelles ne s'opèrent pas ainsi dans l'espace d'une vie humaine. Les hommes de génie sont ordinairement de grands esprits qui ont personnifié à un degré supérieur les idées d'une époque ; qui, souvent sans le savoir, ont ramassé, condensé, incarné en eux, pour s'en faire les champions, toutes les tendances et les ressources de leurs contemporains, en bien ou en mal ; qui, enfin, se sont trouvés avec mission divine ou mission diabolique, et au profit de la bonne ou de la mauvaise cause, les représentants et les mandataires de leur génération, pour donner à des idées préexistantes mais encore indécises, une forme plus déterminée, et comme un corps saisissable. Luther n'a pas inventé le libre-examen en théologie ; et, sans parler des précurseurs immédiats de la réforme, le P. Perrone, dans son livre sur *Le protestantisme et la règle de foi,* montre bien que toutes les hérésies ont pour principe, le principe protestant appliqué avec plus ou moins de hardiesse. Descartes n'a pas inventé le libre-examen en philosophie. Rousseau, qui est peut-être le représentant le plus complet, l'*hérésiarque* de la Révolution française, n'a pas inventé le libre-examen en politique. Ces trois hommes sont les représentants des trois principales époques de cet immense courant d'indépendance et de révolte qui travaille le monde, et emporte la société depuis trois siècles : véritable hérésie, à laquelle aucune autre ne peut être comparée, tant sa marche a été savante et bien ordonnée, ses ressources formidables, et son enseignement séduisant. De nos jours précisément, elle semble achever sa course et la série de ses conquêtes possibles, en envahissant la sphère politique, la dernière des trois sphères qu'elle ambitionnait d'envahir, pour couronner son œuvre; en s'emparant, par la politique, du gouvernement du monde; et en établissant, derrière le rempart d'un ordre social nouveau et antichrétien, comme dans sa forteresse et sa cité, le dépôt de ses forces, le foyer de son enseignement, le centre de ses opérations et des combats qu'elle doit livrer à l'Église.

L'œuvre de Descartes, que beaucoup de philosophes, même catholiques, ont prise, comme lui, pour une rénovation, n'est qu'une perturbation, une réforme, dans le sens de celle de Luther, et de la même espèce, la seconde période de la grande hérésie protestante ou révolutionnaire, ce qui est la même chose, la transition enfin entre le protestantisme proprement dit et la révolution proprement dite. Je le prouverai tout à l'heure ; mais observez d'abord un des signes les plus caractéristiques de la philosophie cartésienne, je veux dire, la *nouveauté*, cet esprit d'*innovation* qui est le nom propre du protestantisme et l'air de famille des sectes sorties de lui, et dont l'Église, comme la vérité, a toujours eu tant d'horreur.

N'est-il pas insupportable de voir Descartes déclarer tout simplement que jamais, avant lui, depuis que le monde est monde, on n'a eu la vraie certitude, ni la vraie philosophie, et que la science n'a pas existé jusque-là, faute d'avoir été fondée sur sa méthode. Autant dire qu'elle est introuvable et que le genre humain est condamné pour toujours à s'en passer ; car prétendre qu'il ne l'a pas trouvée, depuis six mille ans qu'il existe et qu'il cherche la vérité, depuis dix-neuf siècles qu'il est éclairé dans cette recherche par l'Évangile, cela équivaut à peu près à dire qu'il est incapable de la trouver. Cet immense dédain que Descartes professait pour le passé et pour toutes les traditions et découvertes antérieures à lui, n'est pas seulement un travers funeste et la marque évidente du peu de valeur de sa théorie, mais une contagion qui s'est répandue ; il a engendré et soufflé, en France, ce ridicule mépris du moyen âge, qui est un des signes de notre temps. La prétention qu'il affichait, et qui respire partout chez lui, d'être l'inventeur et le fondateur non pas d'*une philosophie*, mais de *la philosophie*, jusque-là inconnue aux hommes, n'est pas seulement une innovation suspecte et du charlatanisme, mais encore l'inauguration de cette manie moderne de renverser imaginairement tout édifice philosophique bâti jusqu'à nous, et de découvrir pour la première fois une philosophie qui, pour le coup, soit la vraie, l'unique, l'immortelle philosophie, la dernière expression du vrai, attendue depuis le commencement du monde, et à laquelle il faudra définitivement que tous les esprits se rallient et que toutes les générations futures restent fidèles. Quel est, depuis Descartes, le philosophe rationaliste, ou atteint de rationalisme, qui n'a pas eu cette prétention et découvert, pour le bonheur de l'humanité, un nouveau système renversant tous les autres, et destiné à être immortel ? — A lui tout seul, ce signe suffit pour juger Descartes, sans même entrer dans l'examen de son œuvre; mais l'examen de l'œuvre même confirme bien ce jugement.

Ce que Luther et les protestants avaient fait en théologie, dans l'ordre de la foi, par leur libre-examen appliqué aux vérités révélées, ce que la Révolution devait faire plus tard en politique, par la négation du droit de Dieu, de la royauté de JÉSUS-CHRIST, et de l'origine divine du pouvoir, et par l'invention du *contrat social* mis à la base de l'ordre civil ; Descartes l'a fait en philosophie, dans l'ordre de la raison, par son *doute méthodique*, qui est tout simplement la traduction philosophique du protestantisme, le libre-examen appliqué aux vérités naturelles, l'émancipation de l'esprit humain délié de tout frein, privé de tout guide dans l'investigation de la vérité rationnelle, exposé, par conséquent, à faire fausse route, comme le prouve toute l'histoire de son passé, sans compter les temps modernes. La raison, il est vrai, recevait l'ordre de rester dans son domaine purement philosophique; mais on sait combien, par nature, elle aime à garder ces consignes ; combien aussi il est facile de douter de toutes les vérités rationnelles, sans que ce doute ébranle du même coup l'édifice de la foi, posé dans la connaissance de l'homme sur celui du bon sens, et atteigne même directement certaines vérités qui appartiennent, tout ensemble, au domaine de la raison et à celui de la foi, comme les vérités fondamentales de la religion naturelle, l'existence et certains attributs de Dieu, l'existence, la spiritualité, l'immortalité de l'âme ! Aussi, une fois lâchée dans ce domaine rationnel, et affranchie, comme disait Descartes, « de toutes les opinions reçues auparavant en sa créance », entre autres de l'autorité de la Révélation, ne se sentant plus gênée par aucun lien, elle pouvait donner carrière à ses goûts les plus extravagants, s'aventurer au bord de tous les abîmes et parmi tous les écueils ; et elle se tenait toujours prête à se retourner contre la foi, si la foi, lui imposant certaines *opinions*, dont elle ne permet pas qu'on se défasse, prétendait l'obliger à sortir de son doute, la diriger dans son investigation, ou du moins la prémunir, en éclairant le bord des précipices et en l'empêchant d'aboutir à ce qu'elle a été si souvent tentée, surtout depuis Descartes, de prendre pour des vérités naturelles.

Répudier d'abord toute vérité, même certaine, découverte jusque-là, et tout l'acquis de l'esprit humain, comme une entrave ou un préjugé qui gênerait la marche du philosophe à la recherche du vrai ; éliminer successivement tous les principes extérieurs de la connaissance, si efficaces et si sûrs qu'ils soient,et tous les éléments venus du dehors par la Révélation ou autrement, comme s'ils étaient de trop, comme si la lumière, venue trop tôt, et trop directement par eux, devait, en chassant le doute, déranger les calculs et rendre la certitude suspecte ; en un mot, comme si on tenait à reculer le plus possible le moment de la certitude, et à douter *quand même*, pour douter, parce qu'il est bon de douter ; traiter comme absolument inconnu, tout ce dont la négation n'implique pas nécessairement la négation de la pensée ; ne s'arrêter dans cette œuvre d'élimination que devant le fait même de la pensée, constater ce fait, comme s'il était le seul qui ne fût pas contestable, et comme si le doute, qui atteignait tous les autres, ne pouvait pas l'atteindre aussi ; enfin repartir de là, sans autre guide que la lumière de la raison, et de la raison individuelle ainsi dévalisée, pour reconstruire, *a priori*, l'édifice de la science, selon la règle de la nécessité logique, et en suivant l'étroit sentier d'un syllogisme sans cesse renouvelé : telle est la besogne que Descartes donnait à la philosophie.

Certes, la pauvre lumière de l'homme ne suffit pas à un pareil travail, et le jeu n'est pas seulement dangereux, il est fatal. Il n'est pas si facile, après avoir fait ainsi table rase dans son intelligence, quand on est revenu par le doute au point de départ des connaissances humaines, et qu'on a repoussé tout autre guide que soi-même, de retourner ensuite, par la seule force du raisonnement, à toutes les vérités, pour les établir, et de retrouver son chemin, évitant tous les précipices, à travers des dédales de vérités qui ne sautent pas aux yeux, et d'erreurs qui sont possibles et même séduisantes, même aux plus sincères et aux plus grands esprits, comme nous le voyons dans l'histoire. Et si la raison, conduite par cette méthode, appliquée hardiment et sur toute la ligne, allait s'aviser de découvrir, au bout d'un syllogisme, qu'il n'y a ni Dieu, ni Révélation, ni ordre surnaturel, ni miracle, ni autre vie, que le monde est éternel et s'est fabriqué de lui-même, que l'âme est matérielle, ou que l'homme descend du singe, ou telle autre sottise que vous pourrez imaginer ; si, à force d'aligner des syllogismes, elle allait aboutir à cela, et découvrir que ce sont là autant de vérités naturelles, l'Église, avec sa Révélation, aurait beau réclamer, qui pourrait arrêter l'homme dans cette voie ? Et on sait si l'esprit humain est par lui-même suffisamment préservé contre de pareilles extravagances, et assez sûr de lui pour n'avoir pas à craindre d'aboutir jamais là, en se passant de la lumière révélée.

Il faut du reste que Descartes ait senti ce danger, et n'ait pas été pleinement rassuré lui-même sur les bienfaits de sa méthode, puisqu'en l'exposant, il établissait lui-même deux catégories d'esprits, dont l'une pouvait, l'autre ne pouvait pas en user sans péril ; lui-même avouait qu'elle ne pouvait servir qu'à un petit nombre d'intelligences privilégiées, et que le monde se composait presque entièrement de gens incapables de la suivre et « de mettre en ordre leurs pensées » ; ceux-ci devaient se contenter de demander aux autres, aux penseurs, aux têtes plus fortes, des vérités toutes trouvées. Ceci le juge encore, et cette précaution n'excuse même pas son imprudence, car les intelligences fortes sont toujours faibles par quelque endroit, et les intelligences les plus faibles ne renoncent jamais à se servir des armes qu'elles voient aux mains des autres. Existât-il une catégorie à part, et des intelligences privilégiées, il n'existe aucun signe qui marque la différence et qui laisse voir nettement où s'arrête le privilège, et la frontière qui sépare ces deux catégories ; et cette frontière même existât-elle, jamais elle ne serait respectée ; nous constatons par l'histoire qu'elle ne l'a pas été, car la méthode de Descartes est descendue jusqu'aux plus humbles esprits, et s'est trouvée appliquée dans le plus élémentaire enseignement philosophique des séminaires et des collèges, et à toutes les catégories d'étudiants ; c'était tout naturel, et il fallait s'y attendre. L'Église est plus simple ; elle n'a jamais eu ni ces divisions de castes, ni ces méthodes à privilège ; la même vérité est imposée à tous, *Una fides*, et tous peuvent s'en contenter ; la lumière d'une doctrine plus profonde est sans doute réservée de fait à quelques-uns, mais ce n'est pas l'Église qui l'interdit aux autres, et tous peuvent y aspirer ; cette lumière est d'ailleurs du même ordre chez les grands que chez les petits, et n'est différente ni dans son fond, ni dans sa méthode, mais seulement dans son degré, comme la grâce, *Unicuique secundum mensuram donationis Christi* (1). Cette conduite vaut un peu mieux, et devrait être appréciée par ceux qui, en louant Descartes, se croient les apôtres de la *liberté et de l'égalité*.

Je sais bien que Descartes fait à son doute une exception en faveur de la foi chrétienne, qu'il réserve les vérités religieuses, et défend à la raison de toucher jamais à cette arche sainte. Mais cette exception insuffisante, qui met la foi de côté comme un vêtement précieux et inutile dont on ne se servira plus, pouvait-elle être efficace et rassurer l'Église ? Elle ressemble à l'illusion de nos hommes politiques, chrétiens dans leur vie privée et indifférents à toute religion dans leurs actes publics, qui s'imaginent pouvoir rester ainsi longtemps divisés en deux hommes de principes opposés, sans que jamais l'athéisme ou l'indifférence de l'homme public gêne la conscience chrétienne de l'homme privé ; ou encore à celle des gouvernants, qui croient pouvoir contenir et endiguer le flot montant de la révolution, sans arrêter son cours et tarir sa source, et réglementer cette force terrible, en autorisant son action dans certaines limites, pour l'empêcher d'envahir le domaine sacré du pouvoir et d'arriver au radicalisme de la destruction. Quand le XIXe siècle fera partie de l'histoire, on

1. *Ephes*, IV, 7.

comprendra les bonnes leçons qu'il contient à ce sujet ; et il sera facile, à leur lumière, d'apprécier ces deux illusions qui ne sont pas seulement semblables à celle de Descartes, mais dont le germe vient de la sienne ; car sa méthode a précisément inauguré cette théorie moderne qui, d'un côté, sépare l'homme en deux, et lui permet de porter, dans des situations différentes, un principe et un esprit différents ; et, de l'autre, transige avec les erreurs et les passions populaires, et leur sacrifie quelques morceaux de la vérité, pour les assouvir et les calmer, en leur donnant satisfaction.

Ajoutez que le doute n'est pas seulement une arme terrible ; mais, vu l'état de l'esprit humain, affaibli et troublé par la chute, un poison mortel et insinuant, qu'on ne verse pas impunément dans l'intelligence ; une fois entré là, il travaille, à l'état latent et en souterrain, sinon à ciel ouvert ; et tous les efforts de la prudence humaine ne l'empêcheront pas de gagner de proche en proche. Insérer dans l'éducation de l'homme et à la base même de l'édifice ce principe corrosif et destructeur de l'ordre, et prétendre que l'ordre ne sera pas troublé, parce qu'on n'en fera pas un usage complet, et qu'on n'en tirera pas les dernières conséquences ; faire boire à l'esprit humain ce poison mortel, et prétendre qu'il ne produira pas la mort ; jeter dans ce milieu inflammable de la société cette étincelle terrible, et prétendre circonscrire le domaine du feu : c'est un tour de force qu'on a tenté mille fois, et qu'on semble vouloir tenter encore, mais qui n'a jamais réussi, et qui ne réussira jamais, car il est impossible. L'esprit humain a encore bien plus de pente à faire l'application complète des principes vrais ou faux qu'on lui impose, qu'il n'a de facilité à s'en laisser imposer de faux. Par sa nature même, qui est moins hardie et moins radicale, mais plus insinuante et plus perfide, le doute est plus dangereux encore que la négation. Introduit ainsi méthodiquement dans l'intelligence, à la racine même de ses travaux, il s'attache à elle dans toutes ses opérations ; il lui constitue une sorte de second péché originel, qui s'ajoute à celui d'Adam, pour rendre la pente encore plus facile à l'homme vers le scepticisme. L'esprit humain, tel qu'il est, surtout depuis la chute, n'a pas besoin d'un supplément de vertige, pour le pousser dans cette voie ; le scepticisme est déjà le but final où conduisent, de si loin que ce soit, toutes les hérésies, et vers lequel s'achemine toujours l'homme quand il accepte de se laisser guider par elles : que sera-ce donc s'il se laisse conduire par le doute!

Le doute cartésien étant *méthodique*, devenait naturellement pour l'intelligence une habitude ; et la tendance irrésistible du philosophe, habitué à l'appliquer à tous les objets de son étude, devait être de l'appliquer même à la foi, quand il porterait son étude sur le terrain de la foi. L'habitude elle-même devient facilement une passion, et le propre d'une passion est de dévorer. Une fois possédé par cette furie, et lâché sans brides dans ces champs de la pensée, où la vérité rationnelle et la vérité révélée, quoique distinctes, sont voisines et souvent mêlées, l'esprit humain n'aperçoit pas facilement la limite qu'il ne faut pas franchir, et ne s'arrête pas si volontiers à moitié chemin du scepticisme universel. Et ainsi, parti d'un doute méthodique et restreint, il aboutit au doute réel et radical.

Non content d'interdire aux attaques réelles ou fictives de son doute méthodique la vérité révélée, Descartes protestait de son bon vouloir envers elle ; il prétendait même, avec sa méthode, aider à la défense de la foi, et fournir à la démonstration religieuse une ressource toute nouvelle et inédite ; mais encore eût-il fallu défendre la foi selon les principes de la foi. Du reste, sans parler de la défiance qu'a toujours eue l'Église et qu'un catholique doit avoir pour ces démonstrations apologétiques, dont le principe est pris en dehors de ses traditions, Descartes n'a été ni le premier ni le dernier, à prétendre cela et à le vouloir sincèrement, tout en faisant le contraire ; sans le savoir peut-être, il attaquait le principe de la foi ; et, en voulant, en croyant peut-être lui faire du bien, il lui faisait un mal immense.

Il y a eu de tout temps, mais bien plus encore depuis Descartes, beaucoup d'exemples de cette illusion, qui est positivement une des erreurs du temps présent, et plus funeste à la vérité que la haine même de la vérité. Dans la longue procession des écrivains qui ont travaillé à la prédication du faux, il n'a pas manqué, surtout en notre siècle, d'hommes fourvoyés d'esprit, mais sincères, distingués et possédant encore assez de parcelles de vérité pour se croire les apôtres de la bonne cause, et qui, en posant avec illusion un germe malsain mêlé à d'autres denrées, ont fait plus de mal qu'ils n'ont voulu. Ces esprits-là ne sont pas du tout les moins dangereux ; et le spectacle de leur bonne volonté, militant au profit de l'erreur, est plus triste encore que celui de l'impiété, qui attaque le bien parce qu'elle veut l'attaquer. Le faux à l'état pur et radical, à l'état de méchanceté, trouvant moins d'écho dans les âmes simples, et ne s'imposant pas par la sincérité de ses bons désirs, fait incomparablement moins de mal. Le dernier et le plus complet échantillon de ce genre d'erreur, est peut-être dans ceux qui proposent de sauver le christianisme en immolant le catholicisme. Ceux-là sans doute ne sont pas sincères, mais ils s'adressent à des gens sincères, et leur prétention, si monstrueuse qu'elle soit, est de la même catégorie que l'illusion dont je parle. Descartes est, selon moi, le premier en liste, le père du rationalisme qui cherche à sauver la vérité, en l'obligeant à laisser un peu de place à l'erreur. L'effet qu'il a produit par son doute, il n'a pas voulu le produire, mais enfin il l'a produit, et c'est là-dessus, non sur ses intentions qu'il faut juger objectivement son œuvre, comme toutes les œuvres de ce genre, *a fructibus eorum !*

Je sais bien encore que, dans la démonstration du vrai, connu d'avance et préalablement établi avec certitude et clarté, un certain doute fictif ou hypothétique est possible, et peut être utile dans certaines conditions, pour la défense de la vérité. S. Augustin, les Pères apologistes, et même les scolastiques, en ont quelquefois usé contre les ennemis de la foi ; et on s'est servi de ce fait pour justifier Descartes, comme s'il avait simplement suivi la voie ouverte par eux ; mais c'est tout autre chose. Les Pères établissaient *d'abord* solidement la foi sur son principe indubitable et souverain, qui est l'autorité de Dieu révélateur ; ils affirmaient hautement et prouvaient fortement sa certitude fondée sur cette base inébranlable ; puis, *per transennam* et par mode d'argument *ad hominem*, mais toujours la main appuyée sur la colonne de la vérité connue et catégoriquement affirmée, allant chercher l'adversaire sur son terrain rationnel, pour le débusquer de son erreur par la force et les arguments propres de la raison, ils consentaient non pas à douter, mais à faire un instant abstraction de la foi, pour mieux prouver au philosophe rationaliste que la raison elle-même ou n'oppose rien de sérieux à la foi, ou la confirme de sa lumière naturelle, ou demande elle-même à être complétée par la lumière surnaturelle ; puis ils rentraient dans la sphère lumineuse des affirmations de la foi. Mais ces hypothèses, toutes transitoires et incidentes, qui ne sont pour rien dans la recherche proprement dite de la vérité, tiennent peu de place dans sa démonstration même ; les Pères n'en font jamais un système et le fond de leur travail, mais seulement un argument secondaire, et ce n'est jamais là-dessus qu'ils fondent l'ensemble de leur exposition, ou, comme Descartes, tout l'édifice philosophique. Les scolastiques commencent ordinairement leur dissertation par l'énoncé, sous la forme interrogative ou dubitative, de la question à prouver, et par des objections contre elle ; mais personne ne se trompe à cette forme dubitative, et ne songe à voir dans cette manière de procéder un doute réel et même fictif ; l'interrogation est dans la forme, leur méthode est, au fond, tout expositive, démonstrative et affirmative, *tanquam potestatem habens*.

Je sais enfin qu'on a discuté sur la question de savoir si le divorce de la science et de la foi, né du doute méthodique, et fondé sur lui, remonte vraiment à Descartes, ou seulement à ses disciples, qui le dépassèrent, dit-on, et abusèrent de son procédé. Toujours est-il que ce divorce a commencé à l'ombre de l'autorité du *grand philosophe* et de ses livres ; que ses disciples revendiquèrent pour lui la paternité de cette œuvre ; qu'il n'a pas d'autre titre à faire époque dans l'histoire de la philosophie ; et que son nom fut le drapeau du rationalisme et le symbole de la guerre de ces trois siècles contre la philosophie scolastique, c'est-à-dire contre la philosophie chrétienne. Eût-il réussi, pour son propre compte, dans ses ouvrages même auprès de ses contemporains, et, si l'on veut, de tous ses disciples, à faire la juste part de la foi, et à ne point armer la raison contre elle, ou à ne jamais déranger la hiérarchie qui doit désormais les unir et les coordonner dans l'intelligence catholique, en soumettant la lumière de l'homme à la lumière de Dieu ; eût-il réussi à cela, les séparer, comme il l'a fait dans la méthode philosophique, était faux et dangereux. — *Faux*, car leur alliance et l'union de leurs ressources est la conquête et le don de l'Évangile, la gloire et la force du philosophe chrétien ; la vérité ne peut rien gagner à cette séparation, et Dieu ne nous a pas donné la foi, qui éclaire tout, pour que nous éclairions tout sans elle, ce qui du reste n'est pas possible. — *Dangereux*, car il est funeste à l'homme de partager ainsi ses pensées, son esprit, le regard de son intelligence, en deux moitiés : l'une voyant, l'autre ne voyant pas la divine lumière de la foi, que Dieu a pourtant adressée à tous pour être appliquée à tout ; l'une raisonnant d'après la vérité révélée, qu'elle connaît, qu'elle embrasse, et qui lui sert de règle en toutes ses études ; l'autre ne connaissant rien de tout, pas même sa propre existence qu'elle est obligée de se prouver à elle-même par ce raffinement visible de la bêtise philosophique aux abois : *Je pense, donc je suis ;* et puis établissant, sur cette pointe d'aiguille, l'échafaudage de ses déductions philosophiques, et de l'ensemble des connaissances humaines. Lisez, dans les *Soirées de St-Pétersbourg*, comment la philosophie chrétienne explique la constitution de la science, ce qu'elle met à l'origine des connaissances humaines en général, et de chaque science en particulier. Eh bien, tout cela n'existe plus, les sciences ne commenceront plus par un mystère, qui est comme leur source souterraine ; et voici ce qu'à la place Descartes apprend à la philosophie moderne à mettre à l'origine des sciences, et la profondeur, l'abîme, le gouffre d'où il fait sortir le premier flot de la science humaine ; voici le premier jalon qu'il plante dans ce champ dévasté par le doute, et qui servira de point de départ à toute recherche de la vérité : *Je pense, donc je suis !*

N'est-il pas évident, que toute connaissance humaine commence au pied de cette borne, et que l'homme n'est sûr ni de son existence, ni de rien, tant qu'il n'est pas retourné là pour s'assurer qu'il existe ? Descartes le dit positivement. Et quant à ceux qui n'ont pas assez de patience, comme il disait, pour conduire par ordre toutes leurs pensées en commençant là, ou qui, moins capables de discerner le vrai du faux, « doivent se contenter de suivre l'opinion des autres », ceux-là, n'étant pas capables de dire : « Je pense donc je suis », et d'aligner là-dessus leurs syllogismes, on les invite, pour connaître avec certitude leur propre existence et le reste, à s'informer auprès des autres plus savants, des privilégiés.

Je ne crois pourtant pas exagérer, tout cela y est. Seulement, j'ai beau réfléchir, plus j'y pense, plus cette méthode de philosopher me paraît absurde et contre nature, antiphilosophique autant qu'antichrétienne ; car exclure les moyens extérieurs de la connaissance, et faire consister la recherche de la vérité en un alignement de syllogismes, est tout à fait contraire à la nature de l'esprit humain, qui a besoin de s'appuyer sur des preuves d'un autre genre, qui aime mieux l'évidence que les raisonnements, et qui trouve, soit dans le simple bon sens, indépendamment de toute déduction syllogistique, soit hors de lui-même, dans le monde physique, dans le témoignage des sens, dans celui des hommes et dans celui de Dieu, bien plus de conviction et de sécurité que dans ces argumentations très subtiles, bien agencées peut-être, mais peu propres à le convaincre, et d'ailleurs très capables de lui faire quitter le fil imperceptible du vrai.

Et dire que ce fut là pourtant tout le fond de cette philosophie ; et que le *grand homme*, ayant renversé la philosophie scolastique, et voulant en fonder une nouvelle, bien supérieure et plus solide, était obligé de se prouver à lui-même, et en forme, son existence ; accrochait à ce fil d'araignée toute la chaîne des connaissances humaines, et racontait, dans des pages célèbres, admirées, classiques, comment il avait fait cette précieuse trouvaille ! Et dire que sa gloire vient de là ; que, depuis tantôt trois siècles, c'est cela qu'on prend chez nous pour un abîme de profondeur philosophique ; que c'est à ce puits qu'on envoie les intelligences françaises, même ecclésiastiques, chercher leur vie, et que le *Discours sur la méthode* est resté depuis, et qu'il est encore le *Credo* de l'université et des rationalistes ; je parle du moins de ceux qui veulent bien se donner la peine d'avoir un *Credo*, c'est-à-dire une doctrine précise, saisissable et formulée, car tous ne se donnent pas cette peine !

Pour nous autres cependant, qui nous faisons gloire d'être scolastiques, c'est un spectacle assez instructif, et une précieuse confirmation de nos idées, de voir qu'en ôtant à la raison humaine la ressource de la foi, en lui ôtant, soit par hypothèse, comme Descartes, soit par principe, comme ses disciples, prudents ou non, fidèles ou non à la méthode du maître, on ne trouve plus pour elle, et « le plus grand philosophe des temps modernes », comme on l'appelle souvent, n'a plus trouvé que cette misère à donner pour point de départ à toute la philosophie, et pour fondement à tout l'édifice des connaissances humaines.

Admirez-vous comme ceux qui abandonnent, d'une façon ou de l'autre, et dans une mesure quelconque, les idées et les méthodes catholiques, sont, dans la même mesure, *condamnés à l'absurde ?* O savants modernes, savants rationalistes, qui dépensez tant de travail, tant de ressources intellectuelles et tant de génie, à nier la vérité révélée, ou du moins à vous passer d'elle et à tout expliquer sans elle, ne verrez-vous jamais combien vous payez cher cette déplorable émancipation, et comment dès ce monde et dans ses ouvrages mêmes, Dieu vous fait expier cette liberté qu'il vous laisse prendre? Si nous avions besoin de vengeance, nous autres chrétiens dont on se moque tant, parce que nous portons notre foi partout dans les sciences, et qu'elle nous est utile à tout, vos systèmes arbitraires, vos erreurs ridicules, et les sottises où vous aboutissez, faute d'avoir un guide et d'être maintenus dans le simple bon sens par la règle traditionnelle de la foi, nous vengeraient bien de votre abandon, de vos dédains et de votre haine. — Je ne veux pas dire que Descartes ait voulu attaquer, ni qu'il ait directement attaqué la foi, ni qu'il ait eu la haine du christianisme ; je viens de dire le contraire, tout en décrivant le tort qu'il a fait aux intelligences et à la société chrétienne, et le but où il a conduit la science, volontairement ou non, peu importe.

On a dit que Descartes était un *génie chrétien*, et bien des apologistes, énumérant les gloires du christianisme, les génies qu'il a formés et inspirés, et qui, à ses motifs supérieurs et divins de crédibilité, ajoutent l'autorité humaine de leurs travaux, et l'auréole dont l'histoire les a entourés, mettent le nom de Descartes dans cette liste glorieuse. Génie chrétien! Entendons-nous : personnellement, je veux dire dans sa vie privée, dans ses sentiments intimes, et même, comme philosophe, dans son intention personnelle, je n'ai aucune raison de le nier, et je suis heureux de le reconnaître; c'est pour moi une raison d'espérer son salut, et une preuve de plus que tous les esprits sérieux, quand ils ont pensé sérieusement, ont reconnu la vérité de la foi. Comme écrivain et dans son œuvre philosophique, je distingue : Il défendait ou croyait défendre la religion, oui ; — il la défendait selon ses vues et son esprit à elle, non. Apparemment, l'Église sait bien dans quel sens on doit parler, si on veut prendre sa défense ; et rien n'indique qu'elle ait été charmée de ce que Descartes a fait pour elle ; tout indique le contraire. Pour être un génie chrétien, il ne suffit pas d'avoir été bon époux et bon père, même bon catholique pour soi ; de posséder, outre ces vertus privées, une grande intelligence, et d'avoir écrit des ouvrages célèbres. Je ne crois pas qu'un homme de principes puisse regarder Descartes comme appartenant à cette belle tradition de grands hommes, qui forme le cortège et la gloire extrinsèque, le vêtement extérieur et varié de l'Église, dans son passage à travers le monde et les siècles. Il fait partie de la lignée des écrivains qui lui doivent leur génie; et il lui appartient à ce titre que sa force lui vient encore de ce qu'il a reçu d'elle, par l'éducation et autrement ; mais il n'est pas une de ses gloires. Elle en a du reste bien assez d'autres pour souffrir très peu, même dans sa beauté historique et humaine, de ce retranchement ; et s'il est vrai, comme on l'a dit, et comme je le pense, que tous les grands hommes, *les vrais grands hommes*, appartiennent à l'Église, je ne le mettrais pas à cette place.

Je me garderais bien aussi de le nommer *un grand philosophe*, pour les raisons que j'ai dites, et pour les suivantes : *Philosophie* veut dire *amour de la sagesse*, et il ne peut y avoir d'amour vrai de la sagesse que dans la philosophie chrétienne. Le nom de grand philosophe, appliqué à Descartes, doit signifier que cet écrivain célèbre a, dans son œuvre principale, dans l'idée qui inspira ses travaux, et qui de ses travaux, s'est répandue sur l'enseignement, rendu à la philosophie chrétienne un service éminent. Je crois, au contraire, qu'il l'a bouleversée, qu'il a travaillé à la détruire, et que son idée est rationaliste, et, en définitive, païenne. Même au point de vue rationnel, son œuvre philosophique ruinait le principe de la vraie philosophie, en ruinant le principe de la certitude et celui de la foi ; c'est tout naturel, puisque la certitude est le point d'appui de la science rationnelle, et que la foi est gardienne et préservatrice de la raison. La prétention qu'il avait d'arriver au vrai, au vrai philosophique complet, par la raison seule, sans s'aider de la foi, au moins comme préservatif, en faisant abstraction d'elle, et de fonder, sur ce sable mouvant de la raison pure, toute une philosophie solide et qui serait la collection complète des vérités auxquelles l'homme peut arriver par la seule lumière naturelle ; cette prétention est démentie par l'histoire de la philosophie qui nous montre l'esprit humain, partout où il est privé, par sa faute ou autrement, de la lumière de la foi, toujours et fatalement condamné à l'erreur, et à des erreurs honteuses, jusqu'à la négation même de la certitude, de la raison, et même de la vérité : chose curieuse ! Et il a fallu que l'Église intervînt au nom de la foi, pour défendre les droits de la pauvre raison humaine, attaquée par ceux-là même qui avaient commencé par la trop exalter. Et on a remarqué que parmi les erreurs condamnées par l'Église depuis Descartes, il y en a plus encore dirigées contre les droits et la valeur de la raison, que contre ceux de la foi. L'histoire de la philosophie, c'est l'histoire des systèmes, et l'histoire des systèmes, c'est malheureusement l'histoire des contradictions, des erreurs et des absurdités, dans lesquelles s'est laissé pousser l'esprit humain, armé de toutes ses ressources, mais désarmé de la foi ;

et ainsi il se trouve que l'histoire de la sagesse humaine, c'est l'histoire des folies humaines. Les temps antiques, et toutes les philosophies païennes, anciennes et modernes, le disent assez haut, et la philosophie rationaliste des modernes même déistes, n'est pas faite pour nous tirer de cette conviction et pour démentir cette douloureuse observation. Le génie même n'est pas dispensé de faire cette expérience et de vérifier cette loi, car c'est une loi.

La grande thèse et la grande illusion moderne, celle qui fait le fond du rationalisme, celle qui, en France, a perdu la philosophie, et miné, comme je le montrerai, la théologie, c'est la thèse cartésienne de la puissance et de la suffisance de la raison, pour arriver à la possession complète et sans mélange du vrai philosophique. En dépit des cruelles expériences dont l'histoire est pleine, on a voulu reconstruire, sur les seules données et avec les seules lumières de la raison, tout l'édifice des vérités rationnelles et de la *religion naturelle*. Nous avons même eu pas mal d'apologistes, qui ont voulu tirer de la raison, par déduction, les vérités révélées ; quelques-uns, appliquant la méthode cartésienne à la démonstration évangélique, allèrent jusqu'à soumettre la vérité religieuse au procédé, sacrilège ici, du doute méthodique. Cette illusion étrange a été condamnée dans plusieurs, qui l'avaient formulée d'une manière plus claire et érigée en principe, en système. Mais il y eut bien d'autres professeurs et écrivains, surtout en France et en Allemagne, qui l'appliquèrent d'une manière inconsciente, et chez qui elle resta à l'état de tendance. Or cette thèse, elle date principalement de Descartes ; elle est dans la logique de son système ; il l'a semée dans nos écoles, quand il a enseigné au philosophe à mettre tout en question, à se passer de tout secours extérieur, et à ne demander qu'à sa raison individuelle la lumière pour établir toute vérité naturelle en échappant à tout danger. Homme de ressources, un grand esprit comme Descartes se condamnait et condamnait ses disciples, en rejetant ce que les siècles chrétiens avaient donné pour point de départ à la philosophie ; et admirez encore ce que produisait sa méthode.

Vous figurez-vous le malheureux esprit humain, dépouillé de cette lumière supérieure qui lui explique les principaux problèmes posés et laissés insolubles par la raison ? Vous le figurez-vous, entreprenant de recomposer, sans aucun guide et sans aucun plan, l'édifice, démoli par lui-même, de la science ; ne sachant plus même constater son existence, tout droit et sur place, avec ses yeux ; et, obligé de recommencer pourtant sa recherche par quelque chose, commençant par ceci : « Je pense,donc je suis » ; réduit ainsi à découvrir qu'il pense, avant de constater qu'il est ? Vous le figurez-vous, non plus seulement dépouillé de la foi, mais mutilé de ces grandes forces : le simple bon sens,qui est encore plus essentiel à la philosophie que le raisonnement en forme, et que le raisonnement en forme ne remplace pas ; les moyens extérieurs de perception, dont il naît armé ; l'observation morale et le sentiment intime ; l'intuition, qui va souvent plus vite et plus sûrement que tout le reste ? Le voyez-vous condamné au syllogisme perpétuel et sans repos, parqué dans cette méditation aride et désespérante qui déduit, qui déduit toujours, qui n'admet rien, sinon ce qui sort de sa fontaine déductive, qui tire ses syllogismes l'un de l'autre, *in infinitum*, jusqu'à extinction ; enfin, entreprenant d'échelonner, comme une série de chiffres, au moyen de cette logique étroite et fragile, la filière de raisonnements qui doit composer, toute sur une seule ligne, la chaîne des sciences ? Philosophie algébrique, sans horizon, sans charme et sans essor, exposée d'abord à dessécher l'esprit, en faisant de lui une machine à calculs, comme les tables de Pythagore, et en tarissant ses plus nobles et ses plus hautes facultés ; ensuite à faire fausse route, pour peu qu'un grain de poussière entre dans l'engrenage de ses syllogismes, et produise dans leur fonctionnement cette multiplication d'erreurs qu'une erreur de quelques centimes produit quelquefois dans les comptes compliqués. La philosophie doit raisonner et déduire, mais elle n'est pas une *science exacte*, dans le sens actuel et restreint de ce mot ; il y a autre chose chez elle qu'une somme de vérités mathématiques et une suite de déductions en forme.

Certes nos grands docteurs savaient un peu raisonner aussi,

et user du syllogisme ; mais ils n'écorchaient pas ainsi la science ; ils ne la réduisaient pas à ce triste résidu et à ce travail ingrat ; ils usaient avant tout de ce bon sens que Dieu a donné à tous, grands et petits, et qui serait bien étonné si on lui disait que pour tout rendre certain, il faut d'abord douter de tout et se priver de la plupart des moyens de voir clair ; enfin, à la base de la philosophie ils ne mettaient pas le doute méthodique,mais quelque chose d'un peu plus solide, les grandes affirmations de Dieu et celles de l'histoire.

Remarquez un autre effet de ce système qui chasse la foi de l'ordre rationnel et naturel, de la philosophie et des sciences, effet qui remonte évidemment à Descartes, ou au protestantisme par Descartes, mais dont l'immense et déplorable portée apparaît surtout aujourd'hui ; je veux dire ce *naturalisme* que nos grands évêques dénoncent comme l'hérésie moderne, et le *summum caput* des *erreurs du temps présent.* Et, pour me borner à ce qui est ici le principal, je veux parler du naturalisme dans les intelligences, dans la manière de penser et d'étudier. La foi étant exilée de tout ce qui n'était pas strictement contenu dans le cadre des pures études théologiques, il n'y eut plus ni philosophie chrétienne ni science chrétienne ; tout fut païen et athée, ou du moins sans Dieu ; on affecta de ne plus s'occuper d'aucune vérité religieuse, et de travailler tout à fait en dehors de cet ordre d'idées. J'ai lu que, dans ces dernières années encore,discutant sur l'enseignement supérieur, nos beaux esprits avaient bien ri de ce que nous appelons des sciences catholiques, un droit catholique, une histoire naturelle catholique. C'est grand dommage vraiment pour nos saints docteurs et pour notre théorie catholique des sciences, de n'avoir pas l'admiration de ces grands hommes et de ces profonds penseurs !

Il y eut donc, non seulement une science en dehors des principes de la foi, ou distincte de la foi, mais une science qui se passait de la parole de Dieu, comme si elle n'avait rien à lui demander, qui prétendait se suffire à elle-même, et n'avoir pas besoin d'autre lumière, pour compléter, sans danger d'erreur, ses conquêtes, et aller au fond de ses problèmes. On sait ce que devient la science dans ces conditions.

La théologie, comme l'a prouvé M. de Maistre, commentant une belle parole que Bacon — un inventeur de méthode aussi — a écrite un jour par hasard et peut-être en se trompant, la théologie est l'*arôme des sciences humaines*, qui les empêche de se corrompre, comme qui dirait *le sel de la terre*. Privée de son arôme, la science est allée où nous la voyons; et je soutiens que Descartes lui a ouvert cette voie. Séparée du principe surnaturel, elle se sécularisa ; elle devint étrangère au christianisme et à sa fin dernière, qui est pourtant la fin dernière de toutes choses, même des choses naturelles, puisque toutes sont à nous, et nous à JÉSUS-CHRIST, comme dit saint Paul, et que toutes choses doivent être restaurées dans le Christ (1). De là à lui devenir hostile, il n'y avait qu'un pas, et ce pas fut franchi ; voilà le *rationalisme*. On sait ce qu'il eut et ce qu'il a chez nous de partisans, et à quel degré d'intensité il est venu, comme aussi les merveilles d'intelligence qu'il a produites : *Quod si sal evanuerit*......

D'autres, tout en admettant, d'une manière plus ou moins complète, le libre examen philosophique et la sécularisation de la science, n'osèrent pourtant pas aller jusqu'aux dernières conséquences de l'idée cartésienne et au radicalisme du système, et cherchèrent à concilier l'erreur et la vérité. *Le libéralisme*, mêlé des erreurs précédentes, à diverses doses, selon les individus, est sorti de là ; et, de la même source où d'autres avaient puisé un rationalisme plus complet, certainement plus logique, ceux-ci puisèrent la tendance qu'ils ont à tout mesurer à la mesure de la raison humaine, à nier ou amoindrir tout ce qui dépasse cette mesure, à diminuer autant que possible le surnaturel et le mystère, à n'en conserver qu'un *minimum* strictement nécessaire pour conserver l'*essence de la religion*, à diminuer enfin la vérité pour la rendre moins choquante, en rognant autour d'elle ce qu'il est trop difficile de faire entrer dans les intelligences habitées par l'esprit du siècle. J'aime encore mieux, si on peut ainsi parler, le radicalisme qui a du

1. I *Cor.*, III, 21. *Ephes.*, I, 10.

moins le mérite de la logique et de la franchise. Le théologien doit être, lui aussi, un radical. Il doit comprendre et sentir que cette diminution de la vérité est monstrueuse. Advienne que pourra, il s'attache à la vérité révélée ; fermement établi sur cette base, il reste impassible et inexorable en face de l'exigence de l'esprit du temps qui, ne pouvant détruire la vérité en bloc et d'un seul coup, demande à la dévorer pièce par pièce, sous forme de concessions, partielles et successives. Le théologien se refuse sans pitié à ces tempéraments de doctrine, que plusieurs prennent pour un principe de force, mais qui sont un principe de faiblesse. Quand le Saint-Esprit, dans l'Écriture, décrit le travail de l'enfer et l'invasion du péché dans la société, il ne parle pas de l'accroissement de l'erreur, ni de la destruction de la vérité, mais de sa *diminution* (1) ; et ce texte admirable signifie que la défaillance du bien est encore plus à craindre pour les soldats de l'Église que la puissance du mal dans cette grande lutte des deux cités.

Le principe du rationalisme est un principe d'orgueil et de révolte ; il n'est donc pas étonnant qu'étant le grand et premier péché de l'homme, il soit le grand fléau de notre temps. Une fois entré en France dans les travaux de philosophie et de défense religieuse, il faussa ces travaux et les rendit malsains; il nous a composé cet étrange et déplorable état intellectuel, que Pie IX a si exactement qualifié un jour de : *mélange de principes !* le bien, même sincère, même généreux, malsain et gâté, mêlé de faux ; une idée *erronée* de la *vérité ;* le zèle de la science, mais une science empoisonnée ; des trésors d'énergie, de travail, d'intelligence et de zèle, dépensés à poursuivre la sagesse en repoussant follement la seule lumière qui puisse en éclairer le chemin. Le vieux tempérament chrétien de la nation française a résisté longtemps, et avec une ténacité unique, à ce triste courant philosophique ; mais, à voir l'anarchie et le désarroi intellectuels où il a fini par la conduire, et où elle est pour ainsi dire agonisante, on croirait qu'elle va enfin succomber, si on jugeait de ces choses, qui appartiennent à l'ordre de la foi et de la grâce, comme on juge des autres.

1. *Ps.*, II, 2.

Or, si vous remontez ce courant, et si vous en cherchez la source dans l'histoire, vous serez surpris de voir que ce travail vous conduira au cœur de ce qu'on regarde, à tort ou à raison, comme notre plus grand siècle. Qui sait si, dans un ou deux siècles ou davantage, quand la France sera guérie, et qu'on cherchera le germe du mouvement surnaturel qui l'aura ramenée à la santé, on ne trouvera pas ce germe, dans l'histoire, au cœur même de notre malheureux siècle, qui n'est pourtant pas si brillant ? — Comme je le disais plus haut, je ne donnerais pas à Descartes le nom de *génie chrétien ;* de même, pour étendre ici davantage cette observation, je ne dirais pas sans restriction que notre XVIIe siècle fut un grand siècle chrétien. Outre les bassesses profondes et glorifiées qu'on y voit, au fond de cet éclat et de ces gloires militaires, littéraires et autres, au point de vue des principes, quelle misère intellectuelle, quel travail mortel, et que de poison versé dans les intelligences. Observez particulièrement cette première moitié du XVIIe siècle, dans l'œuvre qui s'y opère, dans son rapport d'un côté avec le XVIe siècle dont vous connaissez la profonde corruption, de l'autre avec les deux siècles qui suivent; et voyez si là précisément ne serait pas le point de départ de cette déchristianisation dont nous nous plaignons. Si vous ne vous laissez ni éblouir par les belles choses qu'on y montre, ni étourdir par le bruit qu'on y entend, en regardant bien dans cette fontaine que quelques-uns prennent pour le plus bel endroit de l'histoire de France, vous y trouverez bien des explications précieuses pour les événements qui ont suivi jusqu'à nous, même en politique, car tout vient de la religion et surtout des croyances, qui sont les germes des faits, en bien ou en mal.

L'œuvre qui s'accomplit là, c'est le *péché de l'esprit,* c'est la germination du rationalisme, c'est la corruption et l'impiété du XVIe siècle qui, de simple désordre qu'elle était, devient doctrine, se compose une philosophie, se change en principes et s'érige en système, passe dans la littérature et dans l'enseignement, se boit dans les écoles, et se sert sur le papier à toute la nation. Observez encore l'action qu'ont eue sur les intelligences françaises Pascal et Descartes, deux de nos grands écrivains, les deux plus grands que nous trouvions à *ce moment critique et décisif où se forme la langue ;* placés là, au seuil des temps modernes, pour en occuper l'entrée, et s'emparer de l'*intelligence nationale.* Remarquez bien que dans ces deux hommes, d'une immense et incontestable portée d'esprit, il y a le doute ; chez Descartes il est origine et point de départ ; chez Pascal, il est conclusion et point d'arrivée. Entre ces deux doutes, placés ainsi aux deux extrémités des travaux et des pensées de l'homme, il y a une parenté, une relation intime, et des communications pour ainsi dire souterraines. Le scepticisme s'empare ainsi, par eux, de toutes les avenues de l'intelligence, pour l'occuper tout entière, et l'emprisonner sans issue. Or, n'est-ce pas un fait reconnu en littérature, que Descartes et Pascal sont les *deux fondateurs de la prose française moderne ?*

Que peut donc être l'intelligence publique, dans une nation dont la langue, et par conséquent la littérature, et par conséquent la philosophie, a eu de tels parents ! Voilà une des sources du mal en France. Notre littérature presque entière, jusque dans la plupart de ses modèles, a été, dès son origine, envahie et gâtée par l'esprit de scepticisme et de rationalisme, qui l'a pétrie et imprégnée d'idées malsaines et suspectes, qui a mêlé les principes, falsifié les mots, détourné leur sens, laissé, dans les expressions et dans les formules de la langue populaire, une foule de notions dangereuses, jusqu'ici consacrées par un usage séculaire et incontesté. Si Descartes et Pascal l'ont formée, il n'y a pas à s'étonner de la voir, depuis eux, si mal tourner, accentuer de plus en plus son vice intime. Tous deux ont corrompu et falsifié la notion de la foi, Descartes par défaut, Pascal par excès, non par excès de foi, mais par excès de défiance envers la raison, ce qui n'est pas la même chose. Tous deux ont travaillé très efficacement à inaugurer, et ont très bien réussi à nous composer, dans la suite des temps, l'état intellectuel dont j'ai parlé. Tous deux ont fait cela, et tous deux l'ont fait sans le savoir et sans le vouloir. Peut-on s'étonner de notre mal, quand on voit, dans notre *grand siècle,* nos plus glorieux auteurs, ceux qui nous ont formés, ceux qui sont restés nos modèles, nos classiques, et dont les ouvrages sont encore le trésor et la source de nos études, semer de pareils principes, et chasser la foi des sciences rationnelles ? d'autres, avec l'autorité d'une mission plus haute, louer et suivre cette philosophie, comme notre admirable Fénelon vantant Descartes et empruntant ses idées ? ou encore, quand on voit, parmi ces grands écrivains, les uns, comme Molière, mettre l'enseignement du vice sous une forme assez belle pour rester dans les mémoires, pour passer en proverbes, pour être servi en leçons de littérature à la jeune France, jusque dans nos petits séminaires, et par conséquent partout ailleurs ; les autres, comme Boileau, interdire aux vérités chrétiennes la poésie et les ornements égayés des lettres ? Il est effrayant de penser ce que cela dénonce d'idées fausses, et sur la religion et sur le reste. Comment le sens national aurait-il pu résister à de pareilles forces, à une pareille infiltration d'idées malsaines ? Il y résista longtemps, mais pas toujours, et pas complètement ; et voilà ce que j'appelle la *déchristianisation de la nation par l'intelligence*, voilà d'où nous avons à revenir.

CHAPITRE QUATRIÈME.

DESCARTES et la SCOLASTIQUE : la PHILOSOPHIE de la FOI au MOYEN AGE.

Théorie catholique des relations de la raison et de la foi. — La science de la foi au moyen âge. — Travail du vrai théologien. — La contemplation dogmatique. — Mépris de la scolastique. — Comment les principes funestes posés par Descartes en philosophie, sont passés dans les études théologiques pour les ruiner. — Descartes et le gallicanisme.

MA tâche n'était pas précisément de décrire le désordre immense que l'innovation cartésienne a produit en philosophie ; si je me suis laissé aller à parler si longuement de Descartes, c'est que l'influence déplorable de son œuvre, comme je le disais, ne s'est pas exercée seulement sur l'étude des vérités rationnelles, sur la philosophie, mais aussi sur la théologie, et sans même que cette invasion ait mis longtemps à se faire. Je rentre donc ici dans mon sujet, et j'ai maintenant à dire comment, du domaine de la philosophie, où Descartes avait prétendu renfermer l'action de son système, ce désordre envahit bien vite la théologie, pour la ruiner, en bouleversant sa méthode traditionnelle et nécessaire.

Disons-le d'abord avant d'aller plus loin : pouvait-on, même *a priori* et sans attendre l'expérience, penser qu'il en serait autrement ? Vu le rapport intime et fondamental de la philosophie avec la théologie, il eût été bien étonnant que celle-ci n'eût pas souffert du bouleversement opéré par Descartes ; ou plutôt, pour employer de nouveau ici une comparaison qui s'impose à moi, il eût été absurde de supposer que le feu jeté dans les travaux de l'homme pût, en brûlant les autres sciences, respecter la théologie qui est mêlée à elles toutes ; il eût été absurde de supposer qu'une fois la méthode philosophique pénétrée, dans tous les livres d'enseignement et dans toutes les écoles, des idées et surtout de la grande idée de Descartes, les mêmes intelligences, nourries et imbues de ces idées, de ce poison, passant ensuite à l'étude des vérités révélées, ou mêlant dans leurs travaux cette étude à celle des sciences ou des vérités rationnelles, changeraient si facilement d'habitude, d'état intérieur, pour apporter en théologie une autre méthode, d'autres tendances, un autre esprit. Je livre ces réflexions sans y insister, bien qu'il y ait, je crois, sur cette illusion funeste, beaucoup à dire, même en dehors du fait historique, au seul point de vue des principes et de la connaissance de l'esprit humain.

C'est donc de ce point de l'histoire, situé vers le milieu de notre *grand siècle*, que part le mouvement dont j'ai spécialement à parler. Quand on eut célébré le fameux divorce entre la foi et la raison ; ou, si on ne veut pas attribuer aux hommes de ce temps la perpétration de ce divorce, quand Descartes en eut posé les prémisses ; quand, pour rendre la philosophie indépendante et lui permettre de s'installer dans son doute et de chercher toute seule son chemin dans ces ténèbres, on l'eut affranchie du joug de la foi, ou, pour mieux dire, déshéritée de cette lumière supérieure ; il fut d'abord convenu, réglé, décrété sans retour, que les scolastiques et leur méthode ne valaient rien, même en théologie. Cette grande méthode scolastique, qui avait pour elle et la sanction du temps, et la tradition des meilleurs siècles de foi et de philosophie, et le témoignage permanent des splendides travaux qu'elle avait produits, et la vénérable autorité des saints, non pas des saints de telle ou telle famille religieuse, mais des saints de l'Église, de ceux qu'elle reconnaît pour ses pères et ses docteurs, et qu'elle honore comme les maîtres à la fois de la vertu et de la doctrine ; cette méthode fut déclarée étroite, ridicule, surannée, insuffisante aux progrès des esprits dans les temps modernes, incapable d'être à la hauteur des lumières et des intelligences nouvelles ; on la tourna en dérision. Comprenez-vous ce phénomène intellectuel, et, avant même de chercher une explication dans l'histoire aux faits qui l'ont suivi, sentez-vous sa gravité comme signe de décadence ? Connaissez-vous quelque chose de plus méprisable et de plus désolant que ce dédain affecté en France, principalement et presque uniquement en France, par toute l'école cartésienne, envers ces grands hommes et ces grands travaux du moyen âge ? Le mépris et l'oubli de la scolastique par les hommes de l'enseignement sacerdotal est, à mon sens, une des énormités les plus funestes que le rationalisme cartésien ait répandues en France, un des plus beaux succès qu'il ait remportés sur le clergé, et un des agents les plus actifs de la décadence qui s'opéra bientôt dans nos études.

Le principe protestant est une racine de rationalisme, et n'a été planté en Europe que pour produire finalement la négation complète du dogne révélé, on le voit bien aujourd'hui. Le protestantisme, trop antichrétien pour séduire nos pères, n'ayant pu s'acclimater et prendre pied sur notre sol pétri de foi et de vie surnaturelle, avait pourtant déposé et caché dans le sillon une graine secrète d'impiété. L'œuvre rationaliste, plus radicale en apparence que le protestantisme, mais sortie de lui, et envoyée pour compléter sa conquête en poussant plus loin la négation et en gagnant à l'incrédulité la France encore intacte, fut reprise avec plus de prudence, et de manière à ne pas brusquer les esprits encore trop chrétiens. Les plus grands bouleversements ont ordinairement une cause première imperceptible dans l'histoire ; on s'évertue à chercher parfois la cause première, et par conséquent le remède intellectuel, au mal qui nous ronge, et qui a produit depuis l'apparition du protestantisme tant de révolutions en tous genres. Si, pour montrer sa germination, pour expliquer ses ravages, je disais qu'on ne peut abandonner la voie ouverte par la philosophie chrétienne du moyen âge, sans mettre la foi en péril ; que le mépris de l'autorité des scolastiques et de leur méthode fut la source des erreurs modernes ; et qu'il y a désormais une relation intime de causalité entre ce mépris et la production des hérésies ; si je disais cela, je ne serais pas plus hardi que Melchior Cano. Ce théologien, entr'autres, ayant étudié, comme on sait, les sources du protestantisme, attribue expressément à la haine et aux attaques de Luther, en ceci comme en tout élève de Wiclef, contre les scolastiques, tout le débordement des erreurs protestantes, parce que, dit-il, ce mépris devait naturellement remonter des scolastiques aux Pères de l'Église, et leurs maîtres et leurs guides, et des Pères à l'Église elle-même, qui a couronné leurs travaux d'une si grande autorité. Si, appliquant aux origines du rationalisme en France, l'observation faite par Melchior Cano sur les origines du protestantisme en Allemagne un peu plus tôt, je faisais les mêmes réflexions sur la portée qu'a eue l'œuvre de Descartes au même point de vue, dans la genèse des erreurs modernes ; si j'expliquais leur invasion par les mêmes attaques, renouvelées à partir du XVIIe siècle, contre la philosophie du moyen âge, je pourrais citer en témoignage les souverains pontifes, qui n'ont pas cru cette cause au-dessous de leur fonction comme gardiens suprêmes de la doctrine, et qui n'ont pas dédaigné de défendre hautement la méthode des scolastiques, comme intéressant directement le dépôt de la foi confié à leur vigilance ; de soutenir leur autorité comme un des premiers et des plus respectables intérêts du christianisme ; de dénoncer comme un grand attentat et un grand danger, et même de condamner, comme une entreprise contre la foi de l'Église, le mépris jeté à ces grands docteurs ; enfin et souvent de caractériser ce mépris en des termes qui apprécient bien gravement le dommage causé par lui aux intelligences et à la société chrétienne.

L'idée cartésienne aurait été combattue par les idées romaines et tuée par l'esprit catholique, la méthode traditionnelle aurait été sauvée en théologie par l'attachement aux doctrines du St Siège, si le gallicanisme ne s'était trouvé là, tout à propos, pour arrêter les idées romaines à la frontière, en même temps qu'il affaiblissait le sacerdoce à l'intérieur en désunissant ses forces. Et notez bien encore une circonstance remarquable : c'est que le règne du gallicanisme a coïncidé, chez nous, avec les siècles de la décadence théologique, et a suivi le même mouvement; je viens de vous en dire la raison et je la répète : la lumière ne pouvait venir que de Rome, et on avait fait une doctrine tout exprès pour l'empêcher d'entrer. Il y a quelque part, chez M. de Maistre, des réflexions très justes et très spirituelles, sur le langage singulier employé en ce temps-là par nos auteurs, pour expliquer comment ils s'exemptaient de penser, sur bien des points, comme on pensait à Rome et dans tout le reste de l'Église catholique ; ainsi cette phrase étonnante, qu'on trouve à chaque instant dans les ouvrages de Fleury, à propos d'opinions propres au clergé français : *En France, nous n'admettons pas telle doctrine... tel sentiment n'est pas reçu chez nous !*

La méthode de Descartes faisait donc son chemin en France, à la faveur et en compagnie des principes gallicans ; elle était reçue dans les travaux du clergé, à commencer par les manuels ou cours de philosophie, composés pour servir de règle à l'enseignement ; elle s'installait sans combat dans les écoles ecclésiastiques, montait jusqu'en théologie, recevait tous les honneurs de la littérature et une sorte de consécration nationale et d'immortalité, en entrant dans les plus beaux ouvrages de nos grands écrivains. On ne pensait même plus qu'il eût jamais existé une autre méthode dans les sciences de principes, et qu'on pût en désirer une autre. Voilà ce qu'on *pensait en France*, et comment, *chez nous*, la théologie périssait par la méthode.

Remarquez-le d'abord, quand je dis que la théologie fut bouleversée par cette innovation, je ne parle pas seulement de certaines opinions et explications cartésiennes, qui, une fois admises en philosophie, durent passer de plein pied en théologie, et firent déjà des ravages partiels en produisant des erreurs de détail. Cela devait arriver, et je montrerai quelques-uns de ces vices de détail et des traits caractéristiques du système par lequel on remplaça la scolastique. Mais, au-dessus de ces torts, particuliers, pour ainsi dire, localisés sur certains points du terrain théologique, il y eut un bouleversement universel de la théologie, et il vint par la méthode. L'idée même, j'ose le dire et je le prouverai, l'idée de la théologie s'éclipsa et se perdit. On vint aboutir à un enseignement que je regarde comme l'un des phénomènes les plus étranges et les plus tristement intéressants de l'histoire du dogme, en même temps qu'une des causes, et la principale, des autres décadences dont nous nous plaignons.

Chez les scolastiques, l'idée même de la théologie, le concept à la fois révélé et raisonnable de ce travail de la raison étudiant la foi, avait été mis en lumière avec une plénitude et une lucidité qu'elle n'avait jamais atteinte jusque-là, et qu'elle n'a jamais dépassée depuis. Notre théorie catholique des rapports et de l'union de la raison et de la foi dans l'étude du dogme surnaturel, était contenue, en germe et en substance, comme tout ce qui regarde la doctrine chrétienne, dans les trésors de la Révélation et de la tradition ; mais ses éléments y étaient épars, sans ordre spécial, enfouis, cachés et mêlés aux immenses matériaux qu'avaient maniés les Pères de l'Église, au cours de leurs prédications et de leurs controverses. Il en arriva de ce chapitre de la doctrine comme de tant d'autres, qui avaient été simplement crus à l'origine et mis en œuvre, sans commentaire ni explication propre, dans le nécessaire énoncé des croyances et dans la pratique de la foi, mais peu développés séparément, quelquefois contenus, à l'état purement ou presque implicite, dans le reste de l'exposition du dogme. Avec le temps et le mouvement évolutif des idées, par le travail progressif et pour ainsi dire spontané de la raison chrétienne s'interrogeant elle-même pour se rendre compte de ses croyances, sous l'impulsion surtout de l'hérésie, qui a toujours été dans l'Église le stimulant des profondes recherches et l'occasion des plus admirables développements de la doctrine, souvent même des plus précieuses découvertes, il se trouva comme naturellement tiré du vague de la prédication primitive, mis en relief, érigé en un groupe distinct et important des principes catholiques. Or, ce sont les scolastiques qui ont dégagé du sein de l'antiquité chrétienne et de la patrologie, et formulé théoriquement ces principes, pratiquement connus et employés par les Pères, mais dispersés dans leurs ouvrages ; comme l'industrie métallurgique dégage et réduit à leur état pur, les métaux précieux disséminés à l'état de mélanges grossiers dans les minerais terrestres. Ce beau concept de la théologie, ils ne l'ont pas inventé, mais ils l'ont tiré de la mine souterraine, élaboré, édifié, mis au grand jour ; et leur théorie, qui est celle même de l'Église, non seulement depuis le moyen âge, mais depuis qu'il existe une révélation divine confiée à une intelligence humaine, est devenue comme le *discours sur la méthode théologique*, le traité des études sacrées, la base et la règle universelle de la science, en dehors de laquelle — ceci est de l'histoire — on n'a plus étudié la Révélation sans s'égarer et sans tomber dans des erreurs plus ou moins radicales, selon qu'on s'écartait plus ou moins de ce concept.

Si je voulais la décrire au long, cette théorie, quel langage il me faudrait ! C'est devenu presque une banalité de faire l'éloge des scolastiques et de leur méthode, de dire que ce travail est le plus sublime effort et la plus belle conquête de l'intelligence humaine éclairée par la foi dans la recherche du vrai, la noble et féconde alliance de la révélation divine avec le génie humain. Je dois en parler un peu cependant, ne serait-ce que pour répéter ce que tout le monde a dit.

L'Église, comme je le disais précédemment, n'a pas deux méthodes, quand il s'agit d'établir, de démontrer et d'imposer à tous la foi ; la substance du dogme, ses autorités, et la méthode fondamentale de constater et de prouver la vérité surnaturelle, sont les mêmes pour tous les esprits. Mais l'enseignement théologique est tout distinct de ce simple enseignement des mystères, que l'Église fait au peuple chrétien, et doit y ajouter quelque chose. Chez les scolastiques, la théologie n'était pas seulement l'exposition exacte et rigoureuse des vérités à croire. C'était une *science*, dans le sens le plus complet et le plus philosophique de ce mot. Fidèle à la maxime de S. Augustin, qui *croyait pour arriver à comprendre — credo ut intelligam* — elle se définissait, sous la plume de S. Anselme : *fides quærens intellectum*, ou, selon le mot reçu dans les écoles : *Discursus rationalis in fide.* Saint Thomas, dans sa *Somme* et ailleurs, cherchant à définir l'office propre de cet enseignement théologique, que les évêques doivent donner aux prêtres, par différence avec le simple enseignement de la foi ou catéchisme, que le sacerdoce doit distribuer au peuple, a marqué cette différence, et nettement déterminé le rôle respectif de ces deux enseignements. Tous deux ont le même objet, et sont établis sur le même terrain, je veux dire sur la même autorité, sur la même base de démonstration. Mais, tandis que celui du catéchisme a seulement pour fonction d'exposer et d'imposer à tous, au nom de Dieu et par la parole — *ex auditu* —, les articles de la foi nécessaires au salut ; celui de la théologie doit entrer plus avant, et porter sur les profonds mystères de la religion ; il a pour office propre et distinctif d'appliquer la raison aux vérités révélées, pour donner à celles-ci toute l'explication qu'une foi intelligente et une étude approfondie et philosophique est capable de leur donner, tout en respectant ce que Dieu y a laissé au fond d'incompréhensible, et le domaine qu'il s'est réservé ou qu'il a réservé à la vie future de ses élus. Oh ! la belle prière de S. Anselme, commentant, dans son *Proslogium*, le mot de S. Augustin cité plus haut, et indiquant ce rôle à la fois respectueux et hardi de la raison appliquée à la foi : *Non tento, Domine, penetrare altitudinem tuam, quia nullatenus comparo illi intellectum meum ; sed desidero aliquatenus intelligere veritatem tuam quam credit et amat cor meum. Neque enim quæro intelligere ut credam, sed credo ut intelligam. Nam et hoc credo quia nisi credidero non intelligam.*

Ainsi, d'un côté, l'objet de la foi fermement accepté, *a priori*, sur l'autorité divine, et pleinement affirmé, sans préjudice des explications que pourra lui donner la raison étudiant respectueusement cet objet, mais aussi indépendamment de ces explications, sans les attendre pour croire, et sans en faire une condition de la foi ; de l'autre, la raison ayant ainsi et d'abord fortement adhéré à la parole révélée, loin de s'interdire toute recherche comme une profanation, se mettant au contraire à l'étude, pour comprendre et pénétrer aussi avant que possible dans l'intérieur de ces divines vérités, quoique sans espérance d'arriver jamais à les pénétrer dans leur entier sur la terre. La foi n'est donc pas une acceptation aveugle et déraisonnable de l'inconnu ; la science n'est donc pas fondée sur l'examen privé ; il est donc aussi ridicule et aussi contraire à la vérité historique, d'attribuer aux protestants, comme on l'a fait, la première invention de l'usage de l'intelligence appliquée à la Révélation, que de montrer dans la méthode scolastique, comme on l'a fait encore, le premier essai du libre-examen en matière de foi, et le prélude du protestantisme. La Révélation commandait, comme il convient à la dignité de la source d'où elle émane ; elle établissait son autorité avant tout, en posant fortement l'affirmation divine ; puis, la connaissance et la possession du dogme une fois bien assurée par l'autorité de l'Église, qu'on ne discutait pas en ce temps-là, parce qu'on la savait parfaitement établie dans le passé par l'ensemble le plus complet et le plus varié de preuves tirées de partout, et qu'on la voyait surabondamment confirmée dans le présent par les plus puissants motifs de crédibilité toujours vivants et parlant toujours ; la raison du chrétien venait alors, humblement soumise à la Révélation, mais forte par sa soumission même, qui la plaçait sur un terrain solide, la dispensait de perdre son temps à douter et à chercher le vrai, la débarrassait enfin de toute crainte d'erreur et de toute hésitation sur la substance de ses croyances. Possédant ainsi sa foi, et bien rassurée sur ses bases, tranquille du côté de ses ressources, de son autorité, et par conséquent de sa valeur intrinsèque, elle se posait en face de ces divins secrets qui lui étaient livrés, et commençait, sous l'œil de l'Église, son admirable labeur. Elle devait s'armer d'abord pour cette entreprise de toutes ses ressources et de toutes ses richesses propres, je veux dire de toutes ses facultés humaines purifiées, bénies et fécondées par la grâce, non seulement mémoire, intelligence et perceptions diverses, mais âme, cœur, tendresse, facultés aimantes et mystiques, force d'intuition et recueillement, méditation et sens poétique, imagination même et enthousiasme, car toutes ces facultés sont des trésors, ces trésors ont été faits pour se tourner vers Dieu, et trouvaient ici un meilleur emploi.

Loin de la gêner ou de l'arrêter dans son travail d'investigation, sa foi la conduisait, pressant et éclairant sa marche, lui faisant sans cesse découvrir des aperçus nouveaux. La foi est un stimulant céleste aux pieuses recherches de l'intelligence, elle-même nous les recommande ; mais de plus, par cela même qu'elle propose à l'intelligence un objet à croire, un objet que l'intelligence ne saisira jamais immédiatement et ne verra pas sur la terre, mais dont il lui est permis de sonder la profondeur et d'entrevoir de radieux aspects, dans l'étude duquel enfin il lui est possible d'entrer et d'avancer toujours, elle l'excite, vu la tendance native de l'esprit humain que le christianisme ne détruit pas, vu sa nature curieuse, chercheuse, et avide de comprendre, à creuser dans le dépôt de vérités qu'il a reçues pour y trouver les raisons profondes de ses croyances. Ce travail est, en effet, aussi bien dans les tendances naturelles de la raison, que dans les divines convenances de la foi ; autant il est conforme à cette adhésion raisonnable, éclairée, humaine enfin que l'autorité de la foi demande à l'intelligence à qui elle se présente, autant il est en harmonie avec l'organisation, et, si je puis ainsi parler, avec la structure intime que Dieu a donnée à l'esprit humain, avec le mode nécessaire de vie et d'action sur lequel il a construit ses facultés, avec les inclinations admirables qu'il a placées en lui, en le créant. Si faible et si borné que soit notre regard, c'est le regard d'un esprit, il a l'instinct de la lumière, et il se tourne naturellement vers elle ; sitôt qu'une doctrine lui est présentée et qu'il entre en communication avec elle, de quelque source qu'elle lui vienne, quelque autorité qui la lui présente, quelque prompte et soumise que soit son adhésion, le premier, l'irrésistible et légitime mouvement de notre intelligence est d'y descendre, de l'interroger par le dedans, pour y chercher la lumière et ces signes intrinsèques du vrai qui donnent aux motifs extérieurs de crédibilité une si heureuse confirmation, et à l'âme du chrétien des jouissances si douces et si élevées. Ceci est une loi de notre être, une loi que Dieu a faite et à laquelle Dieu lui-même, pour notre soulagement et l'harmonie de notre vie, a bien voulu se conformer en nous demandant l'hommage de notre foi, quand il nous appela, par sa Révélation, du sein de nos ténèbres à l'admirable lumière de la vie chrétienne. Et c'est si bien là l'esprit du christianisme et l'ordre établi de Dieu, que le simple acte de foi lui-même, l'acte de foi le plus commun et le plus obligatoire, pour être raisonnable, suppose nécessairement, et contient essentiellement, un *minimum* d'intelligence de son objet, et ne peut subsister autrement. Nous ne disons pas, comme beaucoup de sectes protestantes, qui se croient pourtant éclairées : « Dans l'impossibilité de discerner en fin de compte ce que JÉSUS-CHRIST a voulu dire, par exemple en instituant l'Eucharistie, je crois en général, *in globo*, et *in confuso* ce qu'il a révélé ».

La foi catholique exige de nous des adhésions plus précises, et par conséquent un exercice plus complet de notre intelligence ; outre une certaine somme de vérités primordiales, dont la connaissance est de nécessité de moyen pour tous relativement au salut, notre sainte Église demande à tous ses enfants, capables de la plus minime instruction, la connaissance distincte et la profession expresse, avec une intelligence commune et littérale, des principaux mystères qu'elle a reçus du Saint-Esprit et qu'elle porte elle-même dans ses trésors.

Mais, au-dessus de cette connaissance élémentaire que possède le chrétien, de l'objet essentiel et des raisons premières de la foi, l'intelligence du théologien est appelée, ou, pour mieux dire, emportée à des hauteurs bien plus illuminées.

Dieu ne tolère pas seulement, il veut que la science considère le mystère d'un regard à la fois respectueux, profond et sublime ; et comme la force propre de la raison, la force même du génie, ne suffirait pas à explorer ainsi la région des dogmes, il a pour le théologien qui entreprend cette exploration, des lumières surnaturelles et des assistances d'une efficacité céleste. La raison chrétienne, dans ce travail, n'est pas seulement armée de sa foi et de ses facultés humaines ; il lui faut les dons mêmes de Dieu : des dons d'intelligence, de science, de sagesse. Ces dons, le théologien les reçoit dans plusieurs sacrements, qui, dans l'économie de la vie chrétienne, ont précisément pour mission et pour effet, de verser ces lumières célestes dans son âme, et de le rendre apte à ces contemplations divines.

Quand déjà le baptême et la confirmation, en l'incorporant à JÉSUS-CHRIST, et en le rendant chrétien, ont fait passer, de JÉSUS-CHRIST en lui, des goûts et un esprit nouveaux, comme une intelligence nouvelle, et ont fait de lui un homme céleste, comprenant, sentant et goûtant les choses de Dieu ; le caractère sacré de l'ordre, imprimé d'une manière indélébile dans son âme, sanctifie sa raison et consacre à l'étude des divins mystères toutes ses facultés, lui donne une aptitude et des inclinations aux belles intuitions de la théologie, une facilité merveilleuse à s'harmoniser avec les pensées divines, à rencontrer, à sentir le vrai comme par instinct. Il puise dans l'Eucharistie, par le contact même et l'impénétration de son Dieu, outre un accroissement de charité, de vie surnaturelle et de richesse intérieure, une augmentation de perspicacité à pénétrer la parole de Dieu auquel il s'unit et s'assimile de plus en plus.

Débarrassé qu'il est, par l'obligation même de son état et par sa vocation virginale, des goûts, des aspirations et des préoccupations terrestres, le prêtre porte en lui, par la pureté du cœur, un foyer de lumière qui sympathise naturellement avec les idées divines. Je dis la *pureté du cœur !* Car l'œil de l'esprit, disent les SS. Docteurs dont je parle, est obscurci par les passions et les intérêts du monde, comme l'œil de la chair par les obstacles extérieurs ou les maladies du corps. Or, la vie du théologien est si pure et si élevée, son cœur si calme, et son regard intellectuel si limpide, qu'il pénètre sans effort dans l'infini, et que sa conversation, comme dit S. Paul, reste dans le ciel (1). Et plus il se purifie, plus il avance et acquiert de facilité à comprendre et à découvrir dans ces régions supérieures : *Beati mundo corde, quoniam ipsi Deum videbunt* (2) ! même sur la terre, en tenant compte des

1. *Phil.*, III, 20.
2. *Matth.*, V, 8.

incompatibilités de notre état terrestre avec la vision directe réservée à notre état futur ; c'est S. Thomas lui-même qui applique à la divine contemplation théologique cette radieuse promesse de l'Évangile. Quelle innocence d'âme, quelle virginité de pensées le théologien voudrait avoir et il lui faudrait, pour toucher à cette arche sainte de la Révélation, et atteindre cette moëlle du dogme et de vie intérieure ! Il est riche encore et surtout de la grâce sanctifiante, qui est vivante et active dans son âme, qui donne à son travail une céleste fertilité, et qui tressaille au contact béni et rafraîchissant de l'Esprit - Saint qu'elle sent, qu'elle embrasse sous l'enveloppe de la parole révélée, et en qui elle reconnaît son auteur et le père de tout don céleste. Les grâces actuelles, que Dieu lui envoie sans cesse avec une magnifique prodigalité, le stimulent et l'illuminent en temps opportun, selon les besoins du moment, comme des éclairs intérieurs. Dans son ministère aussi, quel qu'il soit, les mystères saints dont il est le dispensateur, les bénédictions dont il est le canal, les opérations divines dont il est l'instrument pour les autres âmes, donnent à la sienne cette connaissance pratique de l'ordre surnaturel, cette expérience des choses de Dieu, qui s'harmonise si bien avec les principes, et qui rend la théologie si profonde et si juste, en lui faisant toucher du doigt et constater dans le vif des consciences la conduite de Dieu et l'action de ses grâces. Sa piété enfin, qui est utile à tout, mais qui est ici particulièrement à sa place, tout en profitant elle-même de son travail et en y acquérant une profondeur et une force merveilleuses, y répand à son tour l'élément précieux et suave de l'amour, qui lui donne un charme céleste, et lui communique cette émotion douce et pénétrante sans laquelle il n'y a point de théologie, mais des dissertations humaines sans vie, sans élévation et sans beauté. L'Esprit-Saint, qu'il ne trouve pas seulement hors de lui dans la parole révélée, mais qu'il possède en lui-même et avec qui son état intérieur, bien plus encore que l'étude de la Révélation, le met en un commerce intime et continuel, se fait le complice des efforts de sa pensée, concourt à ses travaux, meut et conduit son intelligence, lui suggère à chaque instant de riches aperçus, et répand dans son étude cette onction spirituelle qui fait de sa science une prière, un état général de contemplation et d'oraison. Ainsi, la lumière lui vient de partout, et rayonne dans le sanctuaire même de son âme, là où toutes les facultés humaines ont leur centre. Son travail est autant l'effet de la grâce que des opérations de son esprit. Il n'est pas inspiré comme les apôtres, mais il possède cependant une inspiration mystique, une lumière infuse qui est le don même, le don surnaturel d'intelligence, et qui n'est pas inhérente à la raison, mais qui vient directement du ciel, et qui, selon S. Thomas, est le privilège propre et exclusif de l'état de grâce.

Lisez, pour ne citer que ceux-ci entre mille, dans l'opuscule de S. Bonaventure : *De septem donis Spiritûs Sancti,* dans son *Breviloquium*, et son *Itinerarium*, ou dans certaines pages de S. Anselme et de S. Bernard, ou dans l'opuscule très court et très précieux de S. Thomas *De modo acquirendi scientiam*, et surtout dans les splendides articles de sa *Somme* relatifs aux dons d'intelligence et de science ; voyez partout enfin, chez ces grands docteurs, si c'est bien ainsi qu'ils entendaient la préparation du théologien et son étude.

Et, remarquez-le surtout, c'est là ce que la paresse moderne oublie, ou refuse d'admettre, et ce qu'il faut prêcher avec intrépidité : ce concept de l'étude n'était pas un idéal pour des privilégiés, pour des intelligences choisies, il l'était pour tous. Il y a une hiérarchie dans l'Église, et des degrés dans cette hiérarchie, mais il n'y a pas de castes, et les privilèges ou les dignités ne portent pas plus sur l'intelligence que sur la sainteté.

Ainsi enrichi par la nature et par la grâce, recueilli dans sa conversation intime avec l'Esprit-Saint, et l'œil pieusement, humblement, mais fermement fixé vers ces portes éternelles, vers ces hauteurs infinies où l'emporte sa contemplation, et où réside la source de la lumière qu'il cherche, l'esprit humain osait alors entreprendre non plus seulement d'écouter la foi et d'en compter scrupuleusement les articles, mais de contempler les dogmes catholiques dans toute leur étendue, et de pénétrer par la méditation au cœur de ces divines notions, pour en chercher les raisons profondes et en découvrir, autant que possible, les rapports et l'harmonie avec l'ordre naturel. La foi a des voiles, il le sait bien, et il ne s'en impatiente pas ; mais sous ces voiles il pressent son Dieu, il le désire, il le possède par avant-goût — *Esto nobis prægustatum* —, plus même que par avant-goût, quoique non pas encore par jouissance directe. Car d'abord il est chrétien, et puisqu'il connaît Dieu et JÉSUS-CHRIST, il porte déjà en son âme, comme chrétien, cette vérité infinie, ce ciel incréé, ce verbe abrégé, comme dit S. Paul, cette vie divine participée que le Saint-Esprit a semée au sein de l'Église, comme un germe d'éternité. Le vrai chrétien, qui possède la foi et la grâce, porte au fond de lui-même, sous forme d'intuition inconsciente peut-être et non réflexe, mais réelle et suréminente, une théologie infuse, fidèle, exacte, gravée dans l'âme par la main même de l'Esprit-Saint ; « il sent au-dedans de lui, dit Nicolas, l'harmonie et le jeu de toute cette économie de la religion appliquée à son âme, alors même qu'il en ignore les riches combinaisons ; comme nous sentons, dans le bien-être et dans la vigueur de notre existence, l'harmonie et le jeu des organes intérieurs auxquels nous la devons [1] ».

Mais ensuite, comme théologien, il a étudié d'une manière plus approfondie, en lui-même et dans les autres, l'action du principe surnaturel, et il s'est rendu compte de sa richesse. Il sent bien qu'il porte dans sa foi la substance des choses qu'il espère voir et goûter un jour dans la patrie, le trésor même des pensées divines, et le dépôt de tout ce que l'intelligence humaine pourra jamais découvrir, en méditant les choses révélées ; et son étude ne sera que le commentaire de cette connaissance à laquelle l'Évangile donne le nom merveilleux de *Vie éternelle* — *Hæc est vita æterna* [2] ! Cette assurance qu'il possède avant tout, n'est pas un médiocre secours dans le travail qu'il entreprend. Le voici qui étudie, qui scrute, qui développe, qui recueille les similitudes, qui constate les analogies, qui rapproche les concepts, qui creuse les idées, qui

1. *Études philosophiques sur le christianisme.*
2. *Joan.*, XVII, 3.

saisit les raisons profondes, qui sent et devine le vrai par instinct, par intuition, par habitude de la conversation de Dieu et du contact avec les pensées divines, plus encore qu'il ne les découvre par raisonnement et par conclusion. Il profite de tous les rayons de lumière, il emploie toutes les ressources, perceptions et opérations de la philosophie, en même temps que toutes les puissances de la prière ; son étude vise toujours au cœur des questions, c'est sa tendance, son habitude et son besoin ; ce serait sa manie, si on pouvait dire ce mot à propos de la recherche du Vrai, surtout de ce Vrai ; il tâche enfin de pénétrer le plus avant possible dans ces océans de lumière que Dieu lui a livrés, et de saisir tout ce qu'il est possible à l'œil de l'homme de saisir, sans sortir de sa sphère, et sans violer, d'un regard sacrilège, les domaines que Dieu s'est réservés.

Jamais, il le sait bien, jamais il n'arrivera au fond du mystère; parce que le fond du mystère, appartenant à un ordre tout à fait supraratïonnel, se refusera toujours à entrer dans la philosophie par la porte basse de la raison ; jamais il ne lui sera donné sur la terre de lever le voile redoutable qui couvre les raisons dernières et infinies de la pensée divine; ce serait passer du temps à l'éternité, de la foi contemplative des voyageurs à l'état bienheureux de ceux qui sont arrivés au terme et qui voient face-à-face les choses qu'ici-bas nous croyons. Aussi n'est-ce point là son ambition ; s'il ose, d'un pied prudent et à la suite des anciens docteurs, descendre les premières pentes de ces abîmes de la pensée divine, il sait bien qu'il y a, au fond, un tabernacle impénétrable qui s'appelle le *mystère*, et dont l'entrée, fermée à l'intelligence terrestre, est réservée à Dieu seul et aux voyants de l'autre vie. Il n'a pas la prétention de pénétrer dans ce sanctuaire terrible, et de tout voir. Il sait bien que la foi est l'argument des choses invisibles, et que, par leur nature et l'incommensurable élévation de leur concept, nos mystères échappent aux regards de l'intelligence humaine, même armée du génie, et dépassent de toute la hauteur de l'infini les perceptions créées. D'autre part, il sait bien aussi que l'homme ne peut échapper à la nécessité d'admettre, par voie d'autorité la plupart des choses qu'il connaît, ce qui ne l'empêche pas de les connaître avec certitude. Et, comme il n'y a pas, au ciel et sur la terre, d'autorité comparable à celle de Dieu, il se gardera bien de répéter les absurdes blasphèmes de ces insensés qui, mettant leur intelligence humaine au-dessus de l'intelligence infinie, ne veulent pas d'un dogme incompréhensible, interjettent appel de l'autorité de Dieu révélateur, au tribunal de leur pauvre raison érigée en juge, prétendent qu'il ne suffit pas aux doctrines religieuses, pour s'imposer à l'esprit humain, d'être prouvées par voie d'autorité même divine et de motifs extrinsèques, mais qu'elles doivent, sous peine de ne point obtenir créance, condescendre à fournir leurs raisons intrinsèques, et se faire comprendre en entier. Ce n'est pas lui qui soumettra jamais la science de Dieu au contrôle de la science de l'homme, ou qui cessera de croire et d'adorer la divine parole, parce qu'il n'aura pu, avec sa raison bornée, en saisir toute la signification et tous les motifs intrinsèques.

Le premier usage qu'il fera toujours de sa raison, ce sera de reconnaître le fait de la Révélation, qui est le fondement de la foi, et de constater que Dieu parle ; puis, aussitôt, de se soumettre à cette divine autorité en interrogeant le texte révélé, et en appuyant, pour l'interpréter, sur l'enseignement de l'Église et des Pères. En acceptant l'autorité de Dieu, qui est la règle absolue du vrai, et l'autorité de l'Église, qui est l'organe infaillible de celle de Dieu, il fait sans doute un sacrifice, mais ce sacrifice est salutaire et d'ailleurs indispensable, et il n'aura rien perdu pour avoir commencé par là son étude. Il n'enchaîne pas sa liberté ; au contraire, il se délivre d'avance et pour toujours de la tyrannie de l'erreur et des ténèbres du doute, inévitables pour le rationalisme. Il est résigné aussi à ne jamais comprendre qu'en partie les divins concepts ; mais le champ d'exploration qui reste ouvert devant lui est encore immensément vaste. Ce qu'il a devant lui, ce ne sont pas des horizons à perte de vue, c'est l'infini, et il a le temps d'avancer sans trouver de limites qui bornent ses conquêtes. D'ailleurs il n'y en a pas de limites ; il y a des précipices et des écueils à éviter, et il est possible et facile, dans le système catholique, de les éviter ; mais il n'y a pas de limites infranchissables à rencontrer; plus il creuse, plus il voit qu'il reste l'infini, et qu'il est toujours possible d'y creuser et d'y avancer. La sagesse infinie n'est pas cachée tout entière, et surtout n'est pas inaccessible ; et ce sanctuaire même du mystère où elle a déposé ses secrets éternels, les incompréhensibles trésors cachés du Verbe, n'est pas pour lui sans voix ; il lui est permis d'écouter du dehors, avec un saint respect, les divins échos qui en sortent et que Lacordaire appelait, avec autant de poésie que de sens théologique, *le son de l'infini !* En les écoutant, il sent bien qu'il est sur le chemin de la science éternelle, et qu'il ne rencontrera point de barrière. Escorté par la foi, guidé par l'autorité de l'Église qui le préservera toujours, il ne craint donc pas de se mettre en marche vers ce point de l'horizon ; l'œil fixé là, comme celui de l'aigle, toujours il avance, et toujours le chemin s'étend ; toujours il médite, et sa méditation sera sans fin, car elle a pour objet Dieu lui-même, et elle doit se prolonger dans l'éternité, en subissant seulement à la mort une admirable transformation que saint Paul appelle *la délivrance des enfants de Dieu* et *la liberté de la gloire.* Les avenues de la science éternelle ne cessent de s'élargir devant lui, et de découvrir à son âme ravie des horizons merveilleux, qu'il ne saurait mesurer, mais dont il devine l'infinie profondeur. Il ose, par la pénétration de son regard humain, humble et puissant, s'élever jusqu'à la contemplation de la pensée divine, jusqu'au sein de l'infini, et décrire les opérations intimes de Dieu et ses décrets éternels ; et il finit par y saisir et y dessiner des traits splendides, quoique incomplets, de la vie intime de Dieu et de ses plans sur le monde, de belles échappées lumineuses de cette philosophie éternelle du dogme, qui est la sagesse même du Verbe, et la science même de Dieu, contemplant son essence et ses œuvres.

Voilà le travail du théologien, selon l'idée scolastique ; il réunissait, sans les confondre, dans une collaboration glorieuse, qui est le plus haut degré d'honneur et de lumière auquel l'homme puisse prétendre, en dehors de la vision même de Dieu, les deux éléments les plus beaux et les plus grands qui existent, l'élément de l'*autorité divine*, et l'élément de la *recherche rationnelle*. C'était comme l'union hypostatique de la pensée divine et de la pensée humaine, l'intelligence incréée fournissant la substance infinie sur laquelle l'intelligence créée travaillait en creusant et en découvrant toujours, sans épuiser jamais la veine éternelle. Ce sage emploi de l'élément humain et cette vue pénétrante de l'élément divin révélé, étaient regardés comme les deux forces constitutives et essentielles, comme les deux ailes de la théologie ; et, en dehors de leur union, il n'y avait plus de théologie, il ne restait que le catéchisme. Au contraire, du concours harmonieux de ces deux forces, résultait la vraie théologie, la vraie science de la foi. Et cette science, quand elle sortit des mains des scolastiques, se trouva avoir été menée si loin par leur travail, si achevée, qu'elle contenait implicitement le germe de tous les développements actuels et même possibles de la théologie, et par conséquent, les principes premiers de toutes les branches de l'activité humaine.

Quel travail c'était, la vraie philosophie de la foi ! Non, jamais, si ce n'est dans la vision inspirée des prophètes, dans le ravissement inénarrable de saint Paul au troisième ciel, dans les extases merveilleuses de saint Jean, jamais l'esprit humain n'est allé plus haut dans les cieux, n'a contemplé de plus près, d'un œil plus limpide et plus sûr, et n'a rendu sous une expression humaine aussi simple, aussi naïve et aussi harmonieuse, ces vérités éternelles que Dieu a livrées à notre méditation ; jamais il n'a touché de plus près les raisons divines, et avancé plus loin dans cet océan de la vérité infinie, vers les rivages de l'éternité.

Eh bien ! voilà ce qu'on tourna en ridicule, et ce que la philosophie nouvelle détruisit, comme n'étant pas à la hauteur des besoins intellectuels du monde moderne. On sait quels travaux résultèrent de la scolastique, quelle puissante assise philosophique elle posa pour recevoir et porter les découvertes expérimentales qu'il restait à faire, et qui devaient être la tâche des sciences modernes. On sait quelle trace ont laissée, quelle sève ont versée dans les études, en Europe, ces grands hommes si méconnus, par exemple, les quatre mille et quelques théologiens qui ont commenté le seul *Livre des sentences.*

Eh bien! tout cela fut non avenu, et l'orgueil cartésien déclara que le progrès de l'esprit humain avait pour condition de rejeter tout cela, en épargnant seulement le *Credo* catholique, aussi dénudé que possible, et dépouillé de ce vaste commentaire traditionnel, de cette belle philosophie dont les siècles chrétiens l'avaient entouré, et de recommencer tout l'édifice de la science humaine à ce premier échelon : *je pense, donc je suis !* N'est-ce pas pitoyable ?...

CHAPITRE CINQUIÈME.

DIVORCE de la RAISON et de la FOI dans la MÉTHODE MODERNE.

Destruction de la méthode contemplative. — Rôle de la raison chez les scolastiques et chez les cartésiens. — Comment on étudie et on dessèche la science sacrée. — Théorie de Pascal : les OBSCURITÉS, les TÉNÈBRES de la foi. — Si la Révélation n'est pas une lumière. — Les Jansénistes et le dogme. — Portrait de Pascal ; son œuvre. — Reproches absurdes faits à la scolastique ; services immenses qu'elle a rendus. — Les études SPÉCULATIVES et les sciences de principes au moyen âge ; le sémi-gallicanisme, le sémi-jansénisme et les idées dites ULTRAMONTAINES. — L'école, les idées et les manuels modernes ; stérilité, découragement, essais incomplets et infructueux de restauration.

EN conséquence du divorce qu'on venait de prononcer, la raison étant indépendante et affranchie de toute direction extérieure à elle-même, la foi ne devait plus la déranger dans ses ténèbres volontaires, ni lui ôter son précieux doute, ni la troubler dans ses libres recherches, en lui montrant la route certaine, unique et nécessaire de la vérité ; elle devait se cantonner sur ce qu'on appelait son *terrain propre*, et ne s'occuper que de ses affaires. La philosophie devait en faire autant de son côté, du moins on le disait : tout cela, de peur qu'on ne vînt à confondre les deux éléments, s'ils étaient unis. Ainsi, la théologie n'eut plus le droit de raisonner, ni la philosophie celui de savoir qu'il existe une Révélation, destinée à préserver ou à tirer l'homme de cet abîme d'erreur où l'expérience montre qu'il se perdra toujours, s'il n'a pas une lumière supérieure à celle de sa raison pour le conduire, et surtout s'il est conduit par le doute.

Adieu donc cette alliance intime et féconde de la raison et de la foi, qui, réunissant en un seul faisceau lumineux la double lumière de la sagesse divine et de la sagesse humaine, sans jamais confondre leurs sources et leurs principes propres,avait trouvé leur lien réciproque et la belle harmonie qui doit les unir dans l'intelligence de l'homme comme dans celle de Dieu (comme dans la réalité ontologique du vrai) ; les avait éclairées l'une par l'autre ; avait groupé, en un seul admirable édifice scientifique, la somme respective des vérités fournies par l'une et par l'autre avec certitude ; avait fondu, en une magnifique synthèse, tout ce que savait, tout ce qu'avait pensé, appris et compris l'homme, en s'étudiant lui-même à la lumière de la foi, et en appliquant toutes les lumières de son intelligence à la contemplation du Verbe révélé. Adieu ! ce travail si grand, si pieux, si intelligent, qu'au moyen âge on appelait la *spéculation*, c'est-à-dire l'application de toutes les facultés humaines de l'âme à la recherche des raisons divines du dogme. Adieu ! cette belle contemplation de l'esprit humain, débarrassé du doute et reposant en sécurité dans une foi confiante et souverainement raisonnable, *Rationabile obsequium*, méditant la parole révélée, et suivant, d'un regard ému et profond, la pensée dogmatique qui s'ouvre, se développe et s'illumine en déployant devant lui ses divins trésors. Adieu ! cette belle théologie, empruntée à S. Jean et à S. Paul, à S. Denis et à ces premiers Pères qui avaient bu l'inspiration aux sources mêmes, tout près du Christ, dans la parole inspirée des apôtres, et à qui ce privilège a donné, s'il est possible, quelque chose de plus élevé, de plus ému, de plus tendre encore qu'aux autres. Adieu ! ce don et ce besoin d'aller toujours au fond des choses, cette vue pénétrante de l'idée dogmatique cachée au fond des textes inspirés, qui est, selon S. Thomas, un don du Saint-Esprit, le don même d'intelligence. Adieu ! cette méditation savante et profonde, ces vastes aperçus de S. Thomas, qui semble être descendu en personne au fond de tous les mystères, pour en étudier et en décrire la structure intérieure, pour en donner la raison éternelle et en formuler le concept ; il semble avoir assisté à la conception et à la révélation du dogme par le Verbe, et avoir eu le temps de méditer, de déguster toute l'Écriture, toute la tradition, pour en puiser tous les sucs et nous les préparer dans la *Somme*, dont j'aime mieux ne pas parler ici, tant elle désespère l'enthousiasme qui veut la louer, et tant l'admiration se fatigue sans succès à chercher des expressions suffisantes. Adieu aussi ! ce bel épanouissement de la science sortie des formules et des définitions exactes, qui sont le germe commençant à s'ouvrir en une belle couronne mystique, à fleurir en une suave prière, et arrivant enfin à cette expression pour ainsi dire musicale de la pensée, qui est la poésie même de la foi ; ces beaux festins intellectuels, si poétiquement décrits par S. Bonaventure, le séraphin théologique, énumérant, dans son ravissant et vraiment céleste langage, les mets spirituels que Dieu nous a préparés par sa Révélation comme par sa grâce.

Adieu surtout ce splendide et gracieux symbolisme qui, étudiant les paroles de Dieu dans la Révélation, ses œuvres dans le monde, ses desseins et la marche de sa volonté dans les événements de l'histoire et de la vie des hommes, voyait partout, avec un sens si théologique et tant de poésie, une expression des choses divines, la traduction terrestre et matérielle du plan même de Dieu et des pensées qui l'ont occupé, quand il créait ou quand il parlait, une adombration, un reflet de sa vie, des vestiges de sa puissance, la signification qu'il voit lui-même dans ces choses ; ce symbolisme qui perçait dans la nature les voiles de la matière, et dans l'Écriture les voiles de la lettre, pour trouver, sous ces voiles, la beauté éternelle qui tout ensemble se cache et se révèle, l'harmonie intime, le sens mystérieux, le rôle et l'ordre vrai des choses, leur fonction devant Dieu parmi les êtres qui chantent son nom et qui concourent à sa gloire, leur relation secrète avec la vie divine à laquelle chaque être se rapporte, bien plus directement encore qu'à n'importe lequel des êtres placés autour de lui, les rapports *mystiques mais non pas imaginaires* qui unissent les créatures visibles aux créatures invisibles. Enfin, et pour résumer, adieu ! cette haute méthode contemplative, qui habituait l'homme à chercher en tout la présence et les idées de Dieu, et portait, suivant le beau mot de S. Paul, sa conversation jusque dans le ciel. — Adieu à tout cela ! Désormais il n'y aura plus d'intuition ni de contemplation, plus de symbolisme ni de vues mystiques, plus d'élévation ni d'élan vers l'infini apparaissant de loin dans la foi ; la théologie est un recueil de définitions et de notes, qu'il faut prendre telles quelles ; la Révélation est une formule qui nous a été imposée sèchement et qu'il faut accepter sèchement ; elle ne souffre pas de commentaire !

Il est curieux que les scolastiques, qui imposaient un frein à la raison, et la tenaient, même en philosophie, si fidèlement soumise à l'autorité de la foi, aient tant fait usage de la raison, et l'aient rendue si féconde, même en théologie. Il est curieux qu'à partir de Descartes, tandis qu'on accordait tant de droits à la raison, et qu'on voulait tant de liberté pour elle en philosophie, on se servît si peu d'elle en théologie, on s'en servît si mal, on lui donnât si peu d'essor, on la rendît si stérile, même en philosophie. La nouvelle théologie fut l'antipode de la scolastique. Comme je disais plus haut qu'on eut, sous l'influence du parti cartésien, *une philosophie algébrique*, desséchée et réduite à une somme de notions précises ; ainsi la théologie devint une *science exacte*, et son enseignement se réduisit à un certain nombre, fixe et déterminé d'avance, de vérités mathématiques, dépouillées de toute explication.

Sous prétexte que le dogme révélé est mystérieux, et que le mérite de la foi consiste à croire sans comprendre, il fut défendu au théologien de chercher à pénétrer le sens de la parole révélée, d'y chercher la lumière et d'éclairer sa foi en étudiant soit les raisons intrinsèques, et la structure intérieure du dogme, soit ses harmonies avec l'ordre naturel et les vérités philosophiques, soit les rapports intimes des dogmes entre eux et la divine synthèse de la foi. Chercher à s'éclairer, c'était profaner. Le théologien n'eut plus qu'à *constater le fait de la Révélation*, à *prouver l'existence du dogme*, aussi dépouillé, aussi sec que possible, à résoudre seulement les objections et contradictions apparentes, capables d'effrayer les esprits ; tout ce qu'il disait de plus, était réputé inutile pour l'intelligence et dangereux pour la foi. Toute spéculation sur les dogmes était interdite, comme essentiellement incompatible avec la nature du mystère, vu que le mystère est une vérité incompréhensible, impénétrable sous tous les rapports, tellement impénétrable, croyait-on, que le regard humain n'y pouvait plonger sans profanation, n'y pouvait rien voir et ne devait pas prétendre à en faciliter l'intelligence, mais s'interdire sévèrement toute recherche, sous peine de violer le secret du ciel, abîme toujours fermé, lumière toujours voilée, que Dieu avait donnée à l'homme non pour l'éclairer, mais pour exercer sa souveraineté, pour mettre un frein à notre orgueil et pour éprouver notre foi.

Telle était l'idée qu'on se faisait du mystère ; idée fausse et réfutée par le mot même de *Révélation* que le langage théologique a dès l'origine adopté, en l'empruntant à l'Écriture, pour exprimer ce que Dieu a voulu faire, en nous livrant ses célestes secrets. Sans doute, il s'en réserve une partie, le fond, parce que sa science est infinie et que notre faible intelligence n'est pas capable, sur cette terre, d'embrasser l'infini ; sans doute, la foi a pour objet un dogme impénétrable, et Dieu, qui l'a ainsi voulu, en profite pour éprouver notre soumission, humilier notre orgueil, et nous faire sentir son autorité. Mais où est-il écrit que ce soit là le motif et la fin principale de la *Révélation ;* ce qui voudrait dire qu'il a *révélé* pour *cacher*, qu'il a révélé en partie ses divins secrets, pour nous faire sentir qu'il les cachait bien davantage ? Il y a, dans les vérités révélées, un côté mystérieux et un côté lumineux, Dieu en cache une partie et en éclaire une autre, et il les impose à notre foi sous toutes leurs faces ; mais s'il humilie en gardant des secrets, il console en révélant ses mystères, et s'il avait eu pour but principal de nous humilier, il aurait tout caché. En nous découvrant donc un ordre de vérités supérieures à notre intelligence, il ne nous a pas seulement fait constater leur existence, mais il nous a fait entrevoir *per speculum, per cancellum, in œnigmate, visione serotina,* quelque chose de leur nature, de leur fond intime ; il s'est bien moins proposé de nous humilier et même de nous éprouver, par cette Révélation, que de nous consoler, et de nous montrer sa bonté, en nous permettant de chercher à mieux comprendre, pour les mieux goûter, les vérités dont la contemplation lumineuse et complète fera notre bonheur au ciel. La révélation du mystère n'est donc pas un nuage ajouté à notre ignorance ; c'est une lumière ajoutée à notre raison ; ce n'est pas une limite à notre science ; c'est un horizon nouveau et infini ouvert devant elle, pour qu'elle s'y élance, et qu'elle y trouve non seulement la réponse aux questions de notre avenir éternel, mais même la solution d'une foule de problèmes naturels, qui se posent nécessairement à elle dans le présent, et dont la philosophie, livrée à elle-même, a souvent cherché, mais n'a jamais trouvé la réponse.

L'Église elle-même, si prudente, si sobre et si laconique dans ses définitions doctrinales, procède ainsi par explication et commentaire de plus en plus développé ; et encore, tout en fixant, par des formules sévèrement pesées et aussi exactes que laconiques, le dogme obligatoire, n'entend-elle pas emprisonner l'intelligence du théologien dans la lettre de ces formules, ni lui défendre de les commenter et de s'en faire même une ressource et un guide, pour porter plus loin et plus avant, dans les profondeurs du dogme, son regard investigateur?

Or cependant, les artisans de la théologie nouvelle s'appuyaient encore sur ce laconisme de l'Église dans ses définitions, pour prétendre que, comme elle se contente d'établir strictement le dogme et de poser, par des déclarations nettes et précises, la limite au-delà de laquelle commence l'erreur; ainsi le théologien doit se contenter, dans ses travaux, d'établir, avec précision et clarté, la vérité théologique, de la distinguer nettement des notions fausses ou douteuses, de repousser les attaques dirigées contre elle, sans chercher du reste à porter ses regards plus loin, et à tirer du sein de cette divine formule d'autres secrets. Comme si ce laconisme était commandé par autre chose que par la prudence nécessaire aux définitions obligatoires pour tous et pour toujours ; comme si l'Église, en définissant le dogme et en le dégageant ainsi des opinions libres ou des notions erronées, avait jamais eu en vue d'en donner un traité scientifique, et non pas seulement d'établir une base et de tracer une règle de croyance ; comme si enfin ces définitions étaient des limites imposées à la pensée, et non pas des jalons, pour l'aider à marcher encore, mais sûrement, vers le vrai, et à la diriger ultérieurement dans son investigation toujours progressive.

Maintenant donc rampez, intelligences chrétiennes, rampez à terre, aplatissez-vous bien contre le sol, aussi loin que possible du soleil ; moins vous aurez de lumière, plus vous serez dans le vrai de la foi, c'est toute la ressource qui vous reste. Arrêtez-vous, l'œil morne et collé à terre, devant la parole révélée, à distance respectueuse, et ne cherchez pas à la comprendre, ce serait un sacrilège. Tremblez devant cette formule redoutable du dogme, que Dieu vous a donnée pour vous humilier, pour vous terrifier, pour que vous l'enterriez ; gardez-vous de l'ouvrir et de regarder à l'intérieur ; le dogme n'a pas été donné pour l'intelligence, et la foi n'est pas une adhésion raisonnable, c'est un acte brutal et aveugle. Le Verbe n'illumine plus tout homme venant en ce monde, et quand Dieu autrefois, en tant de rencontres et sous tant de modes, a parlé à nos pères, quand enfin il nous a parlé par son Fils, qui est la splendeur et la Révélation de sa gloire, son Verbe et comme le récit de sa vie intime fait aux hommes, ce n'a pas été pour nous éclairer. Il faut que le Verbe de Dieu soit lié, enchaîné dans la lettre du texte, sous lequel il s'est abrégé en se révélant, où plutôt il ne s'est pas révélé mais caché ; car sa révélation, comme son incarnation, n'est pas une Épiphanie, mais une disparition. Ainsi, non seulement croyez, sur l'autorité de Dieu-Révélateur, même ce que vous ne comprenez pas et ce que l'intelligence humaine ne pourra jamais expliquer ; mais ne cherchez pas à comprendre, n'expliquez rien ; ne scrutez pas les Écritures, elles sont utiles à humilier, mais non pas à instruire et à consoler ; fuyez l'intelligence, la lumière est funeste ; contentez-vous du fait, et bornez-vous à constater, sans plus ; pas d'explication, et qu'il vous suffise de savoir que ce n'est pas absurde ; même, comme disait Pascal dans les moments les plus noirs de cette sombre et désolante impression dont ses ouvrages abondent, si c'est absurde, et que votre foi soit déraisonnable, tant mieux, vous n'en aurez que plus de mérite ; abêtissez-vous, c'est le moyen de vous sauver.

Je n'exagère pas, et tout ceci a été pensé et enseigné comme la règle de la doctrine. Notre littérature possède pas mal de chefs-d'œuvre où cet enseignement est imposé en théorie *per modum præcepti*, comme l'idée vraie de la théologie ; et bien plus encore, où il est appliqué pratiquement, pour servir de manuel d'études dans les écoles ecclésiastiques. Et ce mot même d'*abêtissement*, non seulement la *chose*, mais le *mot*, dans sa crudité audacieuse et révoltante, se trouve, dit-on, quelque part, dans le vrai texte des *Pensées* de Pascal, comme exprimant, selon lui, le devoir de l'intelligence humaine vis-à-vis de la foi, et la perfection idéale de la vie chrétienne.

Pour exprimer une pareille manière de concevoir la foi et sa science, un mot fut inventé, un mot que les anciens maîtres, je crois, n'avaient pas connu ; car, on l'a depuis longtemps observé, toujours un mot nouveau germe dans le langage humain, quand une idée nouvelle a été conçue. Les noms ont plus d'importance qu'on ne croit ; et comme, dans l'ordre du vrai, ils sont les symboles des idées justes, le préservatif et le rempart des vérités contre les notions inexactes, la sécurité des sciences et de la philosophie ; de même, dans l'ordre du faux, ils sont le caractère distinctif du mensonge et la dénonciation de l'erreur, ils la trahissent. Aussi, nous savons combien les Pères et les docteurs, tous les maîtres de la théologie catholique, ont recommandé, avec saint Paul, l'exactitude et l'esprit de tradition dans les expressions : *Formam habe sanorum verborum — devitans profanas vocum novitates* (1). Or tandis que nos pères, exprimant, d'après ce précepte, l'idée qu'ils se faisaient du

1. *II Tim.*, I, 13; IV, 20.

dogme dans ses rapports avec l'intelligence humaine, parlaient de *la lumière de la foi ;* à partir du mouvement intellectuel dont je parle, l'enseignement dogmatique et la prédication en France, exprimant aussi, toujours d'après la même loi, leur idée sur la théologie, commencèrent à parler des *ténèbres de la foi*, des *obscurités de la foi*, mot étrange qu'on trouve trop souvent, même dans des travaux estimables, et qui couvre, selon moi, une des erreurs les plus pernicieuses, les plus détestables, et j'ose le dire, les plus injurieuses à Dieu, qu'on puisse trouver. Comme si Dieu, en nous révélant ce que nous ne pouvions découvrir nous-mêmes, ajoutait à notre ignorance, et nous dérobait quelque chose de ce que nous aurions su, s'il n'avait pas parlé; comme si la bonté qu'il a eue de nous révéler ses secrets ne servait qu'à nous rappeler, et n'avait pour but que de nous faire sentir qu'il s'est réservé quelque chose ; comme si, dans ce qu'il a révélé, nous ne devions voir que ce qu'il a caché, et donner à ses bienfaits un nom qui lui reproche de ne nous avoir pas livré toute sa science infinie, et d'être resté plus grand que nous. Ce mot de *ténèbres* appliqué à la foi, je sais bien que dans ceux qui l'emploient, il a un sens vrai et innocent, et qu'on disait les *pieuses ténèbres*, les *saintes obscurités de la foi ;* mais l'adjectif n'empêche pas l'expression d'être dangereuse et nouvelle; nous savons qu'il faut se garder des formules dangereuses, et que toujours un mot suspect couvre une idée malsaine.

Quand il nous parle, Dieu est lumière, et il n'y a en lui, nous dit saint Jean, absolument rien qu'on puisse appeler ténèbres. Ce mot, cherchez-le dans l'Écriture, appliqué à la foi, ou quelque autre indiquant une idée semblable ; vous y trouverez toujours et l'idée et le mot de *lumière ;* le mot de *ténèbres* y est toujours pris dans un sens défavorable, pour exprimer le mal, le péché ou ses suites ; et « c'est pour les hommes charnels, dit saint Hilaire (1), que les discours du Seigneur sont ténèbres, c'est pour les infidèles que sa parole est nuit ». D'ailleurs, *nec nox, nec tenebræ ponuntur in Evangelio*, c'est saint Jérôme qui dit ceci : *noctem ignorantiæ his a quibus recessit*,

1. Bréviaire. *Comm. Unius martyr.* lect. VIII, 3° loco.

reliquit incredulis (1). Cherchez-le dans les Pères ou dans saint Thomas, ou dans quelqu'un des documents de l'Église ; cherchez-le, par exemple, dans ce beau sermon de saint Léon, *De nativitate Domini* (2); et voyez les belles expressions employées par cet admirable théologien, pour caractériser le service que la foi vient rendre à notre raison ; ou encore dans les splendides articles de la *Somme*, sur les dons d'intelligence et de science. Partout vous trouverez que la foi est un supplément de lumière qui vient s'ajouter à celle de notre raison, et réparer l'infirmité de nos perceptions naturelles : *Præstet fides supplementum sensuum defectui !*

La théologie, avec la méthode dont je parle, ce n'était pas seulement la foi humble et confiante en un mystère inexplicable mais prouvé ; c'était l'ignorance, érigée en principe, et présentée comme un état désirable ; la foi aveugle, rejetant toute explication et toute lumière, fuyant l'intelligence, *fides fugiens intellectum.* Fermer les yeux de l'âme, pour l'empêcher de contempler ; couper ses ailes, pour arrêter son vol vers les hauteurs, et l'obliger à ramper sur la terre ; raplatir les intelligences qui, travaillant sur le dogme avec la foi pour guide, auraient l'audace de viser à le comprendre en lui-même et à trouver, autant que l'homme peut y prétendre, le *quomodo sit*, la raison dernière et l'explication divine des faits que la Révélation leur a livrés ; les contraindre à se contenter du fait matériel, aussi nu et décharné que possible, du *quod sit ;* enfin, les parquer dans la formule dogmatique la plus sèche, avec défense de sortir de là et de regarder hors de leur prison : voilà, selon ces théologiens, l'idéal de la science, voilà le vrai concept de la théologie. « On veut, disait Melchior Cano, qui trouvait ces idées funestes déjà représentées de son temps, mais heureusement très rares ; on veut, en théologie, dépouiller la science de toute explication et conclusion, et la réduire aux seuls principes définis, aux seuls articles dont la foi est nécessaire au salut ; on veut faire en théologie ce qu'on ne pourrait faire en géométrie ou dans les sciences physiques, sans être traité de fou. » Si ce

1. *In fest. SS. Innoc.*, lect. VII, Bréviaire.
2. Bréviaire. *In Circumcisione*, 4a lect.

langage est dur, je renvoie la responsabilité à son auteur dont le nom a quelque autorité en matière de méthode théologique.

Du reste, c'est bien ainsi que l'entendaient les jansénistes, qui vinrent précisément alors, et à qui la France doit, comme au gallicanisme, beaucoup de ce qu'elle a été sous le rapport des doctrines, et par conséquent sous bien d'autres rapports. Ils eussent volontiers refusé, non seulement au théologien, mais, comme on le sait, à l'Église même, le droit de donner à son dogme aucun développement ultérieur. On sait aussi quels prodiges d'humilité ils ont été ; quels exemples ils ont donné d'une soumission aveugle de leur raison. Se plaçant donc sur le terrain de la foi, mais de la foi ainsi entendue, ils lui défendirent de chercher l'intelligence, lui interdirent toute explication philosophique ; et, d'autre part, sentant bien le triste métier auquel ils la condamnaient et qu'ils acceptaient eux-mêmes en adhérant à la séparation récemment opérée entre la foi et la raison, ils se vengeaient des injures de la nouvelle philosophie, en refusant à la raison toute valeur sûre et toute énergie propre pour donner la certitude. On trouvera, dans plusieurs des propositions condamnées depuis ce temps, la déplorable idée que les jansénistes avaient de la raison, et dans bien des passages de Pascal, par exemple, le rôle désolant, *abêtissant*, auquel il condamnait l'intelligence chrétienne. L'Église, habituée à voir son dogme toujours attaqué par les deux erreurs extrêmes et contraires, ou, comme dit saint Augustin, crucifiée entre deux larrons, l'Église défendait la vérité des deux côtés à la fois, et pour venger les droits méconnus de la raison, et pour revendiquer la supériorité de la théologie sur la philosophie, et le droit qu'elle avait de l'employer comme sa servante, suivant l'antique adage scolastique : *Philosophia ancilla theologiæ !*

Je viens à plusieurs reprises de citer le nom de Pascal ; il faut que je m'en explique, et je lui dois ici quelques mots.

Pascal, cet homme étrange, est un des phénomènes les plus singuliers que le jansénisme ait produits, bien qu'il en ait produit beaucoup. Esprit faux et distingué ; cœur délicat et acerbe, tendre et imprégné de venin hérétique ; âme pieuse, mais d'une piété étroite et misanthrope, pleine d'aigreur et d'une fausse austérité ; intelligence exquise et tournée à mal ; nature méditative et capable de découvrir beaucoup dans le domaine des raisons de la foi, mais arrêtée par le doute, faussée par l'exagération et gâtée par le fiel janséniste ; fin littérateur et penseur profond, mais conduit par ses principes à condamner toute science et toute culture intellectuelle ; — ces alliages particulièrement funestes à la marche des idées et à la santé des intelligences se sont vus quelquefois dans l'histoire ; mais ils semblent être la spécialité et le fléau de notre société moderne ; — Pascal, dont les ouvrages fourmillent de traits admirables, saisissants de vérité, et d'énormités choquantes, le tout réuni souvent dans une même phrase, avec un tour d'expression si vif, et une forme littéraire si bien ciselée, qu'elle porte à la postérité, immortalise et rend populaire le faux en même temps que le vrai ; Pascal, si bien fait pour comprendre largement et décrire puissamment les harmonies de la foi avec la raison, mais pour qui *toute la philosophie ne vaut pas une heure de peine* et qui, finissant par ériger l'ignorance en principe, semble souvent, pour sortir de l'état affreux où il gémissait, et pour trancher la question entre les raisons de croire et les raisons de ne pas croire, enfermer l'esprit du chrétien dans cette maxime subversive de la foi : *Croire parce que c'est plus sûr ;* il y a même des moments où il semble proposer cette maxime à son esprit comme le principal motif de la crédibilité du christianisme. Il n'a peut-être pas une page où l'on ne sente simultanément le désespoir de ne pouvoir comprendre assez, et la préoccupation d'éloigner l'intelligence. Sa part d'influence a été considérable, en France, dans le mouvement des idées ; et beaucoup des erreurs, des préjugés, des haines qui ont fait fortune chez nous depuis deux siècles, viennent de lui en droite ligne ; le clergé, il faut le dire, a subi largement cette influence.

Je vous ai dit le rapport de similitude entre Descartes et Pascal, et qui consiste en un égal enseignement du scepticisme. Pascal détestait Descartes, et leurs systèmes semblent bien opposés, précisément parce qu'ils représentent, l'un la raison, l'autre la foi, mais après leur divorce, tous deux dans l'excès et dans une position fausse.

Je ne puis séparer ces deux hommes, dans l'explication du travail qui s'est opéré en France; et je crois que l'histoire, la vraie histoire, qui ne se laisse point éblouir par l'éclat littéraire et par les renommées populaires, mais qui juge les hommes et leurs œuvres dans le calme de la vérité et avec l'impartialité des principes, doit les unir dans le même jugement, rapporter leur action respective au même groupe de causes historiques, et leur donner une part semblable dans le mal qui nous a été fait.

Dans leurs ouvrages, chez l'un comme chez l'autre, si on trouve rarement l'erreur précise et nettement formulée, ou du moins assez caractérisée pour tomber sous les foudres ; on entend résonner ces sons faux de l'esprit personnel, l'esprit de système, qui, n'osant peut-être encore s'aventurer jusqu'à rompre franchement avec la foi de l'Église, mélange et fusionne, dans des combinaisons mitoyennes, les opinions suspectes avec les vérités altérées ; on y respire cette malsaine et détestable odeur d'hérésie qui gâte et empoisonne, presque partout, l'atmosphère intellectuelle de nos temps modernes. Il y a, entre Descartes et Pascal, au point de vue des idées, de la portée doctrinale de leur enseignement, et de l'influence qu'ils ont eue sur notre société, des contrastes et des similitudes que je ne puis développer ici, malgré le plaisir que j'y aurais, mais je vous les recommande. Un seul détail, qui est absolument dans mon sujet : Tandis que Descartes, philosophe, mais procédant par le doute, représente le travail d'émancipation rationaliste, de sécularisation de l'esprit humain, qui s'est fait en philosophie ; Pascal, plus chrétien de pensées et d'occupations, mais peut-être encore plus hérétique de tendances, représente, en théologie, non pas sans se contredire, mais d'une manière frappante dans beaucoup de ses maximes, le travail de rétrécissement, d'aveuglement et d'empoisonnement de l'étude des vérités révélées. C'est le *Credo quia absurdum* de S. Augustin, mais dans un tout autre sens faux et sot qu'on nous jette souvent à la face, et que trop longtemps, il faut l'avouer, on a été autorisé à nous attribuer en France. Remarquez-le, c'est depuis ce travail funeste, opéré dans notre camp théologique par l'esprit janséniste, qu'on a, dans l'autre camp, dans le camp philosophique, infesté d'esprit cartésien, reproché aux chrétiens de croire sans raison un dogme incompréhensible, de sacrifier entièrement les droits de l'intelligence, et que les soi-disant vengeurs de la philosophie ont prétendu ne plus rien croire que ce que l'esprit humain serait capable de comprendre et d'expliquer. On sait où cela les a menés. Ils avaient grandement tort contre la vraie méthode catholique ; mais, sans avoir complètement raison contre nous, ils avaient bien quelque motif de s'en prendre à notre méthode française, et de l'accuser de mettre un peu en oubli les droits de l'intelligence humaine.

A regarder la superficie et les premières apparences des choses, la philosophie cartésienne aurait dû grandement déplaire aux jansénistes. Et cependant, chose inexplicable, si on n'admet pas ce que j'ai dit plus haut sur les communications souterraines entre des erreurs en apparence très opposées, les théologiens jansénistes étaient généralement grands partisans des idées philosophiques de Descartes; grands amateurs, comme lui, du doute méthodique appliqué à l'ordre rationnel; et, comme lui aussi, grands ennemis de la méthode et des idées scolastiques. Nouvelle preuve de ce que j'ai dit : qu'entre le rationalisme de Descartes, exilant la foi des travaux de la raison, et le scepticisme de Pascal, affaiblissant la raison pour exalter la foi, il y avait une parenté cachée mais étroite, et que ces deux erreurs concouraient vraiment à la même œuvre de destruction et d'abaissement intellectuel.

Et voilà l'école qui remplaça chez nous, pour présider à nos études et former nos intelligences, la scolastique ridiculisée. Une telle école, il faut en convenir, était digne de mépriser la scolastique, et la scolastique méritait bien son mépris. On ne se fit pas faute de le lui prodiguer, comme je vous l'ai dit ; et ce signe du temps ne fut pas un symptôme de progrès pour la science sacrée. Ce mépris a disparu aujourd'hui de quelques esprits, et je sais qu'il tend à disparaître de plus en plus dans le clergé ; mais il existe encore dans un bon nombre, et il est arrivé, chez la plupart des hommes du monde, à son paroxysme, parce que la pauvreté intellectuelle et la fausseté des idées sont arrivées à leur apogée, sous l'influence des doctrines cartésiennes triomphantes. Que n'a-t-on pas dit et quelles dérisions n'a-t-on pas faites contre la méthode scolastique : *foi aveugle et sans examen*, disaient les uns ; *première tentative du libre examen*, disaient les autres ; j'ai déjà répondu à ces deux griefs contraires mais également absurdes : *langage obscur et barbare, subtilités, questions oiseuses, hypothèses surannées, puériles, systèmes philosophiques ridicules et démentis par la science moderne....*

On peut, sans faire grand tort à la scolastique, reconnaître qu'elle se trompa sur plusieurs points de sciences physiques, ou, pour mieux dire, qu'elle ne découvrit pas toute vérité. Le grand reproche vraiment! Mais on peut encore bien mieux, sans faire aucunement injure aux modernes, leur souhaiter d'avancer autant qu'elle dans la science, et d'y réaliser un progrès aussi considérable et surtout aussi solide. Quant à ses hypothèses, il a été plus facile d'en rire et de les rejeter, que de les remplacer et d'expliquer sans elles ce qu'elles expliquaient elles-mêmes, d'une manière au moins sensée et vraisemblable, sinon absolument exacte : sur bien des points du reste, leur fausseté n'est pas encore si clairement démontrée, et n'est pas si évidente que l'absurdité des choses qu'on a mises à la place.

S'est-on assez moqué de ce qu'on appelait les *Questions scolastiques*, mot qui signifiait des *Questions inutiles, ridicules, oiseuses;* ou, comme on disait encore, des *Questions spéculatives*, avec la signification méprisante que notre malheureuse langue moderne, due à Descartes et à Pascal, ou plutôt à notre argot, a donné à ce mot comme à tant d'autres, en le détournant de son sens légitime ; car vous savez le sens noble et élevé qu'au moyen âge on attachait à ce beau mot de *spéculation* et qui lui appartient en réalité, en vertu des étymologies d'où il est sorti, et de son acceptation première. On aurait dit, et cette remarque est encore de Melchior Cano, que la scolastique ne s'occupait que de questions sans utilité. On ne voyait plus, dans les écoles du moyen âge, que des Franciscains et des Dominicains discuter, jusqu'à perdre le souffle, et des années entières, sur la propriété de la nourriture du religieux mendiant, quand il va la manger, quand il la mange, ou quand il l'a mangée ; ou sur tel ou tel détail inférieur de la vie des bienheureux après la résurrection ; ou encore sur les genres et les espèces ; ou sur ce qui serait arrivé dans telle ou telle hypothèse, dans tel ou tel ordre de création possible mais qui n'a pas été réalisé. On ne voyait plus que ces détails, et on semblait oublier que la scolastique eut traité d'autres questions.

Qu'on soit arrivé quelquefois, dans ces disputes mémorables dont les débats heureusement conservés, sont en réalité notre richesse, jusqu'aux questions infimes, et de pure curiosité, je le crois ; et je trouve cela tout naturel, puisque les travaux de l'homme, si grands qu'ils soient, doivent toujours porter quelque part, en même temps que le caractère de son génie, la marque de son infirmité ; mais ces questions mesquines étaient d'abord bien innocentes au point de vue scientifique, je veux dire, bien incapables d'embrouiller le sujet et de fausser les idées amenées assez naturellement au cours des discussions dont elles n'étaient qu'un mince détail, et d'ailleurs non pas toujours dépourvues de toute utilité.

Mais ce qu'il faut remarquer surtout, le voici : les questions dites *Scolastiques*, et, en apparence, purement théoriques, que se posaient nos docteurs du moyen âge, saint Thomas, par exemple, sur ce qui serait arrivé dans tel ordre de création possible et non réalisé, ou dans l'hypothèse que l'homme n'eût pas péché, ces questions n'étaient pas oiseuses ni de pure curiosité ; j'ose même dire que leur discussion, et leur solution étaient d'une haute importance, pour traiter avec ordre et profondeur, pour résoudre avec plénitude et clarté, les sujets les plus immédiatement pratiques. Il serait bien étonnant que des hommes pareils à saint Thomas et autres, que des esprits aussi puissants et aussi droits, des intelligences aussi élevées, eussent perdu le temps et gaspillé le travail, à discuter sur des questions puériles et dépourvues de toute portée pratique, en philosophie et en théologie. Ils avaient, au contraire, dans ces études, un but éminemment utile au développement et à la claire et complète exposition de la doctrine : dégageant, par abstraction, l'objet de leur étude des accidents et circonstances qui l'entourent dans l'ordre réel, et qui l'obstruent pour ainsi dire aux yeux du philosophe et du théologien, ils l'établissent, dépouillé des choses temporelles et contingentes, sur un terrain purement métaphysique, où leur analyse aura moins de peine à saisir son essence, ses éléments constitutifs et les lois nécessaires de son existence ; ils s'en font ainsi un concept absolument exact ; et quand ils se retournent vers la réalité, ils ne sont plus embarrassés pour distinguer en elle ce qui est principal et nécessaire de ce qui ne l'est pas, ou encore ce qui constitue son essence indestructible et éternelle, de ce qui est simplement la réalisation dans le temps, l'expression subjective et changeable, et comme le vêtement extérieur d'une idée divine incarnée dans un être créé.

Faut-il m'expliquer en d'autres termes ? Le philosophe et le théologien scolastique commence par se placer lui-même, pour poser les bases de son travail, en dehors de l'ordre actuel, réalisé et contingent, où l'homme a été constitué de fait, mais où son intelligence heureusement n'a pas été enfermée ; établi dans cette région élevée et tranquille des principes, il juge d'abord plus sainement et plus librement de son sujet ; s'étant ainsi, à la clarté de ces hautes abstractions, rendu un compte rigoureux de ce que Dieu a dû et voulu faire, ayant analysé l'ordre essentiel, la notion métaphysique, les *idées* des choses, il revient ensuite, éclairé, sûr de son jugement, à l'ordre actuel et aux créatures existantes, il étudie la réalité dans les *faits*, surtout dans le grand fait de la Révélation divine superposée à la philosophie humaine, et du christianisme donnant à la religion naturelle une forme précise, concrète et positive ; il trouve alors dans ces faits la réalisation et l'application faite par Dieu même dont il étudie l'œuvre, des principes qu'il vient tout à l'heure de découvrir dans la question métaphysique. Ce n'est pas le doute, même fictif, car sa spéculation a été précédée par la foi, conduite par elle, basée sur elle ; c'est le noble exercice de l'abstraction philosophique, c'est la pratique la plus haute et la plus solide du don qu'a reçu l'homme, de participer par la raison et par la foi à la science même de Dieu ; c'est, en même temps, la méthode philosophique la plus naturelle et la plus sûre. Que faisons-nous autre chose, nous, hommes modernes, sinon dans nos études, qu'on a gâtées et perverties sur toute la ligne ou à peu près, au moins dans la pratique de la vie, quand, pour nous préparer à définir un objet qui appartient à l'ordre présent, nous commençons par raisonner en abstraction, et nous essayons d'abord nos principes sur les êtres et dans un ordre des choses qui n'existent pas, pour revenir ensuite, plus éclairés et plus sûrs de notre jugement, aux réalités sur lesquelles nous discutons ? Ainsi faisaient les scolastiques.

Il faut, selon moi, une bien grande légèreté d'esprit et de jugement, bien peu de logique ou bien peu de réflexion, pour traiter de questions inutiles ou mesquines de telles études, faites par de tels hommes. Les modernes, je le sais, ne prennent, en général, pas tant de précautions pour traiter un sujet de science et de philosophie ; et nos théologiens français, depuis deux ou trois siècles, y vont rondement pour exposer leurs doctrines, mais aussi quelle grandeur, quelle solidité, quelles assurances de justesse et de fécondité pour les intelligences, et quelles chances de durée donnent-ils à leurs travaux ?

Du moins eut-on beau jeu contre ces grands hommes du moyen âge, quand il s'agit de leurs théories sur le monde physique et de l'explication qu'ils ont donnée des phénomènes et des choses de la nature. Le religieux respect que j'ai pour la science, et le jugement des scolastiques dans toutes les choses qu'ils ont touchées, ne m'oblige pas à justifier toutes leurs idées sur cette matière. On l'a fait remarquer bien souvent avec raison, pour avancer comme nous dans les sciences physiques, et surtout pour découvrir autant que nous dans le monde des corps, ils n'ont pas eu les moyens d'expérimentation et les secours vraiment admirables que nous fournit l'industrie : d'ailleurs, ce n'était pas là leur mission, et, pour bien d'autres raisons encore, le temps des découvertes et des expériences n'était pas venu ; il était bien qu'avant de s'élancer dans cette carrière de l'observation, l'esprit humain prît son temps pour s'y préparer, et s'arrêtât sur la *préface philosophique* des sciences, pour y méditer longtemps les principes et la théorie catholique des connaissances humaines. Ce que les scolastiques ont fait, et ce qu'ils avaient à faire pour ces sciences, le voici : ils en ont établi la base pour ainsi dire éternelle ; car les idées premières des choses ne commencent pas et ne finissent pas avec l'homme ; elles reposent, au-dessus de la création et du temps, dans l'intelligence même de Dieu, qui est le Dieu des sciences naturelles comme des sciences surnaturelles, et la lumière de l'homme dans l'ordre de la raison comme dans celui de la foi.

Les scolastiques ont donc exposé les éléments premiers et fondamentaux des sciences physiques, leur introduction doctrinale, c'est-à-dire une philosophie large, solide et puissante, éclairée, du côté du ciel comme du côté de la terre, par la Révélation et par la raison. Ils ont posé de tête, en théorie, avec une grande vigueur d'intelligence, une splendide étendue de vues et une complète assurance de jugement, le principe magistral qui dans tous les temps, dans l'avenir comme dans le passé, après comme avant toutes les découvertes, doit dominer et illuminer toutes les sciences. Quant à leur explication du monde physique et de la matière, je ne prétends pas que tout y soit capable de justification, mais je n'aime pas qu'on méprise si fort et qu'on rejette si loin leurs théories ; à ceux qui en usent ainsi je propose cette réponse générale très simple que suggère le bon sens élémentaire et qui suffit : Est-il croyable que de pareils génies, si prudents et si précis, se fussent trompés au point qu'on dit ? J'ai du mal à me figurer, par exemple, qu'un esprit comme saint Thomas, partout ailleurs si exact et si réservé, se serait oublié, s'il n'avait été sûr de son fait, au moins dans l'ensemble de ses idées, au point de dépenser des volumes in-folio à exposer des systèmes entièrement faux et absurdes, comme on l'assure. De ces théories d'ailleurs il est resté quelque chose qu'on est encore bien heureux d'avoir, et qui sera toujours le principal appui de ce genre d'études, je viens de dire quoi.

Mais, outre ce premier et riche appoint qu'ils avaient fourni à la science, pour lui servir de fondement, les scolastiques n'avaient pas cru sortir de leur domaine, en cherchant une solution à la première des questions que se posent les sciences physiques, la *constitution intime des corps*. Cette question était bien de leur compétence, et les inutiles efforts des savants modernes pour la trancher, montrent bien que l'expérimentation la plus délicate n'y peut et n'y pourra rien, et que cette besogne appartient aux *sciences de principes*, philosophie et théologie. Les scolastiques étaient donc bien sur leur terrain en la traitant ; la théorie, l'hypothèse, si on veut,par laquelle ils l'ont résolue, pour avoir porté le mépris de presque tout ce qui a passé en France depuis Descartes, n'est cependant pas morte sous ce fardeau, et surtout n'a été remplacée par rien de vraisemblable. Car, tandis qu'elle reprend du crédit dans un bon nombre d'esprits compétents, ceux qui continuent de la repousser, continuent aussi de chercher quelque chose de sensé à mettre à sa place.

Elle avait reçu, outre ses raisons et arguments propres, une sorte de confirmation doctrinale indirecte, quand l'Église l'avait adoptée dans son langage dogmatique, pour définir la nature de l'homme, type des êtres physiques, et la composition des sacrements, prémices et portion choisie du monde matériel que Dieu élève par eux à la dignité d'instrument de sa grâce. Or, dans cette théorie, le dernier élément de la substance physique, matière première indéterminée, ou forme substantielle déterminante, se refuserait absolument par sa nature même, aux expériences et à l'analyse sensibles, et ne se laisserait atteindre que par les sciences métaphysiques. Ceci n'a pas cessé d'être bien vraisemblable; et quand nos modernes parlent de réduire un jour cette matière première sous leurs instruments, et de l'obliger à se rendre à leurs expériences, ne voyant là aucune impossibilité absolue, mais une simple difficulté expérimentale; quand ils parlent de cela, leur prétention prouve justement que nos scolastiques, si pauvres du côté de l'observation physique, et sans autre secours que celui des sciences de principe,en savaient sur cette question bien plus long qu'eux, et avaient jugé ce premier chapitre des sciences physiques avec bien plus de rectitude.

De même, dans tous ceux de leurs chapitres qui touchent à des questions de principes, et dans la plupart de leurs théories générales, les sciences physiques ont assez varié depuis le moyen âge, pour qu'on se défie encore de leurs systèmes aujourd'hui ; les théories actuelles donnent aux idées cartésiennes un démenti au moins aussi flagrant que celui que Descartes donnait aux idées scolastiques. Enfin, les modernes s'accordent trop peu entre eux,et ont fait,en ces matières,trop d'expériences ridicules,pour avoir le droit de se moquer beaucoup des anciens. Ce sujet,au reste, est un de ceux où la prudence et la discrétion sont le plus nécessaires, et où il sied le moins aux savants d'une époque de mépriser ceux d'une autre ; car l'Écriture nous avertit que jamais on n'aura du monde matériel une explication satisfaisante ; et il est encore vrai de dire aujourd'hui, avec Salomon, que ce monde est livré aux disputes des hommes ; c'est même plus vrai que jamais. Les découvertes modernes ont pourtant éclairé bien des questions, mais aussi ont-elles justifié déjà plusieurs des théories scolastiques en matière de sciences physiques. Ce qu'il y a donc de plus solide et de plus sensé, ici comme partout,c'est encore ce qui a pu être étudié à la lumière des principes. L'intelligence humaine, quand elle s'en écarte, ne fera guère que divaguer, mais c'est encore là qu'elle reviendra, ramenée par ce mouvement pour ainsi dire giratoire qui la promène, avec ses illusions, d'erreur en erreur, sur tout le cycle des systèmes possibles en dehors du vrai.

N'ai-je pas lu que le soleil même, qui avait fini par se rendre à la science moderne, après avoir tant fait parler de lui, recommençait à inspirer à quelques-uns des soupçons, les laissant douter encore de son immobilité? A qui donc se fier, si le soleil, dont nous étions si sûrs, et qui déposait si péremptoirement contre le moyen âge,venait à nous abandonner, nous aussi, quelque jour, et à favoriser quelque explication donnant raison aux anciens contre nous. Tremblons ! qui sait ce que l'avenir nous réserve de surprises et de trahisons en ce genre ? Serait-il absurde à moi, profane dans ces sciences, d'insinuer ou de soupçonner que les théories scolastiques, si on les prend dans leur ensemble et dans leurs éléments principaux, en rectifiant, dans l'exposé qu'en ont fait leurs auteurs, plus encore les mots que les idées, pourraient bien avoir une conciliation possible avec les découvertes certaines, assurées, authentiques de la science moderne, je parle de la vraie science, et non pas de celle qui, escomptant l'avenir et prenant ses désirs pour des réalités, oppose aux théories de nos grands hommes, comme à la doctrine de notre Église, des découvertes trop jeunes pour être solides, des expériences douteuses et provisoires, et des certitudes encore à établir. Quelle surprise pour la postérité et les siècles futurs, si, à force de chercher, elle se trouve ramenée peu à peu, pièce par pièce, et détail par détail à ces théories, encore plus sérieuses que tout ce qu'on a imaginé pour les remplacer.

Mais je m'oublie encore loin de mon sujet ; sans chercher à justifier ces digressions, je reviens à notre théologie moderne.

La méthode qui remplaça la scolastique détrônée et ridiculisée, a régné dans notre enseignement plus de deux siècles, à peu près sans contestation et sans être inquiétée dans son triomphe. Cette durée déjà longue, et les grands écrivains qui l'ont illustrée, constituaient en sa faveur une sorte de prescription, et lui donnaient une certaine puissance qui la rendait en quelque façon respectable, non pas assez cependant pour remplacer les immortels maîtres de la doctrine et former une vraie tradition ayant autorité. Être antique, c'est-à-dire contemporain des origines, est une recommandation dans l'Église ; mais être vieux, ce n'est pas être antique ; cette méthode est vieille, mais n'est pas antique. Le rationalisme cartésien, le jansénisme et le gallicanisme ayant concouru, comme je l'ai dit, à sa naissance et à son développement, elle portait leurs caractères et leur ressemblance ; aussi, a-t-elle vu pas mal de ses produits condamnés par l'Église, pour l'une ou l'autre de ces trois erreurs ; et d'autres, en bien plus grand nombre, pour n'avoir pas été positivement condamnés, n'en sont ni plus saints ni plus estimés à Rome. Elle a rempli nos écoles et inondé notre société de ses productions malsaines, rendues puissantes par un certain mérite littéraire. Comptez, si vous le pouvez, les livres qu'elle a inspirés, et qui sont infestés de son esprit ; comptez ceux qui sont restés, et qui, je ne dis pas au point de vue de la forme littéraire, mais au point de vue du fond, des idées, de la substance, soient d'une vraie valeur, connus et admis partout, faisant autorité en théologie, comme ce qui porte le cachet de la saine doctrine, et ce qui peut être réputé vraiment le fruit de l'esprit catholique.

Cette école, on la dit morte ; morte *en principe*, je le crois, puisque le Saint Siège a condamné ses idées, et que les définitions du Saint Siège ne sont plus contestées en France. Mais je crois aussi qu'elle n'est pas encore assez morte en *pratique*. Il reste en France, même dans le clergé, même parmi les maîtres de la doctrine, je veux dire ceux qui enseignent la philosophie et la théologie, des hommes qui dédaignent la scolastique, mais qui croient à Descartes et à ses idées, qui soutiennent, malgré l'évidence, la méthode dont je parle, qui la pratiquent dans l'enseignement, et la font survivre à elle-même. Il y en a même qui font des livres, pour l'expliquer et la perpétuer ; et ces livres trouvent des acheteurs, et même des écoles où ils servent de texte à l'enseignement ; car il y a encore des séminaires où cette méthode est restée la règle doctrinale, le type et le programme officiel des études. Sa stérilité est démontrée avec abondance ; mais on n'ose ou on ne veut pas rompre avec cette prétendue tradition, dont on ne voit pas la pernicieuse influence sur les trois plus malheureux siècles de notre histoire ; car, en me plaçant au point de vue vrai, profond et sérieux, au point de vue de la foi et du règne de Dieu, le seul qui doive nous occuper, je ne puis regarder cette période que comme le plus malheureux passage de notre histoire. Le gallicanisme et le jansénisme sont morts, c'est vrai ; mais pas encore assez complètement, et surtout dans les faits, dans les habitudes et procédés d'enseignement. Il en est resté dans notre sol quelque racine échappée à la destruction. Le vieil ennemi de la philosophie chrétienne et de nos beaux siècles vit encore dans les institutions dont il s'est entouré, dans la littérature qu'il a inspirée, dans les préjugés qu'il a semés, dans les méthodes dont il s'est servi pour nous faire du mal. Si on disait à l'école dont je parle qu'elle est née janséniste ou gallicane, elle rejetterait bien loin cette explication de son origine, et se dirait injuriée. C'est pourtant là sa source ; elle en tient encore, et elle a conservé du vieux parti d'où elle est éclose au moins la méthode, en philosophie et en théologie, et, sous la méthode, quelque chose de l'esprit; peut-être même pourrait-on dire qu'elle a des maisons et des familles sacerdotales qui lui servent de citadelles. Enfermée là, à l'insu quelquefois de ceux mêmes qui la perpétuent, avec une bonne foi naïve et aveuglée, elle lutte pour l'existence, et cherche à échapper aux idées romaines qui entrent, qui envahissent, qui veulent transformer la méthode, comme tout le reste, ou pour transformer tout le reste, et qu'elle prend pour des idées nouvelles, comme elle prend les siennes pour des idées antiques, pour les idées catholiques, quoiqu'elle sache bien que ce ne sont pas les idées reçues dans l'Église. Parmi ses tenants, il y en a qui ont du talent et qui dépensent à conjurer ou à retarder sa mort, un dévouement, une activité, un travail précieux, et des ressources intellectuelles dignes d'un meilleur objet. Ils ont reçu en partie les principes romains ; mais il reste, au fond de l'âme, dans le sanctuaire, un je ne sais quoi de subtil et de mitoyen, mais de puissant encore contre la vérité, une quintessence d'erreur, un fonds d'idées plus ou moins fausses, plus ou moins entamées cependant par le retour triomphal des vrais principes, un vieux souvenir qu'ils n'osent abjurer et qui se traduit par une répugnance marquée à recevoir franchement les méthodes et l'organisation des études, comme la législation canonique de Rome.

Chez les uns, en petit nombre, cet attardement dans les procédés stériles d'une méthode arbitraire et usée, a sa source dans un reste de défiance pour ce qui vient de Rome; et d'admiration exagérée pour *nos gloires nationales*, c'est-à-dire uniquement pour nos trois derniers siècles — qui donc s'aviserait, quand on parle de *nos gloires nationales*, de songer à nos grands théologiens et à notre glorieuse école du moyen âge ? Chez d'autres, plus nombreux, c'est affaire d'éducation, de bonne foi et de longue habitude : n'ayant pas vu autre chose que les méthodes gallicanes, ils ne soupçonnent pas qu'il puisse exister autre chose, et que, pour avoir les idées romaines, il faille encore se rallier à la méthode d'enseignement pratiquée et préférée à Rome, comme la nécessaire expression et la seule garantie efficace du véritable esprit catholique. Ayant été élevés, ayant vieilli et travaillé longtemps dans ces vieux procédés, et ne sachant pas assez l'histoire de la théologie pour en connaître la provenance, ils n'oseraient ou ne sauraient s'en affranchir, pour en embrasser d'autres. Ils se croient romains, ou, comme on dit — mais c'est encore un de ces mots pervers que nous n'acceptons pas — *ultramontains*, parce qu'ils aiment le pape, croient au droit inaliénable de son pouvoir temporel, et acclament son infaillibilité : dispositions excellentes et nécessaires, mais qui ne dispensent pas d'en réaliser encore d'autres, plus profondes et surtout plus efficaces. Leur ralliement à la cause de la vérité, reconnue en partie, n'est pas une conversion, car il est incomplet ; c'est une transaction ; car, en acceptant une partie de l'esprit romain, ils ont gardé une réserve de leurs idées d'autrefois, et un levain de l'ancien esprit reconnu mauvais. Le même phénomène s'est produit dans l'histoire, à la suite de presque toutes les hérésies ; il y a eu un prolongement ainsi déguisé et moins audacieux de l'erreur, abandonnée, après la condamnation de l'Église, dans sa forme principale et trop hardie. Ainsi, nous pouvons, à l'imitation de nos Pères, donner à ce reliquat d'hérésie le nom de semi-gallicanisme et de semi-jansénisme; sous ce rapport, le travail n'est pas achevé en France, et les universités catholiques ont une mission à remplir, de grands coups à frapper, et une dernière muraille à renverser : *Hoc opus, hic labor est !*

Voyant enfin la misère et l'insuffisance des livres qu'on a suivis jusqu'ici en France, comme règle des études, et qu'on suit encore dans beaucoup de nos écoles ecclésiastiques ; sentant bien aussi le besoin d'une théologie moins pauvre et moins desséchante; des attardés dont je parle ont voulu la refaire, en refaisant ces livres dans de meilleurs principes et sur un meilleur plan, mais tout en restant fidèles à leur méthode première :

opération bien délicate, ou, pour mieux dire, transaction funeste. Ils ont restauré, retapé, réimprimé de vieux manuels gallicans, auxquels ils sont parvenus à donner une forme passable, et une orthodoxie suffisante, pour échapper aux foudres et même pour obtenir un prix d'encouragement, je veux dire un *minimum* d'approbation, accordé à leurs bons désirs. On a loué leurs ouvrages, et on devait les louer d'avoir, pour ce qui est des principes définis et de la substance de la foi, abandonné la tradition gallicane et janséniste, et effacé de leur œuvre des doctrines désormais clairement réprouvées. Mais ils n'ont pas pu enlever le fond de la méthode ; il faudrait tout enlever, et ce radicalisme les épouvante comme une apostasie.

A côté des beaux ouvrages de nos grands docteurs et des Pères, qui se publient dans les riches librairies de Paris et d'ailleurs, j'ai vu avec douleur, encore dans ces dernières années, annoncer l'apparition ou la réimpression, en même temps que l'éloge regrettable, d'œuvres de ce genre, particulièrement de certains livres d'enseignement qu'on eût mieux fait de ne pas disputer à l'oubli, et que la note *nouvelle édition, revue et corrigee*, n'empêchera pas d'être les demeurants d'une école qui nous a porté malheur. Si cette réimpression n'est qu'une question de commerce, et une spéculation de libraire, je n'ai rien à dire ; je déplore seulement que les marchands, très habiles à juger le niveau intellectuel, en vue de l'exploiter au profit de leur commerce, aient pu compter sur des acheteurs, et jugé que la spéculation réussirait. Cette plaie sociale de la pullulation de livres fades et stériles, destinés à former le clergé, est un des mauvais côtés de l'imprimerie mercantile ; et je ne sais pas si elle est moins funeste que le fléau des mauvais livres destinés à déformer le peuple.

Mais, si vraiment c'est le zèle de la science et de la doctrine qui a suggéré ces travaux, pourquoi ressusciter de pareilles pauvretés, qui dormaient si bien dans leur poussière ? Pouvait-on leur souhaiter rien de mieux qu'une mort complète avec un oubli éternel et réparateur ? On aura beau les retoucher, on n'y changera que la superficie, on n'y fera que des améliorations de détail. La scolastique n'a pas pu et ne pourra jamais retrouver une place, du moins la place qui lui convient, dans ces remaniements dont les auteurs, par principe, par habitude, ou par impossibilité de faire autrement dans la publication d'un livre étranger, continuent à la tenir à l'écart.

Je dis : *la place qui lui convient ;* car ce n'est pas donner à la scolastique une place convenable dans un livre, que d'y semer par ci par là, fût-ce même à chaque page, quelques citations brutalement arrachées aux majestueux exposés de S. Thomas, de Suarez et des autres maîtres. La supériorité de ces nouvelles éditions, quand elles sortent des mains du dévoué correcteur, ne peut donc consister qu'en des collections plus complètes, mieux ordonnées, mieux alignées de textes ; il y aura plus de symétrie dans les divisions, peut-être un meilleur choix d'arguments ; mais il n'y aura que la différence d'un peu plus ou un peu moins d'artifice, et ce sera toujours la même méthode morte et incapable de communiquer la vie. Ce pauvre progrès ne vaut pas la peine que ses auteurs ont prise à le réaliser, et qu'on prendrait à étudier leurs livres, quand il y en a tant d'autres excellents et qui n'ont pas à leur racine ce péché originel. Leurs travaux ne vivront pas, c'est de la mort déguisée, c'est de la théologie cadavérique, ce sont des études sur des corps morts.

D'ailleurs, même sous le rapport des principes, j'en ai déjà dit un mot, et je le montrerai plus loin, il manque encore bien plus qu'on ne croit dans ces travaux corrigés, et, pour étendre mon observation à tout l'enseignement, dans la théologie moderne faite sur ce plan. Un vice de méthode, je l'ai dit, dénonce toujours un vice de doctrine. Puisque la méthode scolastique, en théologie et en philosophie, est inséparable des idées saines, n'ayant pu trouver sa place dans les livres et dans l'enseignement dont je parle, elle n'a pu y ramener cette salubrité de doctrines, qui est le fruit et le principal mérite des bonnes études. Les idées cartésiennes surtout sont encore vivantes et actives, et tant qu'il en restera quelque racine dans les travaux du clergé, il faut s'inquiéter, il faut se faire maudire et se faire tuer pour les dénoncer et les combattre. Ce doit être là notre : *delenda Carthago* et l'endroit de notre lutte ; la *méthode* en philosophie et en théologie, voilà le point où il faut aujourd'hui porter notre courage et nos combats.

CHAPITRE SIXIÈME.

La MÉTHODE de THÉOLOGIE POSITIVE et le CONCILE de TRENTE en FACE du PROTESTANTISME.

Usage de l'érudition et de la controverse contre le protestantisme. — L'argument AD HOMINEM. — Théologie positive. — L'argument de tradition. — Procédé de lutte doctrinale contre les protestants. — La langue théologique et les origines du FRANÇAIS. — Les lieux théologiques. — Le concile de Trente, son œuvre théologique, son importance doctrinale au point de vue de la méthode. — On ne s'en inspire pas assez.

La contemplation du dogme et la recherche de ses raisons profondes une fois interdites au théologien, qu'allait-il lui rester à faire ? Quelle serait sa tâche ; en quoi pourrait désormais consister son travail, et, en définitive, la science de la foi ? Sous quel aspect, sous quel concept allait-il embrasser et traiter la théologie ?

Il ne lui restait qu'une ressource, se réfugier dans l'érudition, constater et démontrer l'existence de la Révélation, comme fait historique, et la réalité du dogme, par des témoignages positifs, par des preuves pour ainsi dire mathématiques. On ne pouvait certes refuser au théologien le droit, le glorieux devoir et la consolation de prouver son dogme par des témoignages puisés aux sources de la tradition et de l'Écriture, et de chercher, dans l'antiquité, des documents positifs, pour établir, au moyen d'une critique soigneuse et détaillée, la croyance antique et universelle de l'Église. On ne le lui refusa pas, et il put se mettre en campagne,dans cet immense domaine des monuments de la Révélation et de la tradition catholique: écrivains sacrés, liturgie, patrologie, langues anciennes, croyances populaires, religions et sectes aujourd'hui séparées du christianisme, mais ayant dans leur origine quelque chose de commun avec lui, histoires de toutes sources même profanes, documents de toute espèce. Il y avait certes dans tout cela matière pour de vastes travaux, et de belles richesses à exploiter pour la théologie ; mais encore, y avait-il des conditions et pouvait-on faire fausse route, surtout si on quittait la voie tracée par les anciens. C'est malheureusement ce qu'on fit trop souvent, chez nous plus que partout ailleurs, pour les raisons que j'ai dites.Le théologien put fouiller l'Écriture ; mais ce ne fut plus pour en sonder la pensée, ni pour scruter, selon le précepte souvent répété du S. Livre, les profondeurs de ce beau texte, et en tirer ces riches substances,qui sont les trésors mêmes de la sagesse et de la science de Dieu. Il put étudier les Pères et les docteurs; mais ce ne fut plus pour puiser dans leurs ouvrages cette admirable philosophie chrétienne, que la foi avait engendrée dans leur intelligence, et qui, après avoir subi au fond de leur âme les mystérieuses préparations de la grâce et de la raison travaillant ensemble,est sortie de ce sanctuaire, élaborée pour nous, et s'est déposée dans leurs livres immortels, comme le miel dans les ruches, pour servir de nourriture à toutes les générations chrétiennes de l'avenir. Il put parcourir l'histoire, et interroger les monuments amassés par les siècles passés ; mais ce ne fut plus, généralement du moins, pour en tirer des idées et un enseignement, pour leur faire parler un langage vivant. Non, le théologien ne devait plus chercher l'intelligence, et ne pouvait plus interroger ces sources sacrées que pour y trouver des témoignages positifs, des preuves mathématiques, des chiffres enfin, et répéter servilement des textes.

Ma pensée n'est certes pas de condamner l'usage de l'érudition dans les sciences sacrées, et de trouver mauvais le mouvement qui s'opéra dans la théologie, à l'époque où le protestantisme vint remettre en question les bases mêmes de notre constitution catholique, et le principe de la foi. L'érudition est une chose excellente qui a fait des prodiges dans les temps modernes, réfuté bien des erreurs, et procuré à la vérité bien des victoires; en matière d'études ecclésiastiques, c'est peut-être le seul genre où l'on ait vraiment fait, en France, depuis trois siècles, des travaux remarquables. Elle est une ressource précieuse et un puissant instrument de la science ; mais elle n'est pas la science, et ce n'est pas par elle qu'il faut commencer, surtout dans l'enseignement et avec les jeunes intelligences qu'il s'agit de former, et auxquelles il faut donner non pas la science une fois acquise et de toutes pièces, mais une base d'études, des principes sûrs, une vue générale juste et saine, le *sens théologique*, la formation enfin. Ce n'est pas l'érudition qui peut donner ou remplacer tout cela.

Assurément, la recherche des preuves positives, des monuments et des textes, avait été rendue, non pas utile, mais nécessaire, par le besoin des temps et par la marche de la controverse catholique ; elle était exigée surtout par le protestantisme, qui niait effrontément l'antiquité et les origines apostoliques de plusieurs et des plus importants de nos dogmes. Aussi, je ne dis pas qu'on pût, soit dans la prédication qui se fait au peuple chrétien et dans les livres, soit dans les écoles où se formaient les théologiens, se contenter, comme au temps des scolastiques, de méditer et de contempler dans la paix, dans le repos d'une foi incontestée, un dogme admis de tous. La société chrétienne vit de la foi ; et cette nourriture, immuable dans sa substance, doit toujours être prise à la même source de l'enseignement catholique, sorti lui-même de la révélation divine, et invariable aussi dans son fond ; mais elle doit être appropriée aux âges du monde, et les besoins spéciaux des intelligences varient avec les époques. Au temps des scolastiques, on était, sous plusieurs rapports et particulièrement pour l'apologétique des dogmes et l'autorité de la règle catholique de foi, dans cet heureux état que saint Vincent de Lérins a si justement appelé l'époque de la *possession tranquille ;* le besoin ne se faisant pas sentir, pour prouver les vérités religieuses et fortifier la foi des peuples chrétiens, de recourir aux monuments dont l'histoire est remplie d'ailleurs, et de réunir, à grands frais de temps et de recherches, tant de documents et de témoignages de la croyance traditionnelle; le théologien réservait toutes ses ressources et son travail pour un genre d'études plus pacifique et plus profond.

Mais, c'est encore la remarque de saint Vincent de Lérins, et des écrivains qui ont observé, avec le plus de perspicacité, dans l'histoire, la marche des idées ; à l'époque de *possession tranquille* succède ordinairement, dans le cours du développement historique des dogmes, l'*âge des controverses*, qui a précisément pour mission, dans le plan providentiel, de provoquer une démonstration plus abondante, et une mise en lumière plus éclatante de la doctrine révélée. L'hérésie germe d'abord, imperceptible et cachée, dans quelques esprits, ou à l'état de tendance dans un ensemble d'hommes ou d'écoles ; elle s'accentue peu à peu ; enfin, faisant explosion, elle attaque les croyances reçues jusque-là sans contestation grave. Il y a ainsi des époques où l'esprit humain, agité par de vagues inquiétudes, poussé par un souffle de doute, ou travaillé par un ferment d'hérésie, soumet à une sorte d'enquête rétrospective les bases mêmes de ses croyances les plus solides et les mieux assurées. Les vérités qui avaient été admises jusque-là, sur la foi des principes les plus respectables et des traditions les mieux établies, sont remises en discussion, et trouvent pour la première fois, au grand étonnement des esprits droits, et trop souvent au grand scandale du peuple chrétien, des contradicteurs ou des contestateurs. Notre siècle, lui surtout, a beaucoup vu de ces retours offensifs sur les croyances du passé, et de ces contre-épreuves du vrai, en matière non seulement de foi, mais même de philosophie et de droit naturel ; car tout y a été contesté, même les vérités les plus élémentaires du bon sens, les principes des sciences, et les axiomes fondamentaux de l'ordre social.

Or, l'homme de foi, le théologien, avec ses croyances antiques et ses dogmes immuables, est, plus que personne, homme de son temps. Dans ces occasions, il ne restera pas en retard de son siècle, et il saura suivre le mouvement des idées contemporaines, non pour transiger avec elles, si elles sont fausses, ni pour accepter les doutes qu'on élève contre sa foi; mais pour devenir l'apologiste et le champion de la vérité menacée, et pour la défendre au dehors contre les négations audacieuses de l'hérésie. La réfutation de l'erreur n'est pas le fond de son travail; elle n'est pas sa nourriture et ne suffirait pas à sa vie ; elle n'est qu'un de ses devoirs, et une des fonctions de son ministère comme docteur. Mais ici, atteint et blessé dans sa foi par les idées malsaines qu'il sent fermenter autour de lui, sans quitter jamais son beau travail de contemplation, ses méditations savantes, qui doivent toujours et en tout état de cause rester le fond et la substance de son étude, pendant que son âme est tout occupée au dedans à méditer en elle-même les vérités éternelles qui sont sa nourriture quotidienne, il trouve encore le temps de se tourner vers la société et vers les intelligences contemporaines, pour étudier leurs besoins, et les guérir ou les préserver de l'erreur ; comme le vaillant Machabée, qui édifiait d'une main, en combattant de l'autre. On a toujours vu cela dans l'Église; et ce double travail d'étude recueillie et d'enseignement tranquille au dedans, de controverse et de réfutation défensive au dehors, ne sera jamais interrompu. Le théologien va donc poursuivre ses adversaires sur leur terrain, pour les combattre. Son devoir, quand ces mouvements d'idées dont je viens de parler se produisent, est de faire à nouveau et en vue des tendances intellectuelles du temps, non l'examen, mais la démonstration des choses qu'il croit ; cette démonstration, il la fera, non pour s'assurer qu'il fait bien d'y croire, car ceci n'est pas douteux, et en douter serait apostasier le principe même de la foi catholique ; mais pour rassurer les esprits inquiets, réconforter les faibles, confirmer et consoler la foi du peuple chrétien, scandalisé par l'hérésie et offensé dans ce qu'il a de plus précieux; pour éclairer ceux qui doutent, qui ignorent, ou même, si cela est possible, qui nient sans malice; pour confondre l'imposture des novateurs, en justifiant la croyance antique, et entourant le dogme des preuves positives et extrinsèques qui font resplendir sa crédibilité et ses origines divines.

Avec le cours du temps, les controverses doctrinales et le

travail des générations qui se succèdent, les idées ont eu le temps de s'élaborer, les doctrines se sont épanouies, les preuves anciennes se sont modifiées et éclaircies, d'autres preuves se sont découvertes; apportés par la Providence, les monuments et les témoignages des hommes et des siècles pullulent, accumulés depuis longtemps; des raisons nouvelles de croire surgissent en chaque temps, et s'ajoutent à celles du passé, le miracle de la perpétuité des traditions apostoliques éclate et devient de plus en plus frappant ; la démonstration catholique enfin, sans cesse remaniée et complétée par des expositions nouvelles, s'approprie d'elle-même aux besoins, aux tendances, et répond de mieux en mieux aux questions, aux doutes, aux négations mêmes du temps. Et, dans ce changement perpétuel des méthodes particulières et de la forme d'exposition, les croyances et la substance de la foi restent éternellement les mêmes ; bien plus, la méthode même, dans ses principes généraux, les bases premières et les règles fondamentales de la science et de la démonstration, se développent et se complètent, mais ne varient jamais, car elles font encore partie du dépôt qui est l'objet même des croyances et de l'enseignement dogmatiques.

Ainsi, à l'époque et sous l'impulsion du protestantisme, il s'opère, dans les écoles de théologie, un travail qui, s'il ne fait pas pénétrer le regard humain beaucoup plus avant dans les profondeurs du dogme, et s'il n'ajoute guère de données nouvelles au développement de la théologie spéciale, si richement fait d'ailleurs par les scolastiques, ne laisse pourtant pas d'être éminemment précieux pour la doctrine, surtout au point de vue de la démonstration théologique, et intéressant pour l'observation et pour l'histoire. Qui aurait cru qu'après les splendides explorations scolastiques dans les immensités de la Révélation, il restât encore une veine à exploiter, des trésors à découvrir en théologie, et que, le domaine de la foi restant toujours le même, celui de la science sacrée pût encore s'étendre? Il semblait vraiment qu'après ces grands hommes, toutes les découvertes possibles au génie humain dans ce domaine eussent été faites, que la science eût réalisé ses dernières conquêtes et pénétré, sinon aux dernières limites du possible, du moins aussi loin que peuvent espérer d'arriver des regards obscurcis et des intelligences placées, comme les nôtres, dans un état d'épreuve. Tourner ses travaux, sa puissance d'observation et de découverte, vers les sciences humaines, en les reliant, selon la méthode des scolastiques, à la science divine ; leur appliquer les principes formulés par les maîtres et la lumière surnaturelle qui éclaire leur rapport avec les choses éternelles ; voilà, on aurait pu le croire du moins, la seule direction où il restât quelque chose de nouveau à faire ; et, pour le théologien, il n'aurait plus eu qu'à se reposer dans l'admiration et dans la jouissance de ce qui avait été conquis par les grandes intelligences du moyen âge. Les décadences mêmes où s'étaient laissé glisser les derniers représentants de la méthode scolastique, en s'évertuant à chercher des questions inédites et des aperçus neufs, en philosophie et en théologie, semblaient précisément autoriser à croire que la matière était épuisée sur ce terrain.

Mais il n'y a pas de limites dans l'infini. On vit bientôt ce qu'il restait à faire, à quels travaux et à quelles conquêtes la Providence conviait encore la théologie. Ce fut l'hérésie elle-même qui indiqua le chemin ; et, comme la tempête qui pousse le navigateur au milieu des écueils, l'éclaire elle-même sur leur présence et sur la route qu'il doit suivre pour les éviter : ainsi les controverses protestantes montrèrent qu'il y avait, sur le terrain même, sur le terrain propre de la théologie, beaucoup à découvrir, quoique dans une autre direction. En face des négations du protestantisme, du scandale qu'elles produisaient et de la fermentation qui en résultait dans les esprits, on ne pouvait évidemment se contenter, comme l'avaient fait les maîtres des siècles précédents, de méditer et d'approfondir l'idée dogmatique en elle-même, en appliquant à cette étude le regard recueilli de l'intelligence débarrassée de toute préoccupation. Il fallait se défendre, il fallait combattre, il fallait apporter des preuves écrasantes, discuter des documents, réfuter victorieusement des objections prises partout.

On ne peut pas le nier d'ailleurs, et je viens d'en convenir moi-même, la scolastique dans sa dernière période, avait beaucoup perdu et dévié de la route. De petits esprits, voulant, les uns corriger, les autres imiter, contrefaire, pour ainsi dire, et peut-être dépasser les grands hommes du moyen âge, n'avaient trouvé rien de mieux pour cela, au lieu de les suivre, que de chercher à les devancer en faisant eux-mêmes des découvertes ultérieures et des explorations philosophiques plus profondes ; c'était leur visée du moins. Tout naturellement, ils étaient venus aboutir à des résultats ridicules. Ces sortes de contrefaçons du génie, par la médiocrité prétentieuse, ne manquent jamais d'aboutir là ; et ce déplorable exemple n'est pas assez rare dans l'histoire, pour qu'on en soit étonné ici, ni pour qu'on en rende la scolastique responsable, comme quelques-uns l'ont fait de nos jours. L'esprit d'argutie et de chicane, les rivalités de partis, la manie des questions curieuses et futiles, les distinctions subtiles et cherchées, les systèmes puérils, absorbaient toute l'activité intellectuelle des docteurs dont je parle, et remplaçaient cette rectitude, cette simplicité de vues, ces vastes aperçus des anciens maîtres. Du reste et même auparavant, j'avouerai encore ceci : on avait réellement trop négligé la partie positive de la démonstration du dogme, et cette omission, qui n'avait pas d'inconvénient dans les grands siècles de la foi incontestée, pour les raisons que j'ai dites plus haut, se trouvait en avoir beaucoup dans la situation nouvelle faite à la science sacrée par le protestantisme.

Une modification profonde se produisit dans la méthode — je parle ici de ce qui se passa dans les meilleures écoles, dans celles qui conservèrent le mieux l'idée saine et le vrai concept de la divine théologie. A l'élément spéculatif, si bien développé par les scolastiques, il fallut joindre des arguments puisés dans les monuments sur lesquels s'appuie la foi, et je ne dis pas plus solides, mais plus palpables et d'une valeur plus mathématique. Ce dernier élément dut même être mis en relief et prévaloir un peu dans l'exposition, et surtout dans la discussion, par mode d'argument *ad hominem*. La théologie dut établir et consolider ses dogmes sur leurs bases traditionnelles ; prendre, pour faire face à l'ennemi, une attitude défensive et une marche plutôt positive que philosophique. On dut établir d'abord solidement l'origine et l'institution divines, la constitution sociale et hiérarchique, et l'autorité doctrinale de l'Église ; bien définir son rôle toujours actuel dans l'enseignement, et relever l'idée de sa prédication, infaillible comme règle absolue de foi, base et principe générateur de tout le système théologique, à chacun des âges de la société, à chacun des moments de sa vie, dans chacune des circonstances de ses combats, et dans chacun de ses rapports avec l'humanité.

Ce fondement posé pour supporter tout l'édifice, il fallait demander à l'histoire son témoignage, en faveur des origines apostoliques et divines, et de l'inaltérable intégrité des institutions et des dogmes du christianisme ; faire resplendir ce long enchaînement de la tradition catholique, qui relie indissolublement l'autorité dogmatique, actuellement vivante et en fonction, avec les origines du christianisme ; mettre ainsi en lumière le vaste plan de la sagesse divine, dans l'éducation du genre humain et dans la formation des sociétés chrétiennes ; présenter l'Église dans l'ensemble de sa vie, et dans le milieu réel où elle n'a cessé de semer le grain de sa doctrine, de déployer ses caractères divins, de développer son action surnaturelle, et de porter ses fruits de salut. Et, comme les novateurs avaient eu pour tactique de falsifier et de détourner de leur cours naturel toutes les sources : l'exégèse biblique, l'herméneutique sacrée, la patristique, la philosophie, la critique historique, l'archéologie, tout enfin ; il fallut remettre en bon état ces sources sacrées, et faire parler aux monuments leur vrai langage ; il fallut faire témoigner, contre la réforme, les autorités encore admises mais falsifiées par les réformateurs ; entreprendre des travaux de détail et d'ensemble sur la Bible, pour y montrer la première source du système catholique de la règle de foi, et des dogmes mis en discussion, et pour réfuter les erreurs ou les fraudes de l'exégèse protestante ; faire de grandes recherches sur toutes les routes de la tradition catholique et dans tous les coins de l'histoire, même profane, depuis les temps apostoliques, pour anéantir le reproche de corruption, et mettre en évidence l'invariable perpétuité du christianisme primitif conservé dans l'Église catholique ; enfin, et pour tout cela, il fallut étudier les langues, fouiller les archives, déterrer des monuments, recueillir un énorme trésor de matériaux, puis ordonner, comparer, discuter. En un mot, un riche fonds d'érudition, éclairé du flambeau de la critique, était nécessaire : quelle tâche nouvelle et formidable !

Or, ces travaux furent admirablement exécutés, par une foule de grands théologiens, que Dieu suscita en ce temps-là, comme il suscite toujours de grands soldats à l'Église, au moment de ses grands dangers. Dans cette phalange, brillent au premier rang Cajetan, saint François de Sales, Soto, M. Cano, Tolet, Lessius, Bellarmin, Suarez, Pétau, Pallavicini, Baronius, Corneille de Lapierre, Thomassin, Bossuet même, et tant d'autres dont les noms, sont des arguments théologiques, et dont les ouvrages sont la richesse de nos écoles sacerdotales. Le caractère commun de leur génie est principalement la force et la clarté dans la démonstration. Presque tous, et surtout les plus grands, qui sont encore nos maîtres, vécurent en même temps, dans cette seconde moitié du XVIe siècle, où l'on vit tant de désordres en tout genre mais si bien combattus, où la mêlée des intelligences fut si terrible et la controverse si décisive, pour la direction des idées et pour l'avenir de la société chrétienne. Dieu, qui proportionne ses renforts aux besoins de l'Église, les lui donnait tous à la fois au jour de l'attaque, comme une puissante armée envoyée et préparée pour rompre et dérouter l'ennemi. Si cette époque fut tourmentée, vraiment elle fut militante et féconde. La Compagnie de JÉSUS, à laquelle tous les écrivains catholiques ont justement attribué une mission providentielle contre le protestantisme, et qui a pris une si grande part à la restauratiun théologique dont je parle, ou qui, pour mieux dire, en a été le principal instrument, serait largement et glorieusement représentée dans la liste de ces héros de la doctrine, si on la faisait complète. Vos grands hommes sont ceux de l'Église ; et, pour répéter ici ce que je disais en commençant ces lettres, c'est à eux, en grande partie, que nous devons la dernière de nos grandes périodes théologiques, le progrès qu'a fait dans cette période l'enseignement de la science sacrée, et les victoires que l'Église a remportées contre la plus formidable et la mieux organisée des hérésies.

Cette célèbre restauration ouvrait aux études ecclésiastiques une veine entière et merveilleuse de richesses théologiques pour ainsi dire nouvelles et intactes. Elle donnait à la théologie, non pas une pompe plus solennelle et plus de profondeur, mais une puissance, une force nouvelle, en démontrant combien la foi catholique est solidement appuyée, dans le passé, en témoignages et en titres justificatifs, comme elle l'est, de tout temps, en raisons divines et humaines. Ainsi, la violence de l'assaut ne faisait que fortifier les esprits des défenseurs et des fidèles enfants de la vérité. Si savants et si précieux que fussent les travaux des maîtres illustres dont je viens de parler, je ne dis pas cependant, et je ne pense pas qu'ils aient été le dernier type de la méthode théologique à laquelle cette guerre du protestantisme devait faire donner naissance. — J'ai promis et je tâcherai de montrer plus tard que cette méthode est encore dans l'avenir et en voie de se former, et que l'état actuel des intelligences et de l'enseignement des sciences, des sciences sacrées et même profanes, en prépare l'épanouissement et le développement parfait. — Mais ils y préludent, ils en réunissent les éléments, ils en dessinent le genre, et lui impriment un de ses principaux caractères jusqu'à eux laissé dans l'ombre, complétant, sous ce rapport, le grand travail des scolastiques dont tout le gain devait être conservé et combiné avec le leur. En renonçant aux subtilités, aux vaines spéculations et à la recherche affectée des détails neufs et curieux où l'abus de la méthode scolastique avait conduit leurs prédécesseurs, ils prémunissent la science contre ces défauts. Enfin, en consignant dans leurs immortels ouvrages le fruit de leurs immenses recherches, et des documents puisés à toutes les sources, ils composent les grands arsenaux de la démonstration théologique et des controverses pour tous les temps et toutes les luttes à venir, surtout pour cette laborieuse période des luttes protestantes qui ne faisait alors que commencer et à laquelle nous assistons encore, dans laquelle nous combattons encore, nous autres.

C'est à leur œuvre qu'on a donné le nom de *théologie positive*, pour la distinguer de la méthode précédente, appelée *théologie spéculative.* La place qu'elle occupe dans la vie de l'Église n'est certes pas sans gloire, et le mouvement qu'elle a produit dans l'histoire n'a pas été sans fruits, pour le développement doctrinal du christianisme. Ces fruits, je viens de les indiquer déjà, faut-il les décrire plus clairement ?

La vérité catholique, ainsi défendue par la science, remporta sur l'hérésie d'éclatants triomphes. Les novateurs avaient eux-mêmes, et les premiers, demandé contre nous l'enquête historique, et affirmé d'avance qu'elle nous confondrait ; elle les confondit, et la discussion qu'ils avaient provoquée se tourna contre eux. Notre foi se trouva partout justifiée et irréprochable en ses traditions, et l'Église, comme toujours, sortit victorieuse et glorifiée de ces controverses qu'elle n'avait ni désirées ni redoutées. Elle en sortit même enrichie. Je l'ai dit, un précieux élément de démonstration avait été généralement négligé dans la période précédente ; disons mieux, il avait été réservé par la providence, pour la consolation et la défense de l'Église en ces temps agités. Entr'autres innovations heureuses qu'inaugura la théologie positive, nous lui devons l'art de retrouver, sous toutes les formes qu'il a pu revêtir, dans tous les documents où il a pu s'imprimer, à toutes les sources d'où il a pu couler, l'*argument de tradition*, et de l'utiliser dans toutes ses ressources et par toutes ses faces, en le dégageant des faits, des usages, des monuments de l'Église et de toute l'histoire. Sous ce rapport, un grand progrès fut réalisé, et une précieuse ressource je ne dis pas découverte, car de tout temps on l'avait connue et plus ou moins employée; mais elle fut exploitée dans toute sa richesse; sa valeur fut mise en relief et appréciée; son emploi fut organisé, méthodifié, soumis à des règles prudentes, enfin mis en état d'entrer à haute dose dans l'enseignement, et de servir largement à la défense et à l'apologie des dogmes. En fouillant l'antiquité chrétienne, même avec une intention malveillante et pour y chercher du poison contre nous, les instigateurs de la controverse nous donnèrent l'idée de l'interroger plus sérieusement, et nous en montrèrent le chemin qu'ils ne connaissaient pas eux-mêmes, et qu'ils ne suivirent jamais du bon côté. Ce chemin, presque oublié, nos théologiens l'ouvrirent, et nous enseignèrent à visiter avec fruit ce riche passé de l'Église, ces anciennes controverses si fécondes en doctrines et en arguments ; à recueillir, à mettre en ordre, à discuter, à faire parler en les interprétant, tous ces antiques documents qui avaient dormi en réserve dans les catacombes de l'histoire, et dont le témoignage en faveur de la foi catholique, déjà si puissant par lui-même en raison des temps et des circonstances où il fut porté, emprunte encore à l'état des esprits dans les temps modernes une valeur bien plus incontestée et tout actuelle. Car, dans nos temps de critique, et avec les idées modernes, quel enseignement, si solide et si fondé qu'il soit en raisons intrinsèques, n'est réputé douteux et traité d'hypothèse ou d'opinion, s'il n'est démontré avec des faits, avec des textes, avec des preuves en chiffres?

A la fois profonds contemplateurs du dogme et polémistes consommés, grands *érudits* et grands *savants*, ce qui fait deux, les théologiens dont j'ai parlé, sans transiger avec ce préjugé, mirent la science catholique en mesure de répondre victorieusement à toutes les exigences, même injustes et outrées. C'est vraiment à cette époque et par leur action, qu'elle apprit à préparer, au moyen d'une critique sévère, et à mettre en œuvre, dans sa démonstration, cet élément traditionnel et positif qu'une érudition bien dirigée lui fournit avec surabondance. Leur travail a même été la source du mouvement, aujourd'hui si florissant et si populaire, qui s'est produit dans la suite vers les études historiques, et qui est sans doute, malgré les efforts de l'impiété pour le tourner à mal, la plus grande ressource apportée par les temps modernes au service de la foi. L'histoire a été longtemps une conspiration contre la vérité ; les conspirateurs existent bien et conspirent bien encore, mais ils sont partout débordés par leur propres découvertes qui protestent d'une voix terrible contre ce qu'on veut leur faire dire. Ainsi, sans effort, et par le seul cours naturel des choses, la vérité se délivre elle-même de leurs manœuvres; et tous les âges, toutes les voix, tous les monuments du passé viennent tour à tour parler pour sa défense. L'histoire est redevenue, grâce aux leçons et aux exemples de nos grands théologiens, *une conspiration contre l'erreur.* Mais où vais-je encore si loin de mon sujet ?

Le même mouvement de controverse et les mêmes influences, qui poussent les théologiens à insister sur la démonstration positive du dogme, les conduisent aussi à chercher la précision ou la clarté dans les expositions et formules dogmatiques.

L'hérésie cherche les ténèbres, la lumière lui est terrible, elle la redoute comme le malfaiteur redoute le soleil ; et, pour les mêmes raisons, sa stratégie et son succès consiste à tromper les intelligences, à corrompre les notions dogmatiques et à commenter les idées catholiques dans un sens pervers et outré, pour les rendre absurdes et faire accepter les siennes. La stratégie de l'Église est toute contraire ; elle consiste à chercher toujours l'endroit de la lumière et à travailler là au grand jour, en s'expliquant le plus clairement possible ; car elle n'a rien qu'à gagner en se montrant à tous, *non potest civitas abscondi* (1). En face donc non plus seulement des négations, mais des subterfuges, des équivoques et des manœuvres frauduleuses du protestantisme, on sent le besoin de marquer plus nettement le lieu et l'objet du combat, de préciser avec soin les termes de la controverse et le vrai sens de la doctrine mise en question, pour enlever à l'ennemi toute raison et toute faculté de donner le change. La science sacrée devient sous ses aspects positifs et philosophiques, l'objet de développements et d'éclaircissements lumineux ; l'enseignement théologique se dépouille de ces subtilités, de ce fatras d'amplifications prétentieuses et inutiles, de cet encombrement de détails de pure curiosité où l'avait entraîné la décadence ; il se débarrasse de tout cela et change de voie, pour étudier et défendre la doctrine et les institutions de l'Église, au point de vue autoritaire et traditionnel.

Une fois entré dans cette voie, s'il ne se développe plus guère en profondeur, par la découverte de nouveaux aperçus, à la manière scolastique et sur le terrain de la théologie spéciale ; travaillant dans un autre sens, il s'achemine vers un admirable

1. *Matth.*, V, 14.

état de clarté qui ne s'était pas encore vu et qui est peut-être, pour l'exposition dogmatique, surtout dans les temps de controverse, plus précieux et plus désirable encore que des découvertes d'une profonde portée philosophique — car l'exactitude des notions et des formules est aussi nécessaire, et fait le même usage, dans les guerres de l'intelligence, que les armes de précision dans les batailles matérielles, et c'est un axiome, en théologie comme partout, qu'une question clairement posée est à moitié résolue. Tout le monde se met donc à l'œuvre : le langage théologique se resserre, se précise, se condense, se clarifie ; l'expression se complète, se lime et s'aiguise ; l'exposition devient plus nourrie, plus robuste et plus nerveuse ; la pensée s'incruste, se cristallise pour ainsi dire dans des mots rigoureux, vivants, incisifs, comme les métaux fins, dans des tournures pénétrantes, indestructibles, imperméables à l'objection, inaccessibles à l'équivoque ; le dogme s'encadre dans des formules d'une exactitude, d'une transparence éclatante, qui enlève tout espoir de succès aux astucieux détours de l'hérésie, et aux faux-fuyants de la mauvaise foi, toujours prête à chercher le faux jusque dans la naïve expression du vrai. Enfin, bien favorisée en ceci par une des tendances de la littérature moderne, qui est la souplesse du langage et la saisissante propriété du mot, la théologie vise et arrive, dans ses meilleures écoles, à cette lucidité admirable, à cette exactitude parfaite et inattaquable d'exposition, qui est non seulement le caractère propre et l'originalité particulière des écrivains ecclésiastiques de cette période, mais surtout une des forces et des sécurités de la foi contre l'invasion des notions fausses, et qui, pour cette raison, a été depuis lors une arme si précieuse à l'Église.

Dans ce travail délicat d'éclaircissement et de précision, le génie français a particulièrement rendu à l'Église d'inappréciables services, et, en se perfectionnant lui-même, s'est formé, pour sa propre utilité, cette langue française moderne à laquelle un théologien et un philosophe, tout en lui trouvant bien des défauts dans ses usages populaires, ne refusera pas l'honneur d'être, en ses bons auteurs, et quand elle est maniée par de bons esprits, la langue lucide par excellence, la langue du bon sens et de l'exactitude, la propagatrice et le véhicule des idées de l'Europe dans le monde, un merveilleux instrument de logique, de délicatesse et de mesure. En parlant précédemment des scolastiques, je proposais cette hypothèse, que le génie de la nation française et de sa langue pouvait être regardé comme l'ouvrage de nos grands docteurs du XIIIe siècle. Si je n'avais pas peur de digresser encore, je demanderais ici de nouveau, s'il est défendu, de par les académies chargées de résoudre ces questions, de penser que le mouvement littéraire où notre langue française a fini de sortir de l'enfance et s'est formée telle que nous la possédons aujourd'hui, n'a pas tout simplement sa source dans le mouvement théologique parallèle, contemporain et analogue, et n'en est pas précisément un épisode et une dépendance. Les théologiens écrivaient et parlaient en latin, mais les intelligences qu'ils formaient portaient, dans leurs langues nationales vivantes, l'esprit et les tendances qu'on leur donnait dans les écoles. A moins d'y être obligés par les faits, rien vraiment ne nous presse de croire que nous devons nos origines, comme peuple intelligent, et la formation de notre génie, à je ne sais quels auteurs peu avouables, auxquels il n'est pas si glorieux pour nous d'envoyer notre piété filiale, et qui, pour la plupart, n'ont joué aucun rôle actif dans l'enseignement où se formait la partie influente de la nation. Si c'est un fait bien prouvé que ce sont là nos ancêtres littéraires, je le veux bien, résignons-nous ; mais s'il y a des doutes, je ne vois pas pourquoi nous accepterions cette généalogie. Au contraire, les grands théologiens dont il s'agit, ayant vécu précisément alors, et presque tout enseigné dans des écoles considérables, attribuer à leur action, si l'histoire le permet, un phénomène d'une telle portée dans notre vie nationale, me semble bien plus naturel et en même temps plus honorable. Toutefois, ce n'est encore ici qu'une hypothèse, et je vous la soumets sans insister ; elle ne détruira pas d'ailleurs mes observations précédentes sur l'influence funeste que Descartes et Pascal, comme écrivains, auraient exercée en France par leurs idées, en raison de la part qu'ils auraient eue, eux aussi, dans ce même mouvement littéraire, mais au moment où il s'achève.

Enfin un autre fait, d'une immense portée dans le développement historique de la théologie, se produit encore sous l'impulsion des idées protestantes, et par suite des attaques des novateurs contre le système catholique de gouvernement et d'enseignement. Ces attaques forcent nos théologiens à formuler, à réunir et à coordonner, en un corps particulier de doctrine, sous forme d'apologie de nos institutions, les notions admises de tout temps sur l'Église et sa constitution, sur le Saint-Siège et la hiérarchie sacrée, sur le grand fait de la Tradition catholique, sur le principe d'autorité, sur la règle traditionnelle de la foi. Ces notions, aussi antiques dans leur fond que le christianisme lui-même, avaient pratiquement servi de règle à tous les apologistes de notre foi et dirigé leurs travaux ; elles avaient présidé au gouvernement hiérarchique et doctrinal de l'Église ; mais, jusque-là confondues et mêlées à tout l'ensemble de l'exposition et aux apologies de la foi, elles avaient échappé, sans doute à cause de leur nature positive et de leur rôle différent dans la théologie, au grand remaniement de la doctrine chrétienne par les scolastiques, et n'avaient pas encore été exposées à part et officiellement, en un corps spécial de doctrine, à l'état de traités distincts et de démonstrations suivies. Or les voici qui, peu à peu et par le travail des théologiens répondant au jour le jour à l'ennemi, se détachent de ce fonds commun des traditions catholiques où elles étaient ensevelies, comme le marbre antique se découvre sous la bêche de l'excavateur ; les idées appartenant spécialement à ces groupes de dogmes deviennent pour ainsi dire plus réflexes, se mûrissent, se concentrent et se rejoignent naturellement, comme les tronçons épars d'un même corps en voie de se reconstituer pour se former complet. L'enseignement se trouvait par ce fait merveilleusement éclairé sur ces matières, dont le protestantisme avait centuplé l'importance ; il s'enrichissait de tous ces beaux traités, auxquels on a donné le nom de *lieux théologiques*, et qui ont été si utiles depuis, pour la défense de la foi et la préservation du peuple chrétien. Former, prémunir, armer les esprits contre l'invasion des idées protestantes, prévenir les hérésies dont le germe vénéneux venait d'être jeté sur tous les champs de l'Europe par le vent de la Réforme, enfin servir de rempart et d'enceinte fortifiée à la doctrine chrétienne dans tous ses articles, en donnant aux esprits l'art d'arriver au vrai, le moyen sûr, facile et expéditif, de trouver et de suivre sans danger, en toutes choses, la route de la foi et du salut, voilà le grand fruit de ces traités, que saint Thomas dans toute sa gloire aurait pu nous envier, et que sa *Somme* ne nous a pas donnés. — C'était la précaution divine, prise par la Providence, contre tant d'idées malsaines que le protestantisme allait infiltrer dans notre monde moderne, et qui, malgré cela, et par une adorable permission de Dieu, ont encore si malheureusement fermenté dans la société européenne, pendant ces trois siècles.

Je ne sortirai pas de mon sujet, en vous faisant remarquer et admirer ici, dans la mission et dans l'œuvre du Concile de Trente, une belle harmonie de l'histoire du dogme, en même temps qu'une sage et profonde disposition de la Providence, qui protège et dirige le mouvement de sa Révélation, comme le premier, le plus grave, le plus précieux intérêt de l'Église, l'élément le plus vital et le plus influent du travail social, le centre, et, si je puis ainsi parler, la moëlle de l'histoire, enfin, comme je le disais précédemment, le fond et la solution dernière de toutes les questions théoriques, et pratiques qui se posent et se débattent au sein de la société humaine. L'œuvre du Concile de Trente n'a pas été une œuvre ordinaire; même, si on la compare à celle des autres conciles, elle n'a pas seulement été heureuse et opportune, comme l'est toujours et nécessairement, en conséquence et en vertu des règles les plus absolues de la foi, celle de tous les conciles. Elle a été le monument d'exposition doctrinale le plus complet, le plus grandiose, le plus inattaquable qui fût jamais; car jamais assemblée ne développa et ne définit, je ne dis pas avec plus, mais avec autant d'a-propos et de maturité, de précision et de netteté, un ensemble aussi complet et aussi imposant des plus importantes matières théologiques.

Il fut aussi le plus opportun, et le mieux approprié aux besoins de la société, non seulement pour le XVIe siècle, mais pour toute la période laborieuse et délicate qui s'ouvrait. Quand Dieu a voulu qu'au seuil des temps modernes, à l'heure la plus critique des luttes protestantes et du travail théologique dont je parle, l'Église produisît une pareille œuvre, dont l'importance, entre autres signes, est marquée historiquement par le temps qu'elle a pris et par les traverses mêmes qu'il a fallu vaincre pour l'accomplir ; quand il a voulu qu'au moment où l'hérésie s'installait officiellement en Europe dans l'ordre social, l'Église méditât et rédigeât une pareille manifestation de ses principes, et lançât dans le monde, élevée aux honneurs et à l'autorité absolue d'une promulgation œcuménique, une exposition synthétique aussi soignée de son enseignement pris en quelque sorte sur le fait, je veux dire saisi et exposé dans son attitude la plus vivante, et la plus naturelle, dans son dernier état, dans celui où l'avait conduit le cours du développement dogmatique ; quand Dieu a fait tout cela, nous devons bien penser qu'outre la nécessité de réprimer l'hérésie et de détruire l'effet de ses négations, il y a une raison providentielle et un dessein d'une profonde sagesse pour la réalisation des fins de l'Église, et pour le succès des meilleurs intérêts du monde. Or, ici, le dessein de la Providence est facile à saisir, pour nous surtout qui voyons la société chrétienne aux prises, depuis le XVIe siècle, avec l'esprit du protestantisme infiltré partout, et qui savons à quoi devait et voulait aboutir le principe de libre-examen, jeté au sein de la société européenne.

C'est le fléau particulier du temps moderne, et l'un des caractères les plus funestes de notre état intellectuel, par suite de la destruction ou de l'affaiblissement du véritable esprit chrétien dans un grand nombre d'esprits, d'être désarmé contre l'invasion des doctrines malsaines, et livré aux opinions vagues, flottantes, et contradictoires, aux incertitudes, à l'indécision, au tourment du doute et de la mobilité intellectuelle qu'engendre nécessairement la perte du principe de foi. Jamais vit-on, dans le passé, en dehors du paganisme, et pourra-t-on jamais voir, dans l'avenir, pareille perturbation des esprits, pareilles ténèbres intellectuelles, pareil tourbillon, pareille cohue d'idées fausses, hérétiques, suspectes, mêlées, qui s'agitent, cherchant la solidité, et trouvant inévitablement le chaos, qui se croisent, se heurtent, s'entrechoquent, se repoussent, se détruisent par des réfutations réciproques également victorieuses, l'une renversant l'autre et se faisant renverser par une autre ? Jamais y eut-il un tel danger pour les âmes de perdre ou de laisser altérer leur foi par l'influence d'un milieu social si malsain ? C'est positivement, avec les mêmes causes et les mêmes signes caractéristiques, l'état décrit par saint Paul : *Ut jam non simus parvuli fluctuantes, et circumferamur omni vento doctrinæ in nequitia hominum, in astutia ad circumventionem erroris* (1) ; et il a pour remède celui qu'indiquait saint Paul dans le même passage : *Donec occurramus omnes in unitatem fidei* (2). Or ce remède ne fut pas refusé à l'Église. Dieu n'a pas voulu qu'elle s'embarquât sur un océan si bouleversé sans un préservatif et un phare. Le grand travail de synthèse, élaboré au Concile de Trente, est la précaution de la Providence contre ces dangers, et le phare allumé, au seuil de cette période de troubles moraux et de ténèbres, pour rallier par l'autorité, la plénitude et la clarté de ses décisions dogmatiques, les esprits droits, les intelligences de bonne volonté, et sauver, par une affirmation complète et lumineuse des croyances catholiques, l'unité de la foi mise en péril par la plus insinuante et la plus contagieuse des hérésies.

Mais il est un autre point de vue auquel il est bon de se placer, pour apprécier l'œuvre du Concile de Trente et son influence sur la direction donnée à l'enseignement théologique. Selon moi, il faut chercher dans cette œuvre autre chose encore que des définitions qui condamnent l'erreur, et affirment l'objet de la croyance imposée au peuple chrétien. En même temps, et parce qu'il arrive au moment le plus critique des luttes protestantes, le Concile de Trente arrive précisément aussi à l'heure culminante du travail théologique déterminé par ces luttes, et sans doute non pas seulement pour tuer, mais pour donner la vie, je veux dire non pas seulement pour réprimer l'erreur, mais pour faire resplendir la vérité de cet éclat nou-

1. *Ephes.*, IV, 13.
2. *Ibid.*

veau et particulier dont elle a besoin en chaque temps, et qui fait son triomphe; enfin, pour imprimer à l'enseignement dogmatique sa direction définitive, et déterminer sa forme vraie, en épurant, terminant et couronnant l'œuvre des théologiens catholiques, et en donnant au travail accompli par leurs efforts sa perfection propre et la plus éclatante confirmation. Ses belles expositions doctrinales, qui sont des chefs-d'œuvre d'explication et de démonstration théologique, en même temps que des monuments d'une autorité sans égale et de la valeur la plus élevée qui soit dans l'Église, donnent l'exemple et le type de la méthode nouvelle adaptée aux besoins des temps nouveaux, et telle que l'entendaient les grands esprits qui siégeaient au Concile de Trente ; à ceux-là du moins on ne refusera pas mission authentique et grâce d'état pour comprendre l'esprit de l'Église et représenter la vraie tradition catholique, dans sa portée la plus haute et dans son expression la plus autorisée.

Ces précieux documents donnent ainsi à la théologie positive, au moins d'une manière indirecte et pratique, la consécration de l'autorité universelle de l'Église, ils en sont le couronnement, la mise en lumière, le spécimen le plus authentique et le plus parfait. Dans cette exposition splendide et lumineuse, on retrouve, à leur plus haut degré et dans leur perfection, tous les éléments qui composent, et tous les caractères qui distinguent le type particulier du nouvel enseignement théologique. L'autorité de l'Église comme règle de foi, et le principe de Tradition comme base du système catholique, sont posés en termes clairs et précis, dans quelques pages admirablement lucides, que leur brièveté n'empêche pas de contenir la substance et de fournir le type immortel des traités compris aujourd'hui sous le nom de *lieux théologiques*. Et, après que ces grandes règles de la doctrine ont été ainsi énoncées théoriquement, et défendues authentiquement, elles sont appliquées pratiquement à tout l'ensemble de la doctrine, et à l'enseignement de chaque vérité dogmatique en particulier.

C'est une grande jouissance pour l'âme du théologien qui médite ces pages substantielles, mais aussi c'est une puissante confirmation pour sa foi, de voir ces beaux et solides chapitres se dérouler, dans l'ordre le plus profond à la fois et le plus élémentaire, déployant toutes leurs forces, toutes leurs autorités, toutes leurs raisons principales énoncées sommairement ; chaque point de doctrine armé de sa puissance propre et de celle de l'ensemble à laquelle il coopère lui-même à son tour, comme une armée qui se range en bataille, développant en un vaste cortège ses divers corps, avec leurs armes particulières, leurs munitions, leurs engins puissants pour les combats, et toute leur opulence guerrière. A chaque pas qu'on fait dans cette belle carrière, on entend l'Église faire appel aux éléments de la démonstration théologique, soit par des pensées et des mots empruntés à l'Écriture et aux Pères, admirablement insérés, fondus dans la trame continue de l'exposition, et faisant corps avec elle, sans déranger la marche du texte; soit par des renvois plus directs et plus exprès aux grandes sources de notre foi. Ces témoignages, choisis toujours parmi les plus riches en idées, en aperçus dogmatiques, en même temps qu'ils sont des arguments de tradition et la parole des témoins officiels de la foi, servent aussi très bien d'expression à la pensée théologique, et fournissent à la doctrine des formules autorisées par l'usage traditionnel, et l'explication dont elle a besoin pour l'enseignement du peuple chrétien et pour la solution des questions qui se posaient alors et qui se sont posées depuis ; ils réunissent ainsi, en un puissant et indissoluble faisceau, la double force de l'argument d'autorité et d'une raison théologique solide, profonde, puisée non dans les théories personnelles, plus ou moins hypothétiques, ou même creuses et vagues, — comme beaucoup de celles dont trop d'intelligences, même sacerdotales, sont nourries aujourd'hui, — mais dans les trésors mêmes où se conserve la foi révélée. La clarté et la précision sont merveilleuses, et le laconisme ne nuit pas à la profondeur, ni les citations aux aperçus philosophiques. A chaque instant on se dit : voilà bien le dogme, et ce qu'ont pensé nos Pères dans la foi, voilà bien ce que nous croyons, et voilà bien comme il fallait, comme il faudra désormais le dire. La scolastique est là, condensée tout entière ; mais elle s'y surpasse elle-même, car elle y a dépouillé ses défauts, et complété ses qualités ; elle y dit, dans un langage magnifique au point de vue littéraire, autant de choses en moins de mots, elle y est plus précise, exposée dans un ordre plus heureux, et appuyée des arguments traditionnels dont elle avait besoin pour s'imposer aux intelligences modernes, non plus seulement par des idées, mais aussi par des faits.

Est-il permis d'exprimer ici un regret, et de proposer, pour la pratique de l'enseignement, un procédé qui, après tout, n'est ni une excentricité ni une innovation, mais qui aurait du moins l'avantage d'être une garantie très rigoureuse, très assurée d'orthodoxie et d'exactitude doctrinale?. Pourquoi donc les maîtres de l'enseignement, dans nos écoles, ou dans les livres qu'on y suit, au lieu de bâtir eux-mêmes, à leurs frais, des thèses de théologie dont la valeur, sinon comme doctrine, au moins comme exposition et comme méthode, est contestable, parce qu'elle est personnelle et que leur auteur est un homme ou un petit ensemble d'hommes, pourquoi ne prennent-ils pas, *aussi souvent que possible*, pour le fond et le thème de leur exposition, ces belles thèses du Concile de Trente, en les suivant de bien plus près, d'aussi près que possible? Outre ses décrets, qui sont la règle de la croyance, il y a, dans ces chapitres, bien des pages absolument propres, telles qu'elles sont, à passer tout entières et de plein pied dans n'importe quel enseignement classique, parce que chacune est une thèse toute faite, et faite par le plus grand des théologiens, par l'Église, et qu'elle contient une question traitée dans sa plénitude, à tous les points de vue, avec tous les arguments principaux et opportuns. Je ne vois pas ce qui manquerait, par exemple, au chapitre du *péché originel*, ou à celui de la *justification*, pour être tout simplement, sans aucune modification d'ordre et d'idées, le texte et la substance d'une solide et excellente leçon de théologie, dans un *séminaire*, ou dans une *université*, dans un *cours élémentaire* ou *supérieur*, n'importe ; il n'y a pas d'université, je pense, qui soit au-dessus du Concile de Trente ; et il n'y a pas de séminaire, qui soit assez inférieur pour rester au-dessous. Et ces admirables chapitres sont encore une preuve, comme l'évangile, la plus autorisée et la plus frappante de toutes après l'évangile, qu'il n'y a pas deux méthodes d'enseignement théologique, et que la vraie théologie est, comme je l'ai dit, comme je le dirai encore, à la portée des plus humbles esprits, pourvu qu'ils soient capables de fonctions sacerdotales, et à la mesure des plus élevés, pourvu qu'ils ne dépassent pas celle des séraphins.

Les conciles ne sont pas seulement des *tribunaux* pour juger les doctrines, régler la foi et frapper les hérésies ; il faut s'habituer à leur donner un rôle plus vivant, plus pratique, et qui touche de plus près la vie et les intérêts intellectuels des fidèles ; ils sont, par excellence, l'acte vital de l'Église, l'expression de ses idées en toutes les questions qu'elle y touche, et de la manière dont elle les conçoit. Les documents qui résultent de leurs délibérations sont faits pour nous, pour nous, hommes de Dieu, hommes de l'Église, qui devons lui former son peuple chrétien, en prêchant au monde non nos idées ou à notre façon, mais les idées de l'Église et à la façon de l'Église ; ils sont le type le plus officiel de l'enseignement théologique, présenté au monde sous son point de vue le plus solide, et en sa forme la plus opportune. Le Concile de Trente, en particulier, est une vraie théologie, un vrai traité en règle, auquel il faut ajouter aujourd'hui, avec les mêmes remarques, deux nouveaux chapitres, ceux que nous a donnés le concile du Vatican.

Or la plupart des professeurs et des livres n'emploient le Concile de Trente que dans une mesure très faible et très étroite, pour les décisions qu'il porte et non pour les idées qu'il expose. Je n'exagère pas, cette remarque est frappante quand on ouvre un de nos livres classiques. On y trouve souvent un décret, un anathème rapporté en tête d'une thèse, en un maigre extrait qui ne présente aucun ensemble ; c'est à peu près une citation comme une autre, et elle n'y tient pas plus de place que tout autre preuve. Qu'y aurait-il de mieux à faire et de plus sage, au point de vue des intérêts de la méthode comme de l'orthodoxie, que d'adopter le plan de ses chapitres, l'ordre des idées, le choix des arguments et l'expression, partout où cela est possible, c'est-à-dire partout où le travail ultérieur de l'histoire n'a pas ajouté et nécessité d'autres questions, d'autres développements ou d'autres preuves? La besogne du professeur, travaillant avec ces beaux textes pour matière, serait non pas d'élucider, car c'est la lumière même, mais de commenter, de citer l'histoire des faits et des erreurs qui ont amené l'Église à prononcer ces jugements, de montrer la connexion et les harmonies du dogme, en rattachant chaque détail de la doctrine aux autres parties de l'ensemble, d'appliquer ces idées, ces principes éternels, aux principes et aux idées du monde moderne, pour apprendre à les juger, à découvrir, à repousser le faux ; ce serait encore d'apporter dans leur intégrité, pour donner à la démonstration toute son ampleur, les témoignages seulement indiqués, les théories scolastiques, philosophiques ou autres auxquelles se rattachent certaines formules du langage théologique, de développer les idées énoncées brièvement, d'animer enfin, par sa parole vivante et par un peu d'éloquence qu'il trouverait nécessairement dans sa foi, cette lettre inanimée mais propre à recevoir et à donner la vie. La besogne de l'élève serait, non pas d'apprendre par cœur, comme le veut la méthode gallicane, mais de méditer, de *contempler*, j'en reviendrai toujours là; d'approfondir, par la réflexion, ces divines pensées; de recourir aux sources indiquées; d'étudier ces témoignages dans leurs contextes et les faits dans l'histoire; d'écrire lui-même ou d'ébaucher quelques commentaires; de se pénétrer enfin, je dirai mieux, de se compénétrer, de s'imbiber tout entier de la riche sève qu'il trouverait dans ces pages vénérables, et qui est la sève même, le sang vivant et généreux de l'Église.

CHAPITRE SEPTIÈME.

Les MÉTHODES de CONTROVERSE ANCIENNES et MODERNES.

S'il faut délaisser la méthode contemplative pour la méthode positive. — Union nécessaire de ces deux procédés. — Dangers et abus de la controverse, et de la réfutation : polémique, travaux de circonstance, points de vue extérieurs. — Rôle et nature de l'apologétique. — L'Église n'est pas argumentatrice de sa nature. — La prédication évangélique n'est pas une entreprise de controverse, mais d'ÉDIFICATION. — Enseignement classique et préparatoire à la controverse. — Former des hommes de principes, de doctrine. — Doctrine et sainteté. — Comment les scolastiques, les Pères, les livres saints comprennent et enseignent la controverse. — Les maîtres de la controverse protestante : Saint François de Sales, saint Alphonse, etc. — La méthode polémique moderne, stérile, impuissante, a produit l'appauvrissement des études. — Le journalisme dans le clergé.

JE suis loin de dire qu'après la scolastique il n'y eut plus de progrès possibles ; je suis loin de déprécier la théologie positive, et de nier les éminents services qu'elle a rendus à la démonstration catholique. Je voulais, avant tout, lui rendre cette justice, pour que tout-à-l'heure, si j'apporte à la même époque, et, en un sens, au même mouvement de méthode ou plutôt à son abus, les causes d'une nouvelle décadence, on ne m'accuse pas de méconnaître ce qu'il y eut de bon, de précieux, dans le travail de cette période. Je ne suis pas de ceux qui pensent que la théologie positive fut une décadence et une révolution dans l'enseignement, et surtout dans ce qu'on peut appeler *l'enseignement de l'Église ;* qu'elle fut fatale à la théologie scolastique, et de nature à diminuer ou à détruire l'usage de la contemplation dogmatique et des grandes spéculations qui sont la gloire et la couronne de notre admirable moyen âge, si sottement méconnu. Je ne la rends pas responsable des désordres intellectuels qui se sont produits en son nom, et que je critiquerai tout-à-l'heure.

Dans l'enseignement de l'Église d'ailleurs, soit au point de vue de la foi considérée dans sa substance, soit au point de vue des règles fondamentales de sa méthode, il n'y a pas, il n'y aura jamais de révolution possible. Quand il s'agit de la substance même de la foi, c'est évident, et il faudrait, pour le nier, n'être pas catholique. Mais je vais plus loin : la méthode même de l'enseignement dogmatique a ses principes généraux qui ne passent pas, qui ne varient même pas dans leur fond, parce qu'ils sont tirés des trésors de la Révélation dont ils font partie, comme la substance même de la foi. Or, l'Église est indéfectible, elle possède, dès le principe, et garde, avec une infaillible fidélité jusqu'à la fin, tout ce qui doit être mis en œuvre dans sa prédication et dans sa vie ; tandis qu'une révolution suppose un changement radical d'idées ou de constitution, un mal profond qu'on corrige, ou un bien nouveau qu'on n'avait pas, même en germe, et qu'on acquiert — transformations possibles dans une école, dans un pays, dans un ensemble quelconque d'esprits ou d'institutions, mais impossibles dans l'Église. Non pas certes que l'Église refuse ou soit incapable de progresser, comme c'est aujourd'hui la mode de le crier ridiculement, et comme ses ennemis font semblant de le croire ; mais, au contraire, parce que l'Église n'est capable que de progresser ; mais de progresser de la manière la plus parfaite, c'est-à-dire de posséder en germe, dès l'origine, toute sa richesse, la richesse même de la miséricorde, de la sagesse et de la science divine, comme dit souvent saint Paul, la richesse de la plénitude d'intelligence de JÉSUS-CHRIST, tabernacle de tous les trésors célestes (1) ; et, sans jamais rien ajouter à son fonds qui est infini, sans jamais perdre une parcelle de son indivisible et inaltérable substance, d'en développer toujours les applications et les manifestations, jusqu'à réaliser en elle la divine plénitude du Christ : *In mensuram ætatis plenitudinis Christi* (2).

Ce qui fut fatal à la méthode scolastique, ce ne fut pas la méthode positive qui, au contraire, s'allie très bien et demande à s'harmoniser avec elle ; ce fut l'imprudence et l'étroitesse personnelle de certains écrivains et théologiens qui, dans certaines écoles et dans certains pays, firent dévier l'enseignement de sa voie normale, et manquer le mouvement rénovateur qui se préparait ; préparant ainsi une révolution locale, une vraie révolution, celle-là, et qui ne fut pas un progrès.

Il n'y a pas de révolution possible dans l'Église ; il n'y a que des développements et des progrès; et la théologie positive en fut un, là où elle fut bien appliquée, et aurait dû en être un partout. Mais, il faut le dire, ce progrès, le bon succès de cette méthode avait ses conditions, dont la première était de ne rien détruire d'utile, et d'ajouter à tout ce qu'il y avait de bon dans le passé ce qu'elle-même apportait. Pour s'allier harmonieusement avec la méthode scolastique, elle-même avait ses délicatesses et ses difficultés ; le mouvement d'idées où elle s'élaborait, et les besoins qui l'inspirèrent avaient leur danger, comme tout ce qui est de circonstance et ce qui tient à un état particulier des esprits. Il y a une mesure à garder pour le théologien, dans le soin qu'il donne aux controverses et à la réfutation de l'erreur, dans l'emploi des procédés et des arguments *ad hominem ;* et qui n'a remarqué, comme moi, les dangers qu'a pour lui cet emploi, et l'influence funeste qu'il peut exercer sur la marche générale de l'enseignement ?

Le travail d'un théologien qui discute et défend sa foi contre

1. *Coloss.*, II, 2. — Il serait fort instructif, pour l'histoire de la théologie contemporaine, d'opposer ici la doctrine de saint Paul, aux théories de M. Bougaud, sur la figure *plus humaine* et toute *moderne* d'un Christ, et, partant, d'un christianisme, *progressif* comme nous. (Cf. *Le christianisme et les temps présents.*) (N. de l'édit.)

2. *Ephes.*, IV, 14.

l'erreur, diffère, sous bien des rapports, de celui d'un théologien qui étudie et médite la vérité en elle-même, dans le calme et le repos de sa piété, sans être troublé ni préoccupé par les attaques et les diversions de l'hérésie. Ces deux genres de travaux, sans doute, ont leur source dans une même foi, vont au même but final, sont fondés sur les mêmes principes, et ont la même vérité pour objet ; mais ils n'ont pas la même méthode et la même portée.

Celui qui étudie la parole divine en dehors de toute controverse, n'a qu'une préoccupation et qu'une pensée : chercher, trouver, méditer, approfondir le vrai, en former dans son intelligence la conviction et le concept, en sonder toutes les immensités, et en atteindre le fond. Rien ne le gêne, rien ne le dissipe dans son noble travail ; il ne trouve, en cette belle route de la vision éternelle, aucun obstacle qui détourne son regard, et l'oblige à se jeter de côté. S'il parle, s'il écrit, il transmet sa foi comme il la possède, immaculée, vierge, non seulement de toute erreur, mais de toute crainte d'erreur et de toute ombre même de doute. Il a la certitude, et la certitude la plus solidement fondée qui soit possible ; il a la certitude, et il la donne. Il affirme, parce qu'il entend Dieu affirmer ; et l'idée ne lui vient même pas de discuter ni de réfuter, parce que son élément à lui, l'atmosphère où son âme vit et respire, où sa parole a le don de se faire entendre, et la vertu de produire la conviction, n'est pas la dispute, mais la foi simple, droite et assurée de son objet. L'objection, si elle se présente, ne le prendra pas au dépourvu, parce qu'il *sait* en même temps qu'il *croit*, parce qu'il croit d'une manière intelligente (1). Mais, en attendant, il ne perd pas son temps à s'occuper d'elle, et surtout à s'en préoccuper. Elle l'étonnera peut-être : pouvait-il

1. « Souvent j'ai été frappé de voir les théologiens d'aujourd'hui se préoccuper médiocrement de rechercher et de développer l'intelligence des dogmes chrétiens, et consacrer tous leurs efforts à les défendre contre les adversaires de la Révélation. Ceci est assurément bon, nécessaire parfois, mais insuffisant et secondaire. La meilleure polémique est même celle qui consiste à étudier à fond la vérité, parce que les objections tombent naturellement devant une claire et pénétrante exposition de ce que l'Église enseigne. » (Cardinal Mazzella, *De Deo creante*, p. 6.) Cf. R. P. de Augustinis : *De re sacramentaria*, p. 5. — Franzelin : *De divina traditione et scriptura* ; surtout les thèses XXII à XXVI, etc... (N. de l'édit.)

s'imaginer qu'on eût même l'idée de nier ou de mettre en doute les affirmations divines, et qu'il y eût autre chose à faire que de les adorer et de les affirmer comme lui ? Eh quoi ! faut-il donc hésiter, discuter, faire tant de façons, pour incliner son âme, quand Dieu enseigne ? Faut-il y chercher du pour et du contre, et réduire sa parole, à force de la poser sous une forme dubitative, à n'être plus, comme les sciences humaines, qu'une collection de problèmes attendant une solution, ou résolus d'une manière plus ou moins provisoire, avec une certitude qui ne s'impose qu'au nom des raisonnements humains ? Enfin, la première inspiration de ses travaux, et le souffle de vie qui les anime, ne vient pas de l'indignation que lui a causée l'erreur, et du besoin qu'il a de la repousser, mais de la vision qu'il a eue de la vérité, et de l'amour dont elle a rempli son âme.

Au contraire, le théologien qui réfute, a contre lui tous les obstacles, tous les dangers, toutes les préoccupations et les dissipations intérieures. Je dis les *dissipations intérieures ;* car en supposant même qu'il fasse autour de lui la solitude matérielle, quand il s'en irait écrire ses réfutations loin du monde, au fond du désert, son travail n'est plus la contemplation de la vérité vue face à face. La solitude extérieure, le silence extérieur ne sont rien que des états du corps très compatibles avec des états contraires de l'esprit. La solitude vraie, c'est le recueillement de l'âme, et le recueillement n'est pas seulement l'absence de commerce avec les affaires et le tumulte du monde ; c'est une chose spirituelle, intime, profonde, un don précieux d'en haut. L'âme qui n'est pas inactive dans le vrai travail théologique, mais qui n'aime pas à travailler dans le trouble, a besoin, pour méditer, de se retirer seule avec Dieu, dans ce lieu secret et ineffable d'elle-même où elle n'est plus dérangée par le bruit, je ne dis pas assez, par le souvenir des chicanes et des discussions du dehors, et où la parole supérieure de Dieu — *verbum supernum* — vient se reposer dans un silence mystique, dans un silence surnaturel, qui est plutôt un état général de prière, d'élévation et de contemplation, et qui relève de la piété autant que de l'étude — car l'étude et la piété pour le théologien ne sont pas deux choses, elles n'en sont qu'une. Mais c'est encore là une des idées que je me réserve de développer plus loin, n'anticipons pas. — Pour habiter là, pour trouver ce lieu intime de l'âme, il y a des bruits, même intérieurs, qu'il faut faire taire, des préoccupations intellectuelles qu'il faut chasser. Il ne faut plus s'occuper de ce que disent, pensent ou objectent les hommes, mais poursuivre sa méditation, et tenir son regard fixé sur le vrai, sans rien voir, sans rien écouter, sans rien entendre autre chose. Il faudrait, il faut positivement se faire taire soi-même, je veux dire imposer silence à tout ce qu'on porte en soi d'inférieur et de profane.

Or, le théologien qui réfute, vit, quoi qu'il fasse, et par la force même des choses, dans un milieu intellectuel agité. Il n'habite plus seul avec lui-même et avec la divine parole, puisqu'il entend les hommes et s'occupe de leurs négations ; il n'habite plus au cœur de la doctrine, mais il en est sorti pour déblayer ses alentours, défendre ses murs, et chasser l'ennemi de ses frontières. Il a peut-être, en d'autres temps de sa vie, contemplé la vérité en elle-même, par le dedans, et plongé ses regards dans les profondeurs divines de la Révélation ; il n'est même théologien, et ses réfutations n'ont de valeur et de force, qu'à cette condition ; mais enfin, il ne la décrit que par ses côtés extérieurs, ou plutôt, ce n'est pas elle qu'il décrit, il n'en donne que des vues prises du dehors. Certes, je ne viens pas dire qu'il ne fasse pas, en réfutant l'erreur, œuvre sainte et grandement utile, et que cette œuvre ne soit pas susceptible de toutes les bénédictions et de tous les mérites ; mais quelle que soit sa valeur et son utilité, elle est de second ordre, et suppose quelque chose de plus fondamental ; ce n'est plus uniquement une œuvre d'amour, de paix, de joie intérieure ; il y a des combats, souvent des colères, et presque nécessairement une préoccupation pénible qui peut, s'il n'est sur ses gardes et si elle prend le dessus dans sa vie, nuire grandement à ses études, l'engager dans une disposition d'esprit et dans des habitudes d'intelligence moins nobles, moins fécondes, moins théologiques surtout, enfin mettre en lui cette dissipation intérieure qui rend l'homme impropre aux belles spéculations dogmatiques, et fait descendre ses travaux, parmi les productions de la doctrine, dans la classe vulgaire et inférieure des œuvres d'actualité, des réfutations et des dissertations.

En effet, quel est, dans quelque ordre d'études que ce soit, mais surtout dans l'étude des sciences sacrées, l'idéal du travail? Je l'ai dit avec les scolastiques, c'est la foi cherchant l'intelligence, et je viens de le répéter, en d'autres termes : c'est la contemplation tranquille et amoureuse du vrai, sans préoccupation étrangère et profane qui dérange l'attention de l'esprit et trouble l'harmonie de ses opérations. Or le théologien qui réfute n'a plus cela.

Je le sais, les attaques de l'hérésie peuvent avoir, par ailleurs, et elles ont, par la grâce de Dieu, d'autres avantages qui compensent peut-être cet inconvénient : l'avantage, par exemple, d'éveiller et d'aiguiser les esprits par la contradiction, de provoquer un plus complet et même un plus profond développement du dogme, en soulevant des questions nouvelles, et en dénonçant les points de la Révélation jusque-là le moins explorés par le regard de la science; celui encore d'occasionner comme au temps des Pères, la composition d'ouvrages précieux, qui restent au trésor de l'Église, pour les besoins des âges futurs. Mais elles ont cet inconvénient, et il n'est pas mince, d'enlever au théologien ce fond de calme, cette paix intellectuelle, si nécessaire et si douce, qui est proprement le milieu où il faut étudier la parole de Dieu, au point de vue doctrinal comme au point de vue ascétique, de chasser de son âme cette sérénité céleste que j'appelais tout-à-l'heure la solitude intérieure, le recueillement intérieur. Il faut que, descendant de cette montagne de la vision, où il s'occupait de Dieu, seul avec Dieu lui-même, et en tête-à-tête pour ainsi dire avec lui, il rentre, comme un ermite qui revient au siècle, dans les milieux vulgaires où l'esprit des hommes produit ses œuvres, et les mêle ou les substitue à celles de Dieu; il faut qu'il se mêle lui-même au monde — *implicat se negotiis secularibus* — et au pire élément du monde, à celui que l'erreur a infesté; qu'il écoute le faux, qu'il s'en occupe, qu'il cherche des arguments pour le combattre.

Or ce milieu agité, ce tumulte d'opinions malsaines et de systèmes profanes, ce cliquetis étourdissant d'idées fausses et contradictoires, où il lui faut vivre plus ou moins, et où son intelligence a tant de peine à se mouvoir, à se reconnaître, et à s'entendre elle-même, tout cela est très antipathique au vrai travail théologique, tout cela gêne ses recherches, agite et dérange la marche de ses idées, détourne et absorbe loin de leur véritable objet ses plus belles facultés. Sur l'activité totale de son esprit, la part qu'il dépense à ce travail négatif de la doctrine est d'abord autant de perdu pour l'autre partie, pour la partie vraiment doctrinale de son sublime office; mais ensuite, son travail perd bien plus encore en grandeur dans un autre sens, car ce n'est plus une élévation à Dieu; et son âme enfin, retenue en quelque sorte captive loin du sanctuaire de la vérité, et plongée dans cette atmosphère troublée, si différente de la pure et divine atmosphère théologique, son âme se déshabitue d'identifier dans sa vie intérieure la prière et l'étude.

Autre remarque : la vérité est immense, elle est toute harmonieuse et coordonnée ; tout en elle est ordre, ensemble et synthèse ; elle embrasse et contient tout dans sa magnifique unité; je veux dire tout ce qui est grand et beau, tout ce qui élève, illumine et nourrit les intelligences. L'erreur, au contraire, rapetisse et fractionne toutes choses, c'est son besoin essentiel, c'est sa nature, c'est son acte vital. Comme les rois sans grandeur et sans droiture, qui ne savent pas gouverner par la justice, il faut qu'elle divise pour régner ; il faut qu'elle divise la vérité, pour pouvoir la nier par parties, sans être confondue, écrasée par l'unité puissante et lumineuse de son ensemble. Pour faire le siège de la vérité, elle ne peut la prendre au cœur et à la base; placée qu'elle est elle-même à l'extérieur, elle ne peut l'entamer que par ses frontières; il faut qu'elle s'attaque à un point particulier, en tâchant de l'isoler, et, par ses diversions, de faire oublier les autres qui l'éclairent et le fortifient. Elle a beau être radicale et ouvrir ses bras aussi grands que possible, pour tout embrasser dans une négation pour ainsi dire œcuménique, il lui échappera toujours beaucoup plus qu'elle ne pourra saisir; elle n'arrivera jamais à être une synthèse des négations et des erreurs possibles. Ainsi fait l'hérésie vis-à-vis de la Révélation; et c'est pourquoi elle reste toujours, même dans le protestantisme, inconséquente avec elle-même ; elle est toujours une spécialité, la falsification d'une des parties ou d'un des points de vue du vrai. — Or, en portant ainsi la guerre dans cette province retirée, et sur ces confins du grand territoire de la doctrine catholique, elle va entraîner et faire séjourner là le théologien qui s'est chargé, ou que les circonstances ont investi, du redoutable honneur de la combattre.

Et c'est ici que je vois pour lui du danger, non pas le danger d'être vaincu dans cette guerre, oh non ! la foi dont il est armé a trop de ressources, au ciel et sur la terre, pour être jamais vaincue, et dans toute l'histoire de l'esprit humain, il n'y a pas d'exemple qu'elle l'ait été ; mais un autre danger que je vais dire et qui peut, dans certaines conditions et sans certaines précautions, devenir funeste tout ensemble au théologien et à la théologie.

Je dis d'abord au théologien, et je m'explique. Il y a, dans les travaux appartenant au genre polémique, surtout quand la réfutation et l'érudition y dominent, un entraînement qui peut à la longue singulièrement nuire à l'esprit ; quelque chose de sec et de mesquin, qui, employé seul, ou avec le rôle principal, rapetisse les études, abat les vues, dessèche et tarit cette source d'enthousiasme qui vient du cœur dans l'intelligence, et qui est nécessaire pour féconder les travaux de l'esprit et leur donner autre chose que l'exactitude, que ce qui est chiffre et formule, je veux dire du charme et de la grandeur. Le théologien, que le mouvement de la controverse a jeté sur ce terrain écarté de la doctrine, est naturellement porté à s'habituer à cette situation, à la regarder comme normale, à prendre l'horizon qui est devant lui pour le point de vue vrai et central où il faut se placer pour bien juger de la doctrine catholique, la voir d'ensemble, et en saisir, d'un seul et synthétique coup d'œil, les points de vue fondamentaux. Il y a là une illusion d'optique semblable à celle qui nous fait croire, en quelque lieu du monde que nous soyons, que nous sommes précisément sur le point culminant de la sphère terrestre, à l'endroit le plus central et le plus profond du ciel, et sous sa clef de voûte. Ainsi, pour le théologien, qui travaille dans la situation dont je parle et en face de ces points de vue restreints, il y a danger qu'il ne finisse par s'en contenter, par s'habituer à les prendre pour ce qu'il y a de principal et de plus élevé dans le christianisme, et à perdre de vue, les vrais, les grands sommets de la doctrine.

Sous l'empire de ces illusions et des préoccupations que lui cause l'erreur; entraîné qu'il est aux frontières, et absorbé par le besoin de repousser l'ennemi du point particulier qu'il est chargé de défendre; obligé d'ailleurs de mettre son zèle à des travaux de réfutation et de recherches critiques; à force de disputer, d'user des armes défensives, facilement le théologien oubliera que son travail actuel n'est pas le vrai travail théologique, mais un travail de circonstance et d'exception, que ce n'est pas la méthode, la méthode fondamentale, mais un de ses exercices, que ce qu'il voit n'est pas le fond, le point de vue central de la doctrine, et l'enseignement, mais un de ses emplois, et le plus extérieur, le moins théologique par conséquent. Il lui sera difficile enfin de ne pas quitter, de pensée et de désir, comme il l'a quitté d'action, ce poste élevé, cette position au centre, d'où l'œil embrasse, d'un seul regard qui est à proprement parler la visée théologique, tout l'ensemble de la doctrine chrétienne, considérée dans sa richesse intrinsèque et en tant qu'elle est non pas l'objet des contradictions et des négations partielles et multipliées des hommes, ce qui importe peu, mais l'affirmation une et totale de Dieu. Une fois sur cette pente, il s'habitue à guerroyer, à vivre de ce qui est secondaire, d'objections et de chicanes intellectuelles ; et, cessant bientôt de voir plus loin et plus haut, il en fait le fond de son travail et la nourriture ordinaire de son intelligence. Renonçant, au moins pratiquement, à la partie affirmative et vraiment doctrinale de la science sacrée, il prend pour la substance de l'enseignement, et fait passer en méthode fondamentale, ce qui n'est qu'une fonction de second ordre, ou du moins un seul des éléments et non pas le principal, de l'enseignement, pris dans sa plénitude et dans son concept le plus élevé. Quand il en est arrivé là, ses vues se rétrécissent, son horizon se rapetisse et s'amoindrit, l'angle visuel sous lequel il perçoit le christianisme se resserre, laissant échapper les points de vue les plus larges et les plus élevés de la divine science ; il lui reste l'horizon bas et pesant, le pays borné où il s'est enfermé avec son ennemi, et à la même hauteur. Il en viendra bientôt, mettant sa joie dans cette position étroite, à se croire là en plein idéal, emporté sur les grandes eaux, et voguant à pleines voiles vers les hauteurs les plus sublimes de la science, au-delà desquelles il ne doit plus rien y avoir.

Ainsi, ces travaux de détail auxquels il est obligé de se livrer ; cette position extérieure par rapport à ce qui constitue la vraie substance des études ; cet emploi de gardien aux frontières, et dans la défense extérieure ; cette guerre pour ainsi dire d'escarmouches ; cette habitude de veiller à l'ennemi, de lui répondre, de le suivre sur son terrain pour l'en chasser ; de résoudre des objections ; de porter son attention presque autant et quelquefois plus encore sur l'erreur, pour la démasquer et la combattre, que sur la vérité pour l'étudier et s'en nourrir ; surtout, comme je le disais plus haut, cet usage fréquent de *l'argument ad hominem*, employé avec discernement sans doute, mais supplantant souvent et faisant oublier quelquefois le véritable principe de solution qui est la simple exposition du vrai ; enfin, cet état pénible et anxieux, mais très naturel et presque inévitable, de préoccupation, causé par la pensée d'un ennemi qui vous tient sur le qui-vive : tout cela vous détourne du vrai idéal théologique.

Sans doute, pour réfuter il emploie le vrai puisé à sa grande source, et, par conséquent, il continue de s'en nourrir plus ou moins, il a recours aux principes qui rattachent ainsi son travail à ce qu'il y a de plus fondamental dans la doctrine ; mais ce qui est principal, l'exposition, l'idée dogmatique, le principe, devient facilement pour lui secondaire, à force d'être aperçu de lui à la seconde place. Comme l'objection s'attaque souvent à des détails pris à la surface, et provient toujours d'une fausse intelligence ou d'une vue incomplète du dogme ; le théologien, pour répondre victorieusement, n'a pas toujours besoin, et surtout un besoin actuel et pressant, de recourir et de se tenir au centre de la doctrine, de pénétrer et de rester au fond de l'idée dogmatique, de se renfermer enfin sur le terrain des principes, pour les approfondir et en faire l'application en tout et partout, sans sortir de là. Il lui suffira souvent de se placer à ce point de vue spécial et restreint, dans cet endroit lointain où l'hérésie a porté ses attaques, de rétablir cette vérité particulière, qu'elle a niée ou dont elle a faussé la notion, ou encore de relever un détail, de redresser une citation, d'opposer un fait, de rétablir une date ou un texte, de renvoyer à un livre ou de citer un nom : toutes choses qui sont souvent l'arme de la victoire, et qui cependant n'exigent et ne donnent pas une intelligence bien profonde et une vue bien intrinsèque des vérités chrétiennes, ni un sens théologique bien délicat, et ne font pas pénétrer le regard intérieur de l'esprit bien avant dans l'étude intime du dogme.

Encore sera-t-il tenté quelquefois de remplacer la réponse directe et solide par l'à-propos, ou même par des procédés inférieurs, une ironie, une personnalité, quelque ruse de littérateur, que sais-je! un mot, un détail quelconque sans valeur réelle au point de vue doctrinal, mais auquel les circonstances auront donné une valeur d'actualité, en raison de la situation particulière ou de quelque imprudence gratuite de l'adversaire. Tentation insignifiante et mesquine, à laquelle cependant un polémiste n'a pas toujours la sagesse et l'énergie de résister, et qui, le dispensant de chercher plus haut la matière de ses réponses, et d'exception devenant peu à peu habitude, contribue encore à laisser dans son esprit et dans ses études une trace funeste. Souvent aussi les besoins de la controverse l'entraîneront dans des considérations, dans des travaux extérieurs de défense, dans des études de détail, et même dans des excursions sur le terrain profane, où il n'aurait pas besoin de dépenser son temps et son intelligence, si la présence de l'ennemi ne l'y contreignait ; comme une armée qui soutient un siège, abritée par de puissantes murailles, et que l'ennemi oblige, pour l'affaiblir et lui ôter l'avantage de sa situation défensive, à faire des sorties fréquentes où elle dépense, en pure perte ou sans grand résultat, une précieuse partie de ses forces.

D'autres fois enfin, et surtout aujourd'hui, l'apologiste chrétien qui entreprend de réduire directement l'erreur par voie de réfutation, se verra engagé à faire des déploiements de forces pour des théories qui vraiment ne valent pas la peine d'une réponse, tant elles sont déraisonnables et réfutées par le plus vulgaire bon sens ; par exemple, les ridicules systèmes auxquels est venu aboutir de nos jours le radicalisme de la raison dévoyée, Il se dépensera donc, négligeant, pour cette triste besogne, des études autrement utiles et autrement pressées, à démontrer laborieusement des vérités premières et des axiomes de toute évidence, autour desquels, dans un état moins profondément blessé de l'esprit humain, il n'aurait pas eu lieu de perdre son temps.

Autant d'écueils pour le théologien qui se lance dans ce genre de travaux ; et vous voyez déjà à quelle profondeur l'enseignement théologique peut être atteint et blessé, rien que sous le rapport de la méthode. Et quand je dis que c'est là le danger pour le théologien, et qu'il peut être funeste à son intelligence, je veux dire aussi bien à l'intelligence d'une génération de théologiens qu'à celle d'un seul, car c'est la même chose, — et il est remarquable que les habitudes, les manières d'être et de voir de l'esprit, se transmettent aussi bien, sinon mieux, par la paternité intellectuelle, que celle du corps par la génération.

Je sais bien que ce n'est ni un problème insoluble, ni un phénomène rare dans l'histoire de la théologie, de concilier, dans une même vie et en une seule vocation, la lutte contre l'erreur et l'étude approfondie de la vérité ; comme, dans la politique, d'accorder le gouvernement intérieur d'un pays, avec la défense vigilante de ses frontières contre les invasions. Je dis seulement qu'il y a là un danger considérable, par conséquent des précautions à prendre, et une mesure à garder. Suffire à ce double travail n'est pas impossible, mais c'est difficile; et, vu la faiblesse et l'incomplet de l'esprit humain et les entraînements auxquels il est sujet, il est presque irrésistible pour la plupart des intelligences, si elles se livrent à ce courant terrible de la chicane, d'excéder bientôt, et de se laisser entraîner bien loin des vraies sources d'où jaillit la grande et pure doctrine. Il faut, pour résister à cet entraînement, je ne dis pas seulement une singulière trempe intellectuelle, et une élévation de vues peu commune, mais un robuste fondement d'études et de contemplation, une habitude extraordinairement forte de vivre de la méditation de sa foi, et de remonter, en toute circonstance, aux principes premiers des choses, pour juger tout à leur lumière ; il faut surtout que le théologien, au lieu de se livrer tout entier à l'ardeur de ces luttes, continue toute sa vie de garder pour lui-même, pour l'entretien de ses forces, et de donner à la partie solide et magistrale de l'étude, le meilleur de son travail. Car l'esprit humain est ainsi fait, qu'il lui est difficile, dans la plupart des sujets, sinon dans tous, de s'adonner longtemps et abondamment à une forme particulière de travaux et d'idées, à une spécialité, sans s'y laisser absorber, s'y habituer, et bientôt s'en faire un besoin, en reléguant tout autre genre d'études soit dans l'oubli complet, soit à une place inférieure. Que d'exemples il y en a dans notre siècle !

Mais je dis qu'une méthode trop répandue en polémique, et trop adonnée aux travaux de controverse, n'est pas seulement pernicieuse au théologien, à ses études personnelles et à ses facultés ; elle l'est encore à l'enseignement lui-même ; et l'influence qu'elle exerce sur lui peut être grandement nuisible à sa direction tout entière et à son esprit.

D'abord, elle n'est pas la méthode propre de la théologie, la tendance naturelle, et le premier besoin de l'Église. Sans doute, la prédication ecclésiastique doit résoudre les objections et réfuter l'erreur ; par conséquent, l'éducation sacerdotale, qui a pour mission de préparer le prêtre à tous les devoirs de son futur apostolat, doit armer son intelligence en prévision de ces combats, et le rendre apte à défendre les vérités révélées, quand il se trouvera en présence de l'ennemi qui les attaque. Et qui donc, ayant le moindre sens catholique et tant soit peu de connaissance de notre état social et des besoins actuels de l'Église, a jamais pu, et pourra jamais prétendre qu'il fallût ou laisser, dans la prédication au peuple chrétien, l'erreur sans réponse, ou négliger, dans l'enseignement théologique, de préparer les esprits à la repousser? Il est, au contraire, bien désirable qu'aucune erreur ne surgisse, et qu'aucun livre adverse ne vienne au jour, sans recevoir aussitôt de la vérité une réponse péremptoire et bien appliquée. L'état moderne du dogme est un état d'attaque ; c'est, du reste, un peu plus, un peu moins, son état permanent. Mais, de nos jours surtout, la Révélation tout entière est comme un vaste pays que des attaques répétées, sur tous les points à la fois, ont fait mettre en état de siège. La théologie doit évidemment tenir compte de cette situation, et s'organiser en conséquence ; car ce qui la distingue, c'est qu'elle n'est pas seulement une théorie métaphysique, absolue dans son fond, et répugnant à toute variation substantielle, la science des principes immuables ; mais la science concrète et pratique de leur application au monde, *pro opportunitate temporis*, la science sociale par excellence, apprenant elle-même à trouver, dans les divins trésors de la foi, le précieux secret des maladies de l'humanité, de l'humanité aujourd'hui vivante; le remède qu'il y faut, et la manière dont elles doivent être combattues. L'apologie a souvent été depuis les origines, elle est plus que jamais, dans les temps modernes, une nécessité de la situation; et les erreurs du temps présent lui ont fait une place considérable dans la mission d'enseignement confiée au zèle du clergé. Mais elle n'est pas, comme je l'ai lu quelquefois, même dans des écrits d'un esprit d'ailleurs très sain et très droit, au moins d'intention, *la première des sciences théologiques;* elle n'est pas le côté principal et le travail essentiel de l'enseignement; et il faut lui laisser son rôle secondaire, qui est, comme je l'ai dit, la défense extérieure.

L'Église, comme dit J. de Maistre, *n'est pas argumentatrice de sa nature*, elle n'est pas une société de controverse, elle n'est pas un protestantisme, même contre le mal, et son état naturel, le labeur propre de sa mission enseignante est étranger *a priori* à toute idée contentieuse. Elle n'a pas, pour fin positive, et surtout en première ligne, de nier le faux, mais d'affirmer et d'enseigner le vrai. Son devoir est bien de combattre l'erreur, voire même de lui chercher querelle et de lui déclarer une guerre sanglante et à mort ; mais ce n'est là sa mission qu'indirectement, obliquement pour ainsi dire et en conséquence de sa fonction principale qui est d'enseigner, de remplir les peuples de la parole évangélique, *imbuere evangelio mundum*, selon la belle expression de saint Léon ; de répandre la parole de la foi par la prédication : *Verbum fidei quod prædicamus* (1), et de faire entrer l'esprit chrétien dans les âmes par la doctrine enseignée, *fides ex auditu* (2). La première chose qu'elle ait à faire, tant que l'erreur n'a pas pris l'offensive, et celle qui, même après l'apparition de l'erreur, restera toujours la principale, est de poser sa grande affirmation, qui est la *semence*, comme dit la divine parabole, la semence de la foi et de la vie chrétienne, le germe du salut et de l'éternité. Elle ne combat qu'ensuite, parce qu'il y a, et autant qu'il y a un ennemi qui vient se mettre en travers de son œuvre ; son œuvre propre et formelle n'est pas celle-là.

Ainsi, par conséquent, la prédication sacerdotale, que je prends ici dans son sens le plus large, n'est pas plus une entreprise de controverse ; elle n'est pas une institution de combat, pas même de défense, mais d'édification — *in opus ministerii, in ædificationem corporis Christi* (3) — et sa méthode primordiale procède par exposition magistrale et tranquille. La prédication catholique, c'est la foi prêchée, la foi divine se transmettant par l'organe humain de la parole, avec les illuminations intérieures de l'Esprit-Saint, pour ajouter, d'une part, à l'action du prédicateur, une force céleste qui la rende efficace ; de l'autre, à l'adhésion de l'auditeur, l'élément supérieur de la grâce qui la constitue dans l'ordre surnaturel et l'élève à la dignité de vertu salutaire. Or, la foi ne dispute pas, et surtout ne commence pas par disputer ; car, dit encore J. de Maistre, *la foi est une croyance par amour, et l'amour n'argumente point.* Et, comme elle est fondée sur la soumission absolue à une autorité dont les affirmations sont sans appel, sans contrôle, et donnent la certitude, elle n'a pas besoin de se replier sur elle-même, de se demander pourquoi elle croit, et

1. *Rom.*, X, 8.
2. *Rom.*, X, 17.
3. *Ephes.*, IV, 12.

de se rassurer sur sa propre légitimité, car elle n'a pas lieu d'en douter, et elle n'en doute pas. Pour la même raison, le premier besoin de la prédication n'est pas non plus de chercher l'erreur pour la réfuter et la confondre; mais d'exposer et d'affirmer, en exigeant créance. Seulement, qu'on vienne à contester quelque dogme, elle sort de ce calme royal pour entrer en combat; elle interroge l'antiquité et les sources; elle fournit ses preuves — car elle en a — et elle rend avec éclat raison de sa croyance ; enfin elle convertit, ou du moins elle confond son contradicteur, pour le réduire au silence et l'empêcher de nuire; après quoi, elle retourne tranquille et glorifiée à son pieux labeur.

Montez maintenant d'un degré plus haut, jusqu'à la théologie, qui n'est que la prédication catholique, dans sa forme la plus excellente et à sa plus haute puissance, ou, si vous voulez, la foi étudiée, approfondie et commentée, rendant compte d'elle-même, et se livrant à l'intelligence humaine, pour être sa nourriture, pour l'élever à la considération des pensées éternelles, et la préparer aux visions divines auxquelles elle est destinée. Appliquez à l'enseignement théologique ainsi compris les mêmes réflexions, et à plus forte raison encore; puisqu'il n'est pas en contact immédiat avec les esprits entamés par l'erreur, et que, par sa nature même, il est, de toutes les formes de la prédication, celle qui a le moins à tenir compte de ce que pense le monde, et à varier sa marche pour s'adapter aux besoins actuels et changeants de la société. Pour rester dans son rôle et produire, sur les âmes et dans l'Église, l'effet auquel il a été ordonné, à plus forte raison, lui surtout, ne doit-il ni d'abord, ni principalement, ni même beaucoup, se préoccuper des attaques du dehors. Surtout, il ne doit pas commencer par là; mais bien par enseigner, par poser ses divines assertions, avec une confiance et une autorité absolues, exigeant la foi, non sans preuves, mais sans dispute, et sans admettre la licence de douter ; car il sait que sa parole s'impose au nom même de Dieu, et qu'elle a le don de produire la lumière, sans effort et sans combat, dans les intelligences de bonne volonté. Et sa force réside précisément dans ce procédé, ou plutôt dans ce principe; car ceci, pour l'Église catholique, n'est pas seulement un procédé de stratégie, et un expédient de guerre calculé par l'habileté, mais un principe et un devoir essentiel, ce que j'appelais plus haut une des règles fondamentales et immuables de l'enseignement.

Remarquez-le d'ailleurs, en même temps que cette manière de procéder est plus conforme au rôle et à la dignité de la théologie, elle est encore, par surcroît, la plus habile, même quand il s'agit de prévenir et de repousser l'erreur. Ceci est un fait d'expérience aussi bien qu'une vérité logique, et la remarque en a été faite par tout le monde, surtout par les hommes qui ont été le plus mêlés, dans un sens ou dans l'autre, du bon ou du mauvais côté, aux controverses religieuses de notre siècle, et encore plus peut-être par les polémistes de profession, sans doute parce qu'ils ont fait de plus près, et souvent à leurs dépens, l'expérience du peu de résultat qu'il faut attendre de la méthode polémique. Cette méthode donc, si elle est souvent nécessaire, pour désarmer l'hérésie, confondre la malice, et fermer la bouche aux apôtres du mensonge ; est rarement efficace pour convaincre et convertir, et ne peut pas ordinairement prétendre à cet honneur, surtout quand il s'agit de la foi catholique et des adhésions pratiques et surnaturelles qu'elle demande à l'esprit.

Au contraire, la réduction de l'erreur et la conviction de l'intelligence, s'obtient plus sûrement et plus complètement par la simple et magistrale exposition du vrai, dépouillé de tout appareil de guerre. Et cette remarque, avec la raison qui l'explique, a été définie par un de nos grands polémistes, en une réflexion d'autant plus significative et plus frappante sous sa plume belliqueuse, que sa carrière d'écrivain, à lui, a été employée tout entière, dans les combats de l'intelligence, à défendre, comme il le dit lui-même, les alentours du temple, où la parole divine se répand douce et féconde, par la bouche de l'Église sur le peuple chrétien : « Il y a, dit L. Veuillot, dans sa *Vie de Jésus-Christ*, différents degrés dans les régions de l'esprit ; la discussion appartient aux degrés inférieurs. En discutant, on se place toujours homme contre homme, la raison de l'un semble toujours valoir la raison de l'autre. En exposant, on place Dieu contre l'homme ». Autant la parole humaine est puissante et efficace dans celui qui expose, dans celui qui enseigne au nom de l'Église, surtout si l'Esprit-Saint ajoute à cet enseignement, comme nous le savons, des inspirations et une fécondité surnaturelle ; autant elle est infirme et stérile dans celui qui discute, même au profit du vrai, même pour la défense de la foi. Et vous sentez quelle chose petite et humaine deviendrait la théologie, si on la laissait entrer dans cette voie ; à quelle infirmité misérable elle descendrait, si, pour réfuter l'erreur, quittant le piédestal majestueux où J.-C. l'a placée, elle s'abaissait au rôle vulgaire de disputeuse. Comme, du reste, l'erreur ne veut et n'espère souvent que faire du scandale et obtenir du bruit, il est souvent plus efficace contre elle de la combattre par le dédain, non pas ce dédain calculé et mesquin qui est une faiblesse humaine et un stratagème de l'orgueil tremblant en cachette ; mais ce dédain royal et généreux d'une foi intelligente, qui ne s'amuse pas à chercher de petites réponses pour se disculper, et qui n'a qu'à exposer ses forces et affirmer ses principes, pour mettre en fuite l'hérésie ou la faire tomber à genoux.

La théologie n'a donc, même à ce point de vue, rien de mieux à faire, que d'exposer la vérité catholique dans la majestueuse ampleur de son unité et dans l'harmonieuse variété de ses admirables détails ; en découvrir le fond, aussi avant et aussi complètement que possible ; étaler enfin ses richesses et sa beauté tout intérieure, sans souci et sans crainte de la contradiction ; à la lumière de cette grande et souveraine affirmation, l'hérésie fondra, comme la glace au soleil.

Procéder ainsi, c'est prévenir et empêcher les malentendus, les équivoques et les faux concepts, qui sont la source des erreurs contraires ; c'est, par conséquent, ruiner d'avance toutes ces erreurs. Et, en ce sens, il est très vrai de dire que moins on s'en occupe, mieux on les réfute ; puisqu'alors elles se réfutent comme d'elles-mêmes, et il n'y a plus qu'à les laisser s'entre-détruire. En effet, tandis que toutes les vérités, coordonnées entre elles et exposées dans leur ensemble, se prêtent un mutuel appui, et ne laissent place, dans les rangs serrés de leur phalange, à aucun sophisme, à aucun malentendu ; il y a, au contraire, une loi de destruction réciproque et de variation, attachée au faux, en vertu de sa nature. Chaque erreur en particulier, n'étant qu'une des mille formes imaginables du faux et des innombrables manières possibles d'attaquer la vérité, l'esprit humain dévoyé n'a aucune raison de se lier à elle par une exclusive et constante fidélité ; à quoi lui servirait alors la liberté qu'il s'imagine avoir conquise, en s'affranchissant du joug de la foi, et qu'aurait-il gagné à se révolter ? Aussi, use-t-il largement du droit qu'il a de se contredire, d'un homme à l'autre, et de changer d'idée, d'un jour à l'autre, dans une seule tête.

Ainsi, la contradiction faite à la vérité, amasse contre elle-même toutes les contradictions possibles, en déchaînant leur principe ; l'erreur réfute l'erreur, sans même que la vérité ait pris la peine de se mêler au combat. Par contre, et pour la raison opposée, la parole révélée se donne à elle-même, et par une voie bien plus sûre que la discussion, la justification que lui demandait l'hérésie, — *Eloquia Dei justificata in semetipsa* [1] — c'est elle aussi qui, dans son innocence et sa simplicité, forte qu'elle est de son origine, et d'autant plus persuasive, que la limpidité de son enseignement n'est jamais troublée par l'horreur des disputes, illumine doucement les âmes, et les convertit, sans effort pénible ni contention, — *lex Domini immaculata convertens animas* [2]. — Nous autres catholiques, c'est la vérité qui nous délivre, comme dit l'Écriture, ce ne sont pas les arguments dont les hommes l'entourent et quelquefois l'embarrassent ; elle nous délivre, non seulement du mensonge, mais du besoin fâcheux de disputer contre lui ; sans cela, notre délivrance ne serait pas complète. L'hérétique, au contraire, a besoin de disputer, et contre la vérité, et contre le mensonge, parce qu'il s'est fait délivrer, lui aussi, mais par le mensonge, et seulement pour changer d'esclavage.

Quant à l'enseignement classique, qui est la matière de

1. *Psalm.*, XVIII, 10.
2. *Psalm.*, XVIII, 8.

l'éducation sacerdotale, il est vrai, pour être préparé au déplorable milieu où il sera bientôt jeté, le jeune clerc a besoin, dans nos tristes temps, d'être fortement armé pour la lutte et prémuni contre tant d'erreurs dont il trouvera les esprits empoisonnés, et qu'il aura mission de combattre. Mais c'est ici surtout que ma remarque a toute son application. D'abord, il doit bien plus encore se préparer au ministère positif et consolant de la vérité, qu'à la lutte contre l'erreur ; et, par conséquent, sa préparation doit consister bien plus encore à se pénétrer lui-même de la foi dont il va être l'apôtre, qu'à s'occuper d'avance des contradictions qu'il rencontrera ; car, quelque ministère qu'il reçoive, il aura toujours pour mission d'enseigner la vérité, bien plus que de soutenir des controverses et de réfuter des objections. JÉSUS-CHRIST, envoyant ses apôtres dans le monde, ne leur donne pour mandat que d'enseigner ; et saint Paul, dans ses épîtres, s'est souvent élevé contre cette manière d'entendre la mission apostolique du sacerdoce, qui la fait consister en disputes, procéder par mode de combat ; et il définit tout autrement la fin qu'elle se propose : *ad consummationem sanctorum, in opus ministerii, in ædificationem corporis Christi* (1).

Mais je vais plus loin. Même en tant qu'il se prépare aux controverses, et qu'il doit être rendu capable de porter les armes contre l'erreur, quand même il devrait faire de ce travail la principale occupation de sa vie ; je dis que le premier, le plus essentiel et le plus fécond élément de sa préparation, est encore l'étude ferme et approfondie des principes, je veux dire des dogmes de notre foi, médités d'abord et longtemps dans une paix complète, à l'abri des chicanes du monde où il faudra plus tard intervenir, et aussi loin que possible du champ de bataille où il sera chargé d'en faire l'application ou de les défendre. En toutes choses, surtout dans l'ordre des idées, et encore plus des idées religieuses, pour s'opposer à l'invasion du mal, et d'abord pour le découvrir et le connaître, la première condition, et ce qu'il y a de plus nécessaire, est encore d'avoir une connaissance approfondie du bien, de ses lois et des con-

1. *Ephes.*, IV, 12.

ditions où il peut se développer. Comme dans l'ordre physiologique, en médecine, la connaissance de l'organisme humain et de son fonctionnement à l'état sain, est le point de départ de la science même des maladies, et la condition première de l'art de les guérir : ainsi, dans l'ordre intellectuel, le mal ne peut être bien aperçu et bien expliqué qu'à la lueur du vrai principe doctrinal ; et le remède lui-même dérivant de la loi qui produit l'état de santé, ne peut être découvert qu'à la lumière de cette même loi. Je dirai même, pour ce qui est des maladies de l'intelligence, et de l'action qu'exercent sur elles les vérités révélées, qu'il ne suffit pas au prêtre, pour traiter ces maladies lamentables avec une vraie compétence, de connaître le bien dans sa réalité concrète et pratique, dans sa forme applicable aux circonstances, adaptée aux nécessités du temps, à l'esprit du siècle, aux mœurs régnantes ; mais qu'il doit, remontant jusqu'aux sommets les plus élevés de la science spéculative, étudier ce bien dans sa nature métaphysique, dans ses principes les plus profonds, et dans les doctrines où il a sa source et d'où sont tirées ses lois, enfin dans sa *théorie*, si vous voulez, car je n'ai pas peur de ce mot, et je trouve qu'on a trop peur aujourd'hui de la chose qu'il représente. En un mot, former des *hommes de principes*, *des hommes de doctrine*, voilà le tout de l'éducation sacerdotale pour la partie intellectuelle. Et quand on aura cela, on ne manquera ni de polémistes capables de diriger au besoin une controverse, et de soutenir avec honneur le combat contre n'importe quelle erreur ; ni de pasteurs capables de conduire avec zèle et prudence le gouvernement pratique du ministère, et d'enseigner solidement le peuple chrétien ; ce qui, après tout, restera toujours la grande tâche du sacerdoce — *porro unum necessarium !*

Et, comme je disais plus haut qu'il faut la solitude et le silence extérieurs et intérieurs, pour rendre possible et surtout pour rendre fécond le vrai travail théologique ; que sera-ce, si nous parlons du jeune homme qui commence à s'exercer dans ce travail, pour se former à la vie sacerdotale ! Et si nous cherchons dans quel milieu il faut le placer, quel genre de vie lui composer, quelle direction donner à ses études, pour faire de lui cet *homme de principes;* combien sera-t-il important, de réserver tout entière pour l'étude recueillie et positive, cette période précieuse et délicate de sa vie! Il ne suffira même pas d'abriter son âme, pendant ces années décisives, contre l'agitation et le tumulte du monde; cette condition, en ce qu'elle a de matériel, n'est nulle part mieux réalisée que dans le régime de nos séminaires de France ; c'est une des saintes choses que nous devons, après le Concile de Trente. à la société de Saint-Sulpice, et dont l'idée, empruntée aux ordres religieux, a été très heureusement appliquée à la formation du clergé séculier. Mais cette préservation matérielle ne suffit pas. Il faut encore écarter des premières études théologiques le souci prématuré des luttes auxquelles la vérité est soumise au dehors, et tenir l'éducation sacerdotale soigneusement, strictement en dehors de cette arène troublée, où le jeune prêtre descendra toujours assez tôt, et à l'abri de tout commerce actuel avec le tumulte des controverses contemporaines ; car c'est surtout à lui que ce commerce serait funeste.

Je le sais, la connaissance de l'erreur et la pratique de la controverse, par des exercices d'argumentation, est une ressource précieuse, ou plutôt une nécessité de l'enseignement et de la victoire sur le faux, et même un élément de l'étude du vrai. Les jeunes intelligences, en particulier, ont besoin de s'habituer, dès les années de leur éducation philosophique et théologique, à réfuter l'erreur, non pas seulement pour s'exercer à la combattre, mais même pour approfondir actuellement le vrai, et d'ailleurs pour se former à l'art difficile de le discerner du faux, et de juger sainement des choses de l'esprit. Mais ce n'est pas de quoi il s'agit; et quand je parle du danger des controverses et de la méthode polémique, ce n'est pas à ces innocents combats et à ces pacifiques exercices que je m'en prends. Ces guerres non sanglantes ne préoccupent pas au détriment de la science ; loin de détourner l'attention, et de rapetisser le travail, elles ont pour effet d'aider et d'agrandir les études. Mes réflexions subsistent donc en entier, et j'ose encore ajouter ceci, avec la confiance assurée d'être dans les principes, et sans crainte d'être démenti par l'expérience : le jeune théologien se préparera d'autant mieux à travailler utilement dans les controverses et contre les erreurs de son temps, qu'il en fera et qu'on lui en fera faire plus complètement abstraction aujourd'hui, dans son éducation ecclésiastique, qu'il se laissera moins distraire de ses saintes études par leur souvenir, et qu'il leur aura moins permis d'envahir son intelligence, et d'influer sur la direction donnée à ses travaux.

A tous ces points de vue donc, soit dans l'enseignement pratique, distribué par la prédication de l'Église à toutes les classes du peuple chrétien, soit surtout dans cet enseignement théorique et supérieur, qui est la source de l'autre et qui forme les générations sacerdotales, le labeur premier du sacerdoce, celui qui doit servir de base à tout le reste, et qui d'ailleurs a mission et grâce d'état pour répondre à tous les besoins et suffire à tout, c'est encore de réserver le meilleur de son étude, la première et la plus grande partie de ses forces, pour l'intérieur de la vérité, indépendamment et même à l'exclusion de toute controverse et objection, dont le soin viendra en son temps, et prendra toujours assez de place dans la vie. Enfin, dans le travail même de la controverse, et dans la manière de procéder contre l'erreur, il y a, pour ceux qui ont cette charge, une mesure à garder : ne pas livrer son intelligence tout entière et sans réserve à ce côté contentieux et négatif de la doctrine, et se rappeler que le grand point de vue de la théologie n'est pas le combat, mais la prédication ; revenir toujours à la partie solide et affirmative de l'enseignement, pour y retremper les forces de son âme, et y renouveler ses vues ; enfin, se souvenir que l'endroit vraiment victorieux d'une réfutation ou d'une polémique, est toujours celui où le théologien rapproche son adversaire et se rapproche lui-même des principes, en faisant appel à l'enseignement positif.

Remarquez-le, c'est bien ce qu'ont pensé et surtout pratiqué les anciens de la doctrine, qui sont nos modèles, et dont les ouvrages ont tant d'autorité dans l'Église. On peut suivre, dans l'histoire, la glorieuse et immortelle lignée des savants défenseurs de la foi catholique, et il n'y a pas de spectacle plus grandiose à contempler. La chaîne en est continuée à travers la Tradition, depuis les premières origines, et prolongée jusqu'à nos jours, comme celle des saints, et souvent identique à celle des saints, pour prouver que dans la divine institution du christianisme et dans la vie surnaturelle de l'Église, *doctrine* et *sainteté* sont inséparables, se produisant et s'attirant l'une l'autre, par une influence réciproque. Or, voyez ces grands hommes, quand ils ont eu lieu de se mesurer avec les erreurs doctrinales de leur temps ; étudiez non seulement la matière, mais le procédé même de leurs travaux, dans ces circonstances ; cherchez enfin, dans leurs ouvrages, les règles qu'ils ont suivies dans leurs luttes contre l'hérésie, et qui doivent présider, selon eux, à la défense apologétique et polémique du dogme, dans les controverses. C'est d'abord bien plus dans le silence de la retraite, que dans les luttes dissipées du monde, que se préparaient ces chefs-d'œuvre de doctrine et de piété, où la profondeur des vues métaphysiques s'allie toujours aux plus pieuses et aux plus ravissantes élévations de l'âme. C'est ainsi qu'ils arrivaient, par la contemplation appliquée à l'étude, à cette ampleur de méthode et à cette majesté de vues, qui réduisaient et entraînaient irrésistiblement les esprits, bien plus en faisant resplendir la vérité qu'en confondant l'erreur. Leurs travaux profonds, où il est très peu question de l'erreur, et qu'il suffit pourtant de montrer pour dissiper l'erreur, servent désormais si puissamment à la défense des vérités religieuses, quand elles sont attaquées et de quelque côté qu'elles le soient, qu'à peine peut-on comprendre comment se ferait aujourd'hui cette défense, si ces œuvres admirables, suscitées par la Providence et composées par leurs auteurs en vue d'une époque et de circonstances particulières, mais autant, mais plus encore, eux-mêmes le déclarent assez souvent, pour les besoins de l'avenir et à l'usage des générations futures, n'avaient été conservées par l'Église avec un soin religieux.

Ils ont pourtant réfuté, eux aussi ; car à toutes les époques de la vie de l'Église, à partir de son premier âge, le dogme a eu des contradicteurs, des *protestants*, et aussi des apologistes pour répondre à leurs attaques ; et à chaque époque, dans chaque controverse, dans chaque circonstance difficile, nous voyons Dieu susciter des hommes de choix, des esprits plus fortement trempés, composés pour ainsi dire et armés tout exprès, pour se mettre en travers de l'ennemi, et tenir tête aux préjugés répandus par l'esprit d'hérésie. Et, ordinairement il y en a un parmi eux, un Justin, un Irénée, un Athanase, un Augustin, un Bellarmin, un Liguori, plus visiblement élu, et préparé tout exprès pour cette forte mission, plus puissamment armé de génie et de vaillance, pour commander et diriger la grande armée des apologistes. L'hérésie ne chôme pas, l'apologie non plus.

Or, ces grands esprits restent toujours les modèles de l'affirmation et de la prédication positive, en même temps que de la démonstration et de la lutte ; ils n'oublient jamais, dans l'entraînement et dans la dissipation des combats, le grand rôle de l'enseignement catholique, la grande et majestueuse position de l'Église. L'immense majorité des ouvrages qu'ils nous ont laissés, ont été inspirés par le besoin de réfuter les erreurs auxquelles ils ont eu affaire. Mais, comme avant tout ils soignent le côté positif de la doctrine, insistant d'abord et toujours sur sa partie affirmative, faisant surtout consister leurs réponses à exposer le vrai, et d'autant plus forts contre l'erreur à cause de cette méthode même ! Et, quand ils réfutent directement, comme ils ont su le faire avec mesure, en se renfermant toujours dans la citadelle de la doctrine, au centre de la foi qui s'affirme ! Quelles richesses dogmatiques ! Quels trésors d'idées dans leurs réponses, et dans les endroits les plus polémiques de leurs réfutations ! Quels profonds aperçus ! Quels riches éléments *l'exposition* y trouve à glaner, et comme le *contemplateur*, qui se plonge dans ces océans de doctrine, y trouve à délecter son intelligence, à nourrir son âme de principes et de foi !

Lisez donc, parmi les opuscules de saint Thomas, quelques-unes de ses réfutations—car au moyen âge même, bien que les besoins de la polémique fussent moins pressants, il y avait toujours occasion de combattre, et matière à réfuter. Parcourez seulement, et rien qu'en lisant les titres de leurs chapitres, les réfutations de saint Augustin contre les pélagiens et les donatistes ; et, pour donner un seul exemple, choisi parmi les plus frappants, lisez le *Psalmus contra partem Donati*, qui est positivement une chanson populaire, pour couler le parti donatiste dans l'esprit des masses, et par conséquent ce qu'il peut y avoir au monde de plus polémique. Lisez le *symbole de saint Athanase* contre les ariens ; le traité de saint Irénée *contre les hérésies; l'apologétique* de Tertullien, le *dialogue* de saint Justin avec *Tryphon;* les écrits si courts et si substantiels, composés contre les premières hérésies par les Pères du premier âge, ceux qu'on appelle les *Pères apostoliques*, et qui ont reçu leurs inspirations et puisé leur méthode dans la parole même des apôtres; les *Épîtres* de saint Ignace et de saint Polycarpe, qui tracent les premiers linéaments de l'apologétique chrétienne. Remontez encore plus haut, allez à la source même, à la source divine inspirée, lisez les écrits des apôtres qui composent le Nouveau Testament; la Tradition nous apprend, et bien des détails pris dans leur texte nous indiquent, que tous, ou à peu près tous, sont des réponses à l'adresse de l'hérésie.

Allez enfin à celui-là même qui a les *paroles de la vie éternelle ;* lisez les discours de N.-S., en vous rappelant qu'il répondait à de continuelles attaques, qu'il réfutait, entre autres erreurs, les préjugés et le sens faux des pharisiens, leur perverse intelligence de la religion et des Écritures, et qu'il redressait l'idée funeste que les Juifs s'étaient faite de la loi et des révélations divines. Et qui sait si bientôt, éclairés par ces étonnantes découvertes qui se poursuivent en Orient, et où les divins artifices de la Providence apparaissent d'une manière si visible, amenant immanquablement le rationalisme, auteur et surveillant de ces recherches, à découvrir sa propre condamnation, qui sait si nous ne devrons pas appliquer l'observation précédente bien plus loin dans le passé, et, remontant tout le cours de l'ancien monde, la voir surgir de toute ou presque toute la série des livres historiques, et de plusieurs des livres dogmatiques de l'Ancien Testament ; trouver enfin, dans le Pentateuque, la réponse authentique du premier des théologiens inspirés, aux hérésies de son temps; je veux dire un récit officiel des origines écrit et publié, dans l'intention expresse de Moïse ou plutôt du Saint-Esprit, pour opposer la version divine à ces récits anciens et contradictoires, répandus alors en Orient, mélange de vrai conservé des traditions primitives, et de faux ajouté par l'imagination humaine. Moïse, en recueillant ces précieux souvenirs, conservés avec un soin pieux et une assistance céleste, dans la lignée patriarcale et au sein du peuple de Dieu, aurait donc eu pour but de défendre à jamais nos divines traditions contre les attaques de l'erreur, de les mettre en pleine lumière et hors de tout danger d'altération. Quand cette supposition, qui devient tous les jours plus vraisemblable, aura pris droit de cité dans l'histoire, il se trouvera que la première en liste de toutes les réfutations doctrinales, en même temps que la plus éminente en autorité, et la plus théologique à tous les titres, c'est le premier chapitre de la genèse, si profond, si riche en substance, que toutes les sciences sacrées et profanes, occupées depuis dix-huit siècles à l'étudier, sous toutes ses faces et dans toutes ses syllabes, n'ont pas épuisé la matière ; si tranquille surtout et si absolument supérieur à toute préoccupation polémique. Mais alors donc quelle réfutation !

Or, oublie-t-on cependant que ces discours divins et ces écrits inspirés ont été composés, et nous ont été donnés pour être le type des nôtres ; que tout ce qui a été écrit, l'a été, comme dit saint Paul, pour notre instruction, *quæcumque scripta sunt ad nostram doctrinam scripta sunt* (1).

Lisez tous ces ouvrages, en vue d'y retrouver les principes de l'Église, les règles qu'elle a suivies en face de l'erreur, et comment elle entend que le théologien catholique doit lui-même se conduire en pareille situation. Quelle méthode de guerre ! Quelles réfutations, ou plutôt quelle prédication ! Voilà pourtant les livres qu'autrefois on présentait, et que l'Église présente encore au monde comme la réponse à ses erreurs, le remède à ses maux, et la nourriture substantielle, puissante, féconde des intelligences.

Mais je vais peut-être chercher mes arguments trop loin

1. *I Cor.*, IX, 9.

dans le passé, à des époques où la controverse, quand controverse il y a, est moins vive, et les occasions de combattre moins fréquentes. Eh bien ! si vous trouvez mes observations peu concluantes, à cause du caractère tout particulier de notre temps, qui empêche de le comparer à tout autre ; venez au cœur même et en pleine effervescence de la grande controverse protestante qu'on pourrait appeler la *controverse par excellence.*

Certes nous y trouvons des théologiens, et la leçon de leur exemple a toute valeur et toute autorité pour s'appliquer à notre situation,sous ce rapport. Ce fut précisément la gloire et le triomphe des grands docteurs, qui ont été les représentants et les défenseurs de la doctrine catholique en cette terrible crise, d'avoir su parfaitement garder cette mesure ; accorder ces deux grands intérêts qui n'en font qu'un, la controverse et les principes, l'intérêt de circonstance et l'intérêt plus général et plus durable de la science sacrée ; et, sans changer, je ne dis pas la substance de la foi, ce qui serait peu dire, mais les règles antiques de la méthode traditionnelle, s'adapter aux besoins des temps nouveaux ; opposer à l'erreur le remède précis qui lui faisait découvrir une veine entière et admirablement riche de trésors théologiques ; et, en unissant en une seule méthode les deux genres de travaux, fonder un enseignement, non pas certes plus parfait comme exécution, *comme résultat obtenu et une fois réalisé*, que le travail des scolastiques, mais j'ose dire, plus rapproché encore, *comme conception*, *comme type*, du vrai et immortel idéal de la théologie, et ouvrant à l'étude de la Révélation une voie encore plus large et un avenir encore plus fécond.

Ils ont pourtant, eux du moins, un peu pratiqué la controverse, et dans des circonstances où elle était assez vive, ces grands théologiens : Cano, Thomassin et autres, dont on pourrait presque dire, comme de l'Écriture, que tout ce que contiennent leurs ouvrages a été écrit pour notre instruction ; cette Compagnie de JÉSUS tout entière, qui a été si visiblement suscitée de Dieu pour servir de rempart à la doctrine catholique contre le protestantisme, combien de fois en a-t-on fait la remarque, et avec quelle vérité éclatante et prouvée par toute la suite de l'histoire depuis trois siècles ! Ceux surtout de ses anciens membres à qui j'attribuais plus haut d'avoir dirigé le mouvement doctrinal, marqué la voie à l'enseignement moderne, et fondé la dernière de nos grandes époques théologiques : ce Bellarmin, dont les ouvrages sont le répertoire universel de la controverse doctrinale ; ce Cornélius qui, réunissant dans son immense travail tous les trésors de la tradition, méditant l'Écriture inspirée, rétablissait pratiquement contre les protestants la méthode catholique d'interprétation des Saints Livres ; ce Pétau, qui butinait toutes les richesses de l'antiquité chrétienne, et la faisait parler de sa plus grande voix contre toutes les hérésies ; tous enfin, ont combattu l'erreur, ont fait de la polémique, ou prouvé le dogme par témoignage et par érudition. Mais ils ne se sont pas oubliés dans ce travail secondaire ; ils n'ont pas négligé la partie la plus élevée de l'étude, la contemplation. Enfin, la recherche de l'intelligence restait toujours et en tout état de cause, dans leurs ouvrages comme dans la réalité de la science, l'élément principal, l'élément le plus précieux et le plus théologique, je dirai plus, le propre élément théologique, l'objet même, l'objet formel de la théologie, puisque la théologie est la *science de la foi*, et la recherche de l'idée dogmatique contenue dans la parole divine.

Encore faut-il ajouter cette observation qui ne surprendra pas, car c'est une loi dans la prédication catholique : parmi ces grands théologiens, ceux qui répondirent le plus victorieusement à l'hérésie, et dont les ouvrages lui ont été le plus redoutables, furent précisément ceux qui résistèrent le mieux aux entraînements de la polémique, et aux tendances funestes que j'accusais précédemment, ceux qui laissèrent le moins sentir, dans leurs travaux, la situation militante et pénible du moment, et qui restèrent absolument fidèles aux traditions anciennes. Votre immortel Suarez surtout — ce grand restaurateur de la scolastique au XVIIe siècle, « en qui, comme disait Bossuet, l'on entend toute l'école moderne », mais en qui aussi l'on retrouve toute la substance, et, pour ainsi dire, les meilleures vues des écoles anciennes, tant il a bien su réunir à la fois et en un seul corps de doctrine tout ce qu'il y avait de bon partout, et donner, dans une forme nouvelle, toute la doctrine antique. — Suarez a, mieux que tout autre, fait cet accord, et s'est davantage approché de ce type idéal. En même temps qu'il entrait à pleines voiles, lui surtout, dans le mouvement nouveau, qu'il le dirigeait même, et le devançait, par la méthode de ses travaux ; il continuait, au sein d'une époque agitée par les disputes, la belle tradition des contemplations, et complétait l'œuvre des scolastiques.

Et ainsi, même au temps de la théologie positive et au cœur de ce mouvement, la grande spéculation contemplative restait en honneur et en usage dans l'Église ; elle trouvait toujours, non seulement des admirateurs, mais des disciples, dans les meilleures écoles, dans celles qui recevaient de plus près, qui conservaient plus fidèlement, et qui représentaient avec plus d'autorité le véritable esprit de la théologie. Et c'est dans les ouvrages de ces grands hommes qu'on trouve, encore aujourd'hui, avec d'éminentes leçons théoriques et pratiques sur la conduite à suivre dans l'enseignement des sciences sacrées, en temps de controverse, la véritable exposition de la foi, dans sa pureté antique, dépouillée des défauts du dernier âge qui les avait précédés, et enrichie des expériences et des découvertes précieuses que la lutte où ils furent mêlés a fait faire à l'enseignement.

Faut-il maintenant, à côté de ces exemples pris dans le passé, et pour leur faire contraste, en chercher un tout opposé dans l'histoire de notre apologétique moderne ? L'expérience de notre temps n'est certes pas pour nous donner tort en ceci, et pour démentir mes observations. Je parle ici de la France, où l'expérience dont il s'agit est malheureusement plus complète et plus frappante. D'abord, depuis qu'on dispute, qu'on prend tant de souci de la polémique, et qu'on donne tant de place à la partie contentieuse de la doctrine ; depuis surtout qu'on a fait entrer la controverse dans l'enseignement classique de la théologie, et non plus seulement à titre *d'exercice*, mais à titre *d'enseignement*, ce qui est tout autre chose ; qu'a-t-on gagné contre l'erreur, ou, pour mieux dire, que n'a-t-on pas perdu ? Y a-t-il du reste quelque chose à gagner contre la mauvaise foi ; et le mieux à faire, après avoir suffisamment éclairé le peuple chrétien, détrompé les simples, et prévenu les âmes de bonne volonté — ce qui, en somme, est encore une besogne assez courte à faire — le mieux n'est-il pas, au moins pour le clergé, de revenir et de s'attacher à la partie doctrinale et solide de l'enseignement, à celle qui nourrit, fortifie, et, par surcroît, contient encore toute réponse et toute préservation contre le faux ? Eh quoi ! faut-il dépenser des vies de théologiens, et consacrer d'énormes collections de gros volumes, à relever soigneusement, à réfuter un par un, tous les mensonges et tous les rêves absurdes qui paraissent devant le public — comme ces braves gens qui, au temps de Voltaire, passaient leur vie à feuilleter les 70 volumes de cet insensé, à en extraire toutes les propositions impies, malsonnantes ou suspectes, pour les réfuter au long et au large, en bonne et irréprochable forme, dans des in-folio formidables ! Surtout, est-ce au clergé de faire cette besogne, d'y mettre son âme, et d'y dépenser ses précieuses études, qui sont la source où vient s'abreuver le monde ? L'erreur ne demande souvent qu'à faire du bruit ; et celui qu'on fait pour la combattre directement, est ordinairement pour elle une réclame très efficace auprès des esprits faux ou mal disposés. Elle a eu satisfaction, au moins sur cet article, et les luttes bruyantes qu'on a soutenues contre elle, ont été non seulement du temps perdu pour nous, mais une publicité puissante faite à son profit, et un élément de son succès scandaleux. Par l'excès d'audace radicale et triomphante où il est venu aboutir de nos jours, le rationalisme tant combattu nous fait cette démonstration : il nous prouve le défaut, l'inanité de cette méthode, qui consiste à s'occuper plus de l'erreur pour la combattre, que de la vérité pour l'approfondir et la prêcher. Cet argument négatif, tiré de l'inefficacité de la marche qu'on a suivie jusqu'ici, vaut déjà quelque chose.

Mais je vais plus avant, l'expérience de notre temps est plus concluante, et je dis que la prédominance de la méthode polémique a été non seulement insuffisante et inutile contre le mal, mais funeste à l'autre côté, au côté substantiel de l'enseignement. Cette habitude universelle et constante, cette préoccupation, cette nécessité, si vous voulez, des travaux de controverse et par conséquent de circonstance, a produit, même dans nos rangs ecclésiastiques, tout aussi bien que chez les laïques, ce genre d'esprits très habiles, surtout très expéditifs de plume et même de pensée, capables de répondre très vite, et de produire, du jour au lendemain, une étonnante quantité de pages d'écriture bien tournées ; mais légers d'aperçus, peu pénétrants de regard, incapables d'une méditation suivie et approfondie sur un sujet quelconque. Et puis, ce genre d'études chicanières et superficielles, qui se disputent l'honneur de notre lecture, sont si éloignées des études fondamentales, si peu capables surtout de nourrir, de fortifier les intelligences modernes, et encore moins de les guérir de la phthisie dont elles meurent !

Le journalisme et la brochure, que Chateaubriand appelait, un peu sévèrement sans doute, *la mesure de notre portée intellectuelle*, mais qui, dans tous les cas, mériteraient ce nom encore plus aujourd'hui que de son temps, sont un spécimen très caractéristique des études dont je parle, et de la légèreté où elles ont fini par conduire les esprits. La polémique a sa grande, et, selon moi, la plus grande part de responsabilité, dans cet affaiblissement intellectuel ; elle est sans doute une nécessité, mais elle est aussi un écueil ; et parce qu'on n'a pas su éviter l'écueil, elle est devenue chez nous une cause puissante et active de décadence doctrinale. Et, quand même la grande hérésie moderne, mère de toutes les autres, le protestantisme,— dans lequel je comprends naturellement toutes ses variétés, jusqu'à la dernière et la plus radicale, l'impiété rationaliste de notre temps — n'aurait pas pour objectif de faire des prosélytes pour lui-même, et de s'établir comme secte en face de l'Église ; quand même il n'aurait pas perdu directement tant d'âmes, en leur enlevant le principe de la foi ; s'il n'avait eu pour visée que d'amener un grand nombre d'écrivains catholiques, d'ailleurs restés fidèles, à venir briser leurs forces sur cet écueil, et à gaspiller leurs ressources en travaux d'érudition de second ordre, en guerres de détails et d'objections, à se rendre ainsi superficiels, puis désunis, et bientôt impuissants ; il aurait déjà fait beaucoup contre les intérêts de la société chrétienne ; il aurait surtout, en faisant pénétrer ce mal jusque dans l'enseignement clérical, enlevé au sacerdoce une grande partie de cette puissance doctrinale, que nous voyons si faible aujourd'hui chez nous, et qui a cependant pour mission et pour promesse, quand elle est à son état normal, d'être la première force du monde, celle qui remporte sur le siècle la suprême victoire : *hæc est victoria quæ vincit mundum fides nostra* [1].

Notre siècle, ceci soit dit sans nier ce qu'il a de bon et d'éminent par ailleurs, est un siècle de tapage et de dissipation intellectuelle ; ses travaux, souvent même ceux qui sont dus aux meilleures inspirations, sont en général des œuvres hâtées, auxquelles il a manqué d'être méditées dans la solitude, loin du tumulte et des disputes du monde. Elles n'ont pas été conçues dans la contemplation ; le parfum du désert ne les a pas mûries ; et on ne peut pas leur reprocher, comme aux discours de cet orateur antique, de sentir l'huile ; elles sentent plutôt la poudre, je veux dire la chicane. La polémique absorbe toutes les ardeurs et les méditations des plus sains esprits. Le clergé n'a pas échappé à ce courant qui a pénétré, comme je vais le dire, jusque dans ses écoles ; ses travaux s'en ressentent fort bien. J'en conviens, le prêtre doit se mêler en partie aux luttes intellectuelles du monde, pour diriger le travail des défenseurs de la vérité. Je suis loin de penser, comme quelques-uns, qu'il doive se retirer, par exemple, de la politique, en se désintéressant des événements qui s'y produisent, et des questions qui s'y agitent, et se tenir loin de la société qu'il a mission, au contraire, d'éclairer et de sauver. Mais encore, est-il plus salutaire, pour lui et pour le succès de sa mission, qu'il ne se jette pas trop en avant, et surtout qu'il ne passe pas la plus grande part de sa vie dans ce tourbillon de la polémique, et sur ce terrain profane.

S'il faut préciser, j'en donnerai un exemple qui tient une grande place dans l'ordre de faits dont je parle : je ferai remarquer qu'il convient au clergé de s'adonner très peu, aussi peu

1. *I Joan.*, V, 4.

que possible, au journalisme ; je parle du journalisme de politique, et, dans mon intention, il faudrait encore appliquer au journalisme de controverse religieuse, sinon la même remarque dans toute son étendue, au moins son esprit. Les raisons en sont dans ce que j'ai dit ; et elles pourraient servir d'argument pour appuyer la thèse que soutenait un jour, avec beaucoup de sens, selon moi, mais sans en donner peut-être toutes les raisons, et surtout les plus profondes, l'un des princes du journalisme, à qui personne ne peut refuser une grande intelligence des choses catholiques, et une expérience consommée de notre état social. Voici le sens de cette thèse : Il est plus avantageux, en France, et à la cause catholique, et à la bonne direction du clergé sous tous les rapports, que l'homme d'Église en général ne s'adonne pas spécialement au journalisme ; mais, tout en gardant, comme c'est nécessaire, la haute direction doctrinale, et, pour ainsi dire, le haut domaine sur la presse catholique, il est mieux que, dans la pratique, il laisse à d'autres combattants, armés pour la même cause, mais voués par leur vocation à un autre genre de vie et de travail, le souci, très ingrat d'ailleurs, et la besogne salissante, de descendre et surtout de séjourner dans cette arène, trop dissipée pour lui.

Vous trouverez sans doute, et avec raison, que je me suis étendu bien longtemps sur cette question ; mais elle rentre tout à fait dans l'ordre de considérations que je vous ai promis. Vous remarquerez aussi son importance exceptionnelle, dans le mouvement de travaux théologiques dont j'ai entrepris de vous parler, et la portée immense du danger que je signale, si vous vous rappelez que toutes les parties de l'enseignement théologique, jusque dans ses plus infimes détails, ont été, à quelque époque, fouillés par l'hérésie, et sont encore et seront toujours en butte aux contradictions des esprits dévoyés. Si donc, sous prétexte de défendre ce qui est attaqué, on laissait prévaloir, dans l'enseignement, la tendance que je viens de dénoncer, toute la théologie se tournerait bientôt en polémique, la chicane s'étendrait à tout, puisque l'objection s'étend à tout, et qu'il faut tout défendre ; le désordre dont je parle envahirait ainsi, par la méthode, tout le domaine de la science sacrée, dans toute son étendue. C'est là, je trouve, un des grands dangers de la méthode; c'est là, à la suite et, comme je l'ai dit, en conséquence du gallicanisme, celui qui a fait le plus de tort chez nous à la doctrine envisagée sous toutes ses faces : enseignement donné aux jeunes clercs dans l'éducation ecclésiastique, et enseignement donné au peuple chrétien par le sacerdoce ; prédication par la parole qui tombe toute vivante et enflammée dans les âmes ; prédication par la parole écrite et conservée dans les livres. Je lui devais donc bien ces quelques pages.

Tout le monde aujourd'hui se plaint de l'insuffisance, et de la légèreté des études, d'un abaissement général dans la trempe des esprits et dans la portée des productions intellectuelles, même pour le clergé. Si ces plaintes sont fondées ou non, je ne le décide pas ; mais je constate, et il est facile de constater, qu'on les lit et qu'on les entend partout. D'où vient cette infériorité des esprits, ou au moins des études, et, visiblement, du fruit qu'elles doivent produire dans l'ordre social ? C'est peut-être un secret, mais ce n'est pas un mystère, et ce secret n'est pas sans doute insondable. Je propose ma conjecture : Produisez dans les écoles, et procurez aux esprits la même préparation, les mêmes conditions d'études et le même milieu où ont travaillé les anciens ; vous aurez les mêmes résultats ; vous en aurez de meilleurs, car les ressources sont bien plus grandes, sous une foule de rapports, et je me suis engagé à prouver plus loin qu'on peut faire mieux que les anciens. En attendant que j'en explique ma pensée, j'ai la prétention d'avoir, dans les pages qui précèdent, mis le doigt sur une des plaies les plus considérables de notre enseignement, et analysé ses causes. Le remède s'en suit tout naturellement ; il me semble clair, précis et d'une application fort pratique. Je le formulerai pour ainsi dire scientifiquement en ces trois mots, qui résument les réflexions précédentes : viser avant tout à former des *hommes de doctrine*, plutôt que des hommes de discussion ; — que les études où ils doivent se former soient *toutes de principes ;* — dans l'enseignement distribué au peuple chrétien, sous quelque forme que ce soit, s'attacher surtout à *exposer la vérité*, bien plus qu'à réfuter l'erreur.

Si du reste les idées que je viens de développer étaient justes, elles seraient tout à la fois le principe des critiques de détail qui me restent à faire maintenant, pour préciser moi-même cette analyse, et montrer encore plus clairement où gît le mal, et la source des mesures que je propose aux hommes du métier, pour remettre dans sa grande et magnifique voie l'enseignement théologique. Car enfin, autant vaut-il le dire clairement, c'est là le but pratique auquel tout le monde vise, et il ne s'agit pas d'autre chose.

Je me demande pourquoi notre grand Pie IX, si sage en tous ses actes, a décerné, jusqu'à trois fois, dans le cours de son seul pontificat, un titre et un honneur que le Saint-Siège réservait dans le passé avec tant de parcimonie, et décernait avec tant de prudence et si rarement ; je veux dire le titre de *docteur de l'Eglise universelle* qu'il a donné à saint Hilaire, à saint François de Sales et à saint Alphonse de Liguori. Me ferai-je illusion, en trouvant encore dans cette disposition extraordinaire de Pie IX, comme dans une autre dont j'ai parlé en commençant ce travail, une confirmation des idées que je vous expose, et une lumineuse leçon pour l'enseignement sacré sous le rapport de la méthode ? Les raisons de cette disposition de Pie IX, en effet, ne sont pas seulement prises dans la sainteté et dans la science, d'ailleurs admirables, de ces trois saints docteurs, déjà depuis longtemps placés sur nos autels, et jouissant d'une grande autorité dans nos écoles. Bien d'autres, à ce titre, si j'ose le dire, auraient eu droit au même honneur. Ces raisons, elles sont prises dans les époques où ils ont vécu, comparées à la nôtre, dans le rôle qu'ils ont joué, comparé à celui que doit remplir aujourd'hui le théologien catholique, enfin dans un rapport tout spécial et très visible que leurs travaux ont avec les besoins de l'enseignement sacré en notre temps, et qui donne à cet exercice exceptionnel de l'autorité doctrinale du Saint-Siège, une opportunité et une portée particulières. Je trouve que tous trois ont été suscités de Dieu à des époques éloignées l'une de l'autre, et dans des circonstances bien différentes, mais dans des situations analogues de l'Église, et tous trois dans ce rapport commun entre eux et avec notre temps, qu'ils appartiennent à des siècles de grande controverse, et ont vécu au milieu de sociétés agitées par l'erreur doctrinale. Ils ont eu à lutter contre des hérésies, et des hérésies qui, vues de près et à fond, ont un rapport intime avec celles de notre temps, et atteignent, de leurs négations, précisément des points de la doctrine chrétienne encore menacés aujourd'hui. Je ne puis m'étendre sur ce point de vue, je le livre sans autre explication à vos études.

Entre autres intentions qu'il a eues, en leur rendant cet honneur, et en donnant à leurs écrits l'autorité attachée à ce titre, dans un siècle comme le nôtre, où la controverse absorbe pour ainsi dire toutes les forces intellectuelles, où l'enseignement n'a presque plus d'autre forme et d'autre visée que le combat, et où la presse catholique, où la parole sacerdotale surtout, a tant à faire contre les erreurs de tout genre répandues et débordant partout ; Pie IX n'a-t-il pas voulu proposer aux écrivains de notre âge, appelés aussi à défendre leur foi contestée ou falsifiée, les types officiels du travail que l'Église entend faire sur la Révélation, quand elle est menacée, les modèles autorisés du polémiste, du théologien, de l'écrivain catholique ; et quels modèles !

On l'a fait remarquer, particulièrement pour notre admirable saint François de Sales, cher entre tous aux cœurs catholiques, en même temps que recommandé entre tous par sa science, par sa prudence dans les luttes contre l'hérésie, et par cette lucide et profonde intelligence des besoins de l'Église et des devoirs de l'enseignement sacré dans les temps modernes : son livre des *controverses*, petit par l'étendue, riche, par la substance, sobre de réfutations directes et de démonstrations de détail, mais complet parce qu'il est tout de principes et qu'il va droit au fond des choses, est encore aujourd'hui le résumé doctrinal le plus philosophique et le plus précis des questions impliquées dans la querelle du protestantisme, le trésor des principes qu'il fallait mettre en jeu pour les résoudre, et dont le triomphe doit être toute la victoire de l'Église dans cette lutte. Saint François de Sales est le type achevé de la controverse doctrinale, appropriée aux esprits et opposée aux erreurs de notre âge, et c'est un des grands considérants du décret qui inscrit son nom dans la glorieuse liste de nos docteurs (1).

Cette remarque, il faut l'étendre aux trois saints écrivains dont je parle. Or, comment entendaient-ils la controverse ? Tous leurs ouvrages nous le disent, et nous offrent le modèle pratique et autorisé de la controverse doctrinale, sans compter les préceptes théoriques qu'ils ont souvent formulés à ce sujet. Le beau mot que saint François de Sales écrit à Madame de Chantal ! Il vient de lui raconter une conversion qu'il a faite, en prêchant sur le *jour de jugement*, en dehors de toute idée polémique ; il ajoute : « Voyez-vous, ce sermon-là, qui ne fut pas contre l'hérésie, respirait néanmoins contre l'hérésie ; car Dieu me donna alors cet esprit en faveur de ces âmes. Depuis, j'ai toujours dit que qui prêche avec amour, prêche assez contre l'hérétique, quoiqu'il ne dise un seul mot de dispute contre lui (2) ». L'admirable règle pour la prédication ! Et comme elle s'applique bien à la prédication théologique prise dans sa source, je veux dire à cet enseignement des écoles, qui a lui-même pour vocation et pour but de former les prédicateurs, et de les préparer aux luttes de la foi. Voilà notre *discours sur la méthode*, à nous ; émanant d'une telle source, et fondé sur une telle expérience, il a tous les droits possibles à devenir la règle de nos études.

1. Voir le décret qui déclare saint François de Sales docteur ; voir aussi le discours de Mgr Freppel pour le doctorat de saint François de Sales ; il développe cette remarque.

2. Lettre de saint François de Sales cité par *Étud. relig.*, 9bre 1877, p. 671.

CHAPITRE HUITIÈME.

THÉORIES CONTEMPORAINES des ÉTUDES THÉOLOGIQUES.

Le XVIIe siècle théologique et nos gloires nationales : Bossuet, Massillon, Olier, Bérulle, etc. — Les fruits du GRAND SIÈCLE : les idées de 89, l'esprit de révolution et d'innovation, les études superficielles, la situation actuelle. — Dernier mot de la méthode polémique. — Fruits du cartésianisme, du jansénisme et du gallicanisme : les concessions à l'erreur, le rationalisme contemporain. — Comment on APPREND la théologie. — Méthode démonstrative encore en vigueur. — Le positivisme théologique. — Rôle prédominant de la mémoire. — Abus de l'érudition.

ME voici arrivé à l'endroit délicat et pénible de ce travail ; car il s'agit, mieux vaut le dire d'abord et clairement, de dénoncer et d'attaquer, comme le fléau de l'enseignement théologique et de l'éducation sacerdotale dans notre pays, des théories d'enseignement qui sont encore, à l'heure présente, en honneur dans beaucoup d'esprits, et en pratique dans la plupart de nos écoles, malgré l'introduction, ou plutôt le retour de certaines idées salutaires, qui auraient dû les détruire déjà, et qui les détruiront sans doute un jour, c'est notre espérance.

Or, il est difficile d'abord de parler avec mesure d'un mal qu'on croit très funeste, mais qui est très vivant, honoré même, et regardé comme le vrai et le bon état des choses, jouissant enfin d'une certaine autorité. Il est difficile surtout, de ne pas sembler odieux, en s'attaquant à des idées, à des méthodes, à des manières de faire qui ont été assez communément reçues, et assez longtemps pratiquées, pour devenir presque des traditions ; qui passent pour avoir produit tout ce qu'il y a eu de bon chez nous depuis qu'elles y règnent, et qui enfin sont loin d'avoir effectivement évacué le territoire de notre éducation ecclésiastique. — Encore ne puis-je faire ceci sans déprécier des réputations et critiquer des œuvres dont la valeur exceptionnelle est presque un dogme national chez nous, et auxquelles notre patriotisme semblait devoir toujours servir de protection.

D'ailleurs, pour être juste, je ne dois pas seulement respecter, je dois admirer, j'admire grandement, et j'aime d'un bien ardent amour notre France, ses vraies gloires qui sont l'ornement de l'histoire, ses vraies traditions qui sont foncièrement catholiques, tout imprégnées des inspirations de la foi, et toujours justifiées par la comparaison avec les idées théologiques ; notre grand peuple chrétien surtout, avec toutes ses belles et exquises qualités intellectuelles et morales, chrétien d'origine, de tempérament et de nature, jusque dans sa source et dans le fond de sa substance, même quand des accidents malheureux, mais superficiels et transitoires, le font apparaître en guerre avec sa foi, et lui font croire à lui-même qu'il l'a perdue. J'admire nos pères dans le sacerdoce, qui ont tant fait et tant souffert, surtout au commencement de ce siècle, pour rendre à l'Église, en France, je ne dis pas ses temples et ses autels antiques, mais une situation sociale quelconque, et le droit du moins de se présenter et d'offrir le salut à ses enfants. J'admire notre vaillant clergé contemporain, à qui l'impiété, versée à grande dose dans la société, les révolutions passées bientôt à l'état chronique, et les gouvernements de connivence avec elles, par faiblesse ou par malice, ont fait une position si pénible sous tous rapports; mais qui, dans ce dénûment absolu des ressources qu'on devrait lui faire, et dans cette intolérable situation canonique, où des lois inspirées par l'esprit révolutionnaire l'ont enfermé, a trouvé quand même, et trouve encore aujourd'hui la force de soutenir l'édifice sacré, de combattre l'entreprise rationaliste, et de produire en outre tant et de si grandes œuvres, au dedans et à l'étranger. Je respecte et j'admire, à cause de leurs éminentes vertus et de leurs saintes intentions, les maîtres qui l'ont formé, ceux qui sont morts, et ceux qui vivent. C'est le privilège et la gloire de notre France catholique, qu'on trouve partout dans son histoire, même aux époques les plus malheureuses, l'influence profonde de la foi s'exprimant par d'admirables exemples de vertu et par des dévouements exceptionnels en tout genre, et que le mal, né dans son sein ou venu du dehors, trouve toujours, dans ce sein même, sa première contradiction et ses plus vaillants adversaires.

Tout cela, on le trouvera dans notre siècle, autant et plus encore que dans aucun autre, avec quelque chose de plus précieux dont je parlerai plus loin. En face de pareilles œuvres, ce dénûment même des ressources humaines dont je viens de parler, et l'appauvrissement doctrinal où je vais vous montrer que notre France a langui depuis longtemps, font d'autant plus ressortir sa riche nature comme nation chrétienne, et en deviennent la preuve la plus éclatante. Quel fonds, en effet, quel fonds exceptionnellement riche de foi, d'esprit chrétien substantiel, de générosité et d'intelligence, faut-il à une nation, pour qu'elle reste encore si vivante, si féconde, après tant de souffrances ! Et, quand, avec ces riches éléments qu'elle n'a pas perdus, cette nation vaillante aura triomphé du mal qui la tourmente, et retrouvé ce qui lui a manqué dans cette période de luttes, quelles merveilles produira-t-elle !

Or, toutes ces choses je les admire autant que personne ; et on ne trouvera, j'espère, dans les pages suivantes, rien qui démente ce témoignage que je leur rends et que je voudrais pouvoir étendre davantage, en le justifiant historiquement, si les limites de ce travail me le permettaient. Je suis enfin de mon pays et de mon siècle ; malgré leurs lamentables besoins, je crois à leurs ressources, et à leurs espérances, et je ne suis pas de l'école du découragement.

Mais encore faut-il parler. Le patriotisme est un noble et généreux sentiment, capable d'inspirer de grandes choses; mais il demande à être dirigé dans ses inspirations; et il ne serait plus qu'un aveuglement funeste et un bien mauvais conseiller pratique, s'il nous empêchait de reconnaître nos défauts naturels, les erreurs adventices que des circonstances malheureuses y ont surajoutées, et la part de responsabilité qui nous revient dans cette décadence. Le vrai patriotisme nous demande, non pas de tout louer, mais d'étudier sérieusement les choses, et de dire franchement le mal, pour en préparer la correction. Une telle étude ne se fait pas avec des sentiments, mais avec des principes et des faits; ils sont impitoyables, mais leur lumière est bienfaisante et féconde, même quand elle nous contrarie; et c'est sur elle seule qu'il faut former nos jugements historiques. Soyons justes envers et contre nous-mêmes, justes comme le sera un jour l'histoire, afin précisément que l'histoire n'ait pas à rétracter nos jugements pour les rendre plus sévères. Nous ne déprécions pas notre patrie, quand, obéissant à ce *necessarius ordo*, que Dieu, dit saint Jérôme [1], a établi dans nos affections, nous mettons sa gloire et notre orgueil, si légitime soit-il, au-dessous de l'éternelle et inchangeable vérité qui est Dieu même; ou, pour mieux dire, quand, dans notre manière de l'aimer et de le servir, nous consultons, au-dessus d'elle, la vérité indéfectible, pour savoir ce qui peut vraiment lui être utile. Elle est d'ailleurs assez riche en gloires solides et véritables, sans avoir besoin de dénaturer l'histoire, et de s'exposer aux démentis de l'avenir, pour s'en faire de fausses et de suspectes; et c'est encore la servir, que de rétablir le vrai sens des choses, et de repousser en son nom ces louanges funestes.

Ayons donc le courage de nos principes; et s'il faut, pour revenir à la vérité complète, et, ce qui est l'important, aux conclusions pratiques qu'elle entraîne, brûler quelques-unes des choses que nous avons adorées, je veux dire sacrifier quelques-unes des opinions ou des renommées dont nous avons été trop esclaves et que nous avons rangées à tort parmi nos *gloires*

1. *S. Jerom. in Matthæum*, cap. 10, lib. 1.

nationales, faisons ce sacrifice, et que la vérité nous délivre de ces idolâtries littéraires. Assez et trop longtemps, on leur a immolé, comme dit quelqu'un, des victimes humaines. Depuis ce qu'on appelle *notre grand siècle*, elles ont été une des causes les plus actives de notre décadence; elles ont fait grand tort chez nous, non pas à la vérité, qui ne souffre pas des erreurs et des mensonges des hommes, mais à nous-mêmes : à nos intelligences, en nous trompant sur les principes ; à notre histoire, en nous trompant sur les faits, et en faisant de l'histoire, même chez beaucoup d'esprits bien intentionnés, mais aveuglés par le sentiment faux et funeste que je viens de dire, ce que J. de Maistre a si bien nommé *une conspiration contre la vérité*, ce que saint Paul nommait, mieux encore, l'*emprisonnement de la vérité dans l'injustice* (1). — Le même J. de Maistre a écrit quelque part, à propos des tableaux de Raphaël, réputés les chefs-d'œuvre de la peinture chrétienne, des réflexions aussi sensées qu'originales, sur ces *admirations vulgaires* qu'on appelle *le sentiment général*, et qu'il appelle, lui, *un acte d'obéissance extérieure, et dans le fond un mensonge formel.*

Que d'illustrations auxquelles s'applique cette remarque! Est-il permis de l'appliquer à quelques-unes de celles que nous a léguées le XVIIe siècle ? L'opinion, *cette reine du monde, cette maîtresse d'erreur*, comme disait déjà Pascal, a mis en crédit chez nous, depuis ce grand siècle, une foule de choses, idées, ouvrages et réputations, contre lesquelles il n'a été permis ni de parler, ni même de penser. Le préjugé des réputations toutes faites n'est pas inoffensif, comme on pourrait le croire, pour l'intelligence publique et pour l'ordre social ; son moindre crime est une distribution aveugle et injuste de la gloire ; il implique un ensemble d'illusions, d'idées fausses, de goûts funestes, absolument nuisibles à la santé publique.

Or ce préjugé a été si puissant, qu'il a fallu admirer en bloc, et tout d'une pièce, sans examen et sans contrôle. L'enthousiasme a été obligatoire, et ces admirations de commande, fort peu sincères en général, ont eu si bien force de loi, qu'on s'en faisait un scrupule intellectuel, et qu'on était inquiet, au fond

1. *Rom.*, I, 18.

de soi-même, de ne pas ressentir l'enthousiasme universel. Qui de nous n'a éprouvé cette inquiétude secrète, à l'endroit de quelques écrivains du XVIIe siècle, et n'a plus ou moins menti à sa conscience, pour paraître penser comme tout le monde? Nos excellents professeurs d'humanités, pour former en nous le goût classique et les bonnes idées littéraires, nous donnaient, pour sujets de discours et pour thèmes à nos imaginations fort naïves et surtout fort peu compétentes, l'éloge d'auteurs que nous avions très peu lus, et nullement compris, mais que nous apprenions à admirer par précaution. C'était même une bonne partie de notre éducation. N'a-t-on pas le droit de se défier un peu? Pour moi, j'ai besoin ici de toute ma liberté de parole. Au reste, ce que je demande, ce n'est pas cette liberté qui va contre les idées de l'Église, et que réclament bien hautement ceux-là même et surtout qui ne peuvent souffrir qu'on s'affranchisse de leurs idées soi-disant libérales, c'est-à-dire rationalistes, protestantes, révolutionnaires, et en définitive, païennes.

Remarquez-le d'abord, l'important dans l'histoire d'un pays ou d'une époque, n'est pas toujours ce qui apparaît, ce qui fait du bruit. La plupart des livres faits de notre temps pourraient s'intituler : *Coup d'œil superficiel sur quelques événements à propos d'histoire !* Tout ce fracas d'actions retentissantes et de noms célèbres, ces nomenclatures de faits matériels, guerres, conquêtes, révolutions, règnes brillants, naissances et morts d'hommes, grandes fêtes ou grands malheurs, grands tapages enfin, dont se défrayent en général nos livres modernes, et qui étourdissent le lecteur, tout cela, est-ce l'histoire? est-ce la vraie histoire de l'homme, et surtout de l'homme formé par l'Évangile? Non vraiment. Il arrive même souvent que sous ces détails éblouissants, et dans ces récits ornés de tous les décors littéraires, une seule chose est oubliée, une chose, il est vrai, bien petite et qui tient peu de place parmi les illustrations de ce monde, l'histoire des âmes, et particulièrement celle des doctrines dont elles sont nourries. JÉSUS-CHRIST, comme disait Pascal, a vécu dans une telle obscurité, que les historiens, qui n'écrivent que les choses importantes, l'ont à peine aperçu ; et ceci serait encore vrai de beaucoup d'historiens de notre temps, soit par rapport à J.-C., soit par rapport à ce qu'il continue de produire dans les âmes. En vérité aussi, peut-on penser à tout? Qu'est-ce, au regard de l'histoire, entendue comme l'entendent nos littérateurs, qu'une encyclique d'un pape jetée au monde, pendant une guerre ou une exposition universelle? Qu'est-ce qu'un mouvement d'idées dans un clergé, la désuétude ou le rétablissement d'une loi ecclésiastique, une innovation dans l'organisation ou les études des séminaires, l'introduction d'une méthode nouvelle ou renouvelée dans les écoles théologiques, un conseil ou un ordre du pape pour la prédication au peuple chrétien ou pour l'enseignement des sciences sacrées, une question dogmatique débattue entre des théologiens et aboutissant à une définition de foi ou à la condamnation d'une proposition doctrinale? Qu'est-ce que le passage d'un apôtre dans une nation ou dans une province, les mérites, la vie ou la mort d'un saint, l'apparition d'un livre adressé au clergé, ou la foi vive et pure dans l'âme d'un théologien profondément inconnu de son siècle? Qu'est-ce que tout cela? Selon le monde, rien *infirma mundi;* selon l'Écriture *Victoria quæ vincit mundum.* Sans donc penser à tout, il y a l'important, le fond et l'essentiel de l'histoire, la vraie histoire du monde enfin, qu'il ne faudrait pas oublier.

Or, la vraie histoire, où est-elle? Pour la trouver, regardez sous ces détails extérieurs et dissipants, dans cet endroit calme et profond de la société, où Dieu parle aux âmes par l'Église; vous trouverez là le sillon obscur et silencieux, où reposent et fermentent les germes, et où se prépare l'avenir. Le sillon, c'est l'enseignement, et, entre tous, l'enseignement doctrinal qui forme les prêtres. Les vrais événements, ce sont ces petites choses, généralement inaperçues du public, et si imperceptibles en effet, qu'elles échappent d'ordinaire aux historiens, surtout à ceux qui n'ont pas appris, à l'école de la foi, le secret de la vie de l'homme et des voies de Dieu; mais aussi, disons-le, même à bien d'autres qui, ayant la foi pour eux-mêmes, ne savent pas éclairer leurs œuvres de sa lumière, et n'ont pas le temps de penser avant d'écrire. Si petites soient-elles dans leur origine, elles n'en sont pas moins, au regard de Dieu et des réalités intérieures, les grands événements de la vie sociale, les grandes causes historiques ; elles n'en contiennent pas moins toute l'espérance et toutes les menaces de l'avenir. La manière donc dont la prédication de l'Église est fournie par les pasteurs et reçue dans les âmes en chaque siècle, voilà le côté le plus vrai et le plus profond, le seul vrai et le seul profond de l'histoire de l'humanité, le vrai travail de Dieu dans l'homme et de l'homme sous la conduite de Dieu, le fond et la substance de l'histoire, la vraie histoire enfin ; tout le reste n'est que superficie et alentours de la question ; les événements, si bruyants qu'ils soient, ne sont que les accidents de ce travail, et les hommes, si grands qu'ils paraissent, n'en sont que les instruments et les causes secondes, presque toujours inconscientes et jamais indispensables. Pour juger d'une époque, et pour faire l'histoire d'une société, c'est jusque-là qu'il faut pousser l'enquête; c'est là, au fond de ce sillon, qu'il faut regarder. Vous le comprenez de suite, ce n'est pas là une étude de spéculation et de curiosité stérile ; s'il y a une étude pratique, ayant un but, et d'une nécessité urgente, certes c'est bien celle-ci.

A ce compte, les époques les plus redoutables et les plus malheureusement influentes,dans la vie d'une nation, ne sont pas celles où le mal éclate au dehors et semble achever ses triomphes, où la perturbation, passant de l'ordre des idées dans celui des faits, devient visible et se produit au grand jour, par des catastrophes que tout le monde aperçoit et comprend. Au fond de ces agitations pénibles, et sous ces dehors momentanément troublés, dans cet endroit profond et recueilli dont j'ai parlé, il y a souvent des principes féconds, posés pour préparer l'avenir. Regardez là, et si vous voyez qu'il en est ainsi, espérez beaucoup, et affirmez hardiment que ce mal n'est pas mortel, — *infirmitas hæc non est ad mortem* (1), — et qu'une heureuse rénovation se prépare, à laquelle ces calamités mêmes se trouveront avoir servi, — *tribulatio patientiam operatur, patientia autem probationem, probatio vero spem* (2).

1. *Joan.*, XI, 4.
2. *Rom.*, V, 3, 4.

Mais aussi, réciproquement, ce ne sont pas toujours, peut-être même faut-il dire : ce ne sont pas ordinairement les époques brillantes qui sont les époques fécondes et salutaires, dans la vie d'un peuple ; et ce qu'il y a de fécond dans une époque et dans une société, n'est pas toujours ce qu'il y a eu en elle de plus voyant et de plus célèbre. Il y aurait beaucoup à dire sur quelques-uns de ces passages retentissants de l'histoire, qu'on appelle *les grands siècles ;* mais je ne puis entrer dans cette question qui me conduirait trop loin. Un siècle est brillant, peuplé de grandes réputations et de noms célèbres, illustré par de grands travaux et de grands succès ; tout réussit, tout est pour le mieux, du moins à la surface et dans les choses qui se voient. Ne vous laissez pas éblouir cependant, et n'oubliez pas de regarder là où je vous ai dit. Or, si, là précisément, il y a eu des erreurs ; si, pendant que tout brille et retentit au dehors, cette nourriture supérieure des intelligences, l'enseignement religieux, a été falsifié d'une manière ou de l'autre, que faudra-t-il attendre, et que m'importent toutes ces gloires apparentes et de superficie, en face de ce mal réel et de principe ?

Et, pour aller plus avant encore et plus près des sources premières du mal, quelles craintes faudra-t-il concevoir, si ce n'est pas seulement en matière de doctrines et sur quelques points particuliers à l'enseignement, mais, ce qui est bien plus grave, en matière d'éducation sacerdotale qu'il y a eu erreur ? Je n'insisterai pas ici sur la grandeur du mal qui devra s'en suivre ; vous sentez que ce ne sera pas un mal ordinaire ; si lentes et si lointaines que soient les conséquences, on n'y échappera pas, et elles seront grandement funestes. Et si, par hasard, il est démontré qu'il y a eu là non pas des erreurs partielles et secondaires, déjà dangereuses en proportion de l'importance des vérités qu'elles atteignent, mais une erreur générale et de principe, de racine, pour ainsi dire, capable de tout atteindre, et de tout fausser, de stériliser, en un mot, dans tout l'ensemble de son travail, l'œuvre sacrée et souveraine de l'éducation sacerdotale ; et si cette erreur n'avait malheureusement pas été locale et circonscrite, bornée à quelques esprits, à quelques établissements, à quelques régions ou à quelques familles religieuses; mais si on découvrait qu'érigée en principe, et protégée par des souvenirs estimés comme des gloires de premier ordre, elle était passée, en quelque sorte, dans les institutions et les traditions nationales, et, à part quelques exceptions, avait étendu et prolongé son action pendant plusieurs siècles sur l'ensemble de notre éducation ecclésiastique ; notre malheureuse histoire moderne ne s'expliquerait-elle pas comme d'elle-même, si loin qu'il fallût remonter dans le passé, pour rattacher à cette cause première et suprême les conséquences qui en sont sorties et que nous voyons se produire ? Faudrait-il s'étonner de quelque chose ? Oui, vraiment, il faudrait s'étonner, comme je le disais tout-à-l'heure, de trouver la nation encore si profondément catholique, et admirer ce miracle de la grâce de Dieu, qui l'a faite capable de résister à une pareille épreuve.

De même, et pour avancer plus près encore de l'ordre des faits, je pose la réflexion suivante, qui ne me semble pas moins solide : s'il est vrai, comme je l'ai dit, et qui peut en douter ? que non seulement aujourd'hui et en raison de notre situation particulière, mais toujours et en raison d'une loi générale, essentielle et constitutive de la société chrétienne, s'il est vrai que le nœud de la question sociale et de toutes celles qu'elle embrasse, et le secret des plus grands intérêts du monde est dans les séminaires, dans cette haute éducation qui forme le clergé ; il doit être vrai aussi, et c'est ma thèse, que les maux actuels, si étrangers qu'ils paraissent à la question de l'enseignement théologique, ou de si loin qu'ils s'y rattachent, viennent en définitive de là, et se retournent contre cette source, pour proclamer qu'elle n'a pas été gardée intacte, que quelque chose de faux et de malsain y est entré pour la corrompre.

Pour nier cette conséquence, il faudrait, ce me semble, nier tout à la fois l'histoire, entendue au sens chrétien, et les principes apportés au monde par l'Évangile, et appliqués dans l'Église ; déclarer que les événements modernes n'ont pas d'explication possible avec notre foi, qu'ils échappent aux lois ordinaires du règne de Dieu sur le monde par JÉSUS-CHRIST, ou que ces lois mêmes n'existent plus, et qu'il n'y a plus de logique du surnaturel. Tant l'éducation ecclésiastique, tant l'enseignement théologique, dans les écoles où se prépare le sacerdoce, est une œuvre importante,fondamentale, essentielle, ayant, je ne dis pas une influence générale, considérable, mais une relation de causalité directe, intime, absolue, avec tout l'ensemble de la vie sociale, dans toute la nation ! Tant il est essentiel que la direction y soit absolument pure, réglée par des principes absolument solides, et garantie contre toutes les fausses expériences qu'entraînerait une direction fondée sur n'importe quelle autre sagesse que la sagesse de l'Église !

Mais quittons ces généralités ; et, de l'hypothèse, arrivons aux faits. Ce que je viens de dire donne de suite la portée de l'erreur que je dénonce, et dont j'entreprends de montrer la marche dans nos écoles. On jugera si ces préambules que je viens de poser étaient inutiles, et si je n'avais pas mes raisons de prendre quelques précautions oratoires, avant d'aborder une question où le *sentiment général* est, chez nous, si accentué, et si peu disposé à entendre la contradiction.

C'est du grand siècle que je pars, et je me place au sommet de cette époque, que beaucoup estiment le *point le plus lumineux de l'histoire* (1), et comme l'apogée de la civilisation chrétienne dans son passé, sinon comme son dernier mot et le plus parfait de ses états possibles. La seconde moitié du XVIIe siècle est assurément brillante, pleine de lustre : si la philosophie n'y est pas d'une grande profondeur, en revanche et pour faire oublier, sous l'éclat des dehors, la misère des sciences de principes, la gloire politique, les arts, les lettres, le théâtre, l'éloquence, brillent d'une manière étonnante, il n'est guère permis chez nous d'y contredire, bien que, de vrai, on puisse en contester la solidité et l'esprit chrétien. — Grands généraux, grands écrivains, grands artistes pullulent autour du grand roi. La chaire chrétienne surtout s'illustre, occupée par des hommes exceptionnels, peu nombreux, mais dont les idées, les méthodes, ont toujours eu depuis, et auront sans doute longtemps encore, force de loi chez nous ; dont les œuvres sont les monuments les plus admirés de notre histoire, les

1. Gratry, *Logique*, II, 348.

types proposés à notre imitation, le thème indispensable des études pour la jeunesse des âges suivants.

La question serait bien de savoir si toutes ces gloires ont été pures, et surtout vraiment catholiques ; si l'inspiration qui les a enfantées venait de la foi ; si la civilisation qu'elles formulaient fut la vraie civilisation chrétienne ; si, de fait, elles ont profité à l'Église, et à la société chrétienne : ce qui, en définitive, est tout le but des choses, et la mesure vraie, la mesure unique de leur valeur. Je ne sache pas qu'il y ait hérésie à dire qu'au moins ce sont là des questions, et qu'il y a encore lieu de les examiner, avant d'imposer à l'histoire une admiration sans réserve. Il faut bien l'avouer, la pureté de cette gloire politique est contestée, le goût dans les arts est fort sujet à controverse et a beaucoup d'indices contre lui ; enfin, des doutes, rendus plus ou moins timides par l'enthousiasme commun, passé en loi intellectuelle, se sont élevés de temps en temps, surtout dans notre siècle, contre le vrai mérite et surtout l'esprit chrétien de la littérature au XVIIe siècle. Fénelon lui-même, dans sa *Lettre à l'académie*, ne lui faisait-il pas quelques reproches ? Il est peut-être permis de penser que, même au point de vue littéraire, on était dans le faux, que cette littérature solennelle, froide, raide, compassée, n'est pas l'idéal, surtout dans la chaire ; et je ne puis croire que le goût qui inspirait à Boileau son fameux arrêt interdisant aux mystères chrétiens le paradis terrestre de la poésie, procédât d'une civilisation chrétienne. Boileau est pourtant une autorité, quand il s'agit de formuler l'esthétique au XVIIe siècle. La question serait bien encore de savoir si l'impartiale histoire ne doit pas contester au grand siècle lui-même l'honneur d'avoir produit toutes ces choses brillantes, la gloire d'avoir tiré de son fonds cette exubérance de vie ; si ce n'est pas là une méprise historique, comme d'attribuer à notre satanique révolution française le succès des armées qu'avait formées et que lui avait léguées la monarchie. Enfin, la question, la terrible question serait de savoir s'il ne faudra pas, quand on voudra refaire chez nous un enseignement chrétien, renverser tout cet échafaudage d'admirations absolues qu'on rend au XVIIe siècle, de préceptes littéraires et esthétiques qu'on lui doit, d'imitation obligatoire et de lois intellectuelles qui font de l'ouvrage de ses grands hommes le type proposé à l'imitation de la postérité, le répertoire des études, la nourriture intellectuelle des jeunes gens.

Encore une fois, ce ne sont pas là des questions spéculatives; il s'agit de ce qui sert de base et de matière, depuis plusieurs générations, à toute éducation tant soit peu relevée, même à la préparation sacerdotale. La solution qu'on leur a donnée jusqu'ici est-elle définitive ? Je le veux bien. Mais si elle ne l'est pas, on peut reculer épouvanté devant le terrible renversement d'idées, de pratiques et de direction, qu'une solution nouvelle et différente peut entraîner, si on veut refaire une éducation chrétienne, — je parle d'une simple éducation chrétienne et non sacerdotale.

Pour moi, je n'entreprends pas de résoudre ces questions, crainte, soit de me tromper, soit de sortir de mon sujet, auquel cependant elles se rattachent ; vous-même, tirerez les conclusions. Si ces conclusions doivent être que toute cette gloire est factice, superficielle et fausse, que les choses fort brillantes, tant louées au XVIIe siècle, n'étaient pas vivantes de la vie chrétienne, qu'elles n'ont profité, ni à l'église, ni aux intelligences, ni à la société chrétienne — ce qui les condamnerait sans retour — si ces conclusions sont telles, ce n'est pas ma faute ; je constate des faits, et je proteste que j'ai longtemps cherché, soit respect humain, soit préjugé d'éducation, à partager l'admiration générale que je soupçonne aussi d'être, dans la plupart, un peu factice et illusoire. Je me bornerai à vous soumettre le problème suivant :

Étant posé, comme une sorte de loi intellectuelle nous ordonne de le penser, qu'il a élevé à son apogée la civilisation catholique ; qu'il a été grand du côté des sciences sacrées comme du côté des arts, des lettres et des sciences profanes ; que sa gloire est aussi pure et aussi solide qu'éclatante ; pourquoi le XVIIe siècle est-il escorté de hontes telles que le XVIe et le XVIIIe siècle ? La Providence entoure mieux ce qu'elle aime, et la vérité cherche la bonne compagnie. Comment, partie d'un si glorieux début, notre histoire a-t-elle pu aboutir si vite aux hontes et à la décadence du XVIIIe siècle ? En particulier, pour ce qui est de l'enseignement ecclésiastique, s'il est prouvé que cet enseignement est l'explication de tout, et qu'il faut chercher en lui la cause première des mouvements sociaux : pourquoi cet enseignement, jugé si parfait au XVIIe siècle, a-t-il produit jusqu'ici des fruits si pauvres ? Si le siècle de Louis XIV a été un siècle chrétien, comment n'a-t-il pas été fécond ? Tout cela est inexplicable. N'y a-t-il plus de logique dans les faits, les lois du monde sont-elles suspendues depuis 300 ans, les causes ne produisent-elles plus leurs effets ? Il y a là un mystère. Et pourtant, il n'est pas de mystère insondable dans l'histoire ; de toutes les sciences, elle est peut-être celle où la logique est le plus visible, où les relations de causalité sont plus rigoureuses.

Que dirait-on, si, pour expliquer l'histoire moderne, quelqu'un avançait que le XVIIe siècle n'a pas été ce que l'on dit, qu'il a été brillant, mais d'un éclat païen et menteur ; qu'au dedans il a été pauvre et stérile ? Si on découvrait un jour cela, ce ne serait sans doute pas la première fois qu'on dénoncerait une grande erreur historique : ce serait le cas de comprendre toute la portée du mot de J. de Maistre : « L'histoire depuis trois siècles, n'est qu'une conspiration contre la vérité. » L'opinion, reine du monde et maîtresse d'erreur, est peut-être la seule qui ait prononcé jusqu'ici ; l'expérience n'a pas encore jugé à fond ; il y a eu un tel dérangement dans les idées et les intelligences, que le jugement de deux siècles bientôt écoulés ne suffit pas à enlever toute défiance, pour assurer que l'histoire sera du même avis.

Sans doute, dans ces derniers temps, quelques rares esprits ont osé contester, d'une voix rendue plus ou moins timide par le préjugé, la solidité, l'esprit chrétien de cette gloire et de tout l'attirail des réputations littéraires que le XVIIe siècle nous a laissées en héritage. Mais ils ne l'ont pas fait impunément. C'était une de ces questions encore assez nombreuses, qu'il n'était permis ni de discuter ni d'examiner, et où la liberté des opinions était prohibée, dans un pays et dans un temps où le droit de discussion et de libre-examen est passé dans les mœurs, et où l'on peut tout remettre en question, tout, même ce qui est incontestable. Des écrivains ont donc osé formuler leurs idées ; ils ont entrepris de purger notre histoire des erreurs et des réputations funestes, de rectifier les jugements portés par le protestantisme, le gallicanisme et le philosophisme du XVIIIe siècle, le rationalisme et le naturalisme du XIXe siècle. Mais ce travail n'est pas fini ; justice n'est pas entièrement faite de ces fausses gloires ; aussi continuent-elles d'aveugler et de séduire beaucoup d'esprits, leur faisant prendre le clinquant pour l'or. J. de Maistre en a exécuté quelques-unes ; Rorbacher a été plus hardi ; il a sabré, de sa plume vaillante, dans le XVIIe siècle ; je ne dis pas qu'il ne soit pas allé trop loin. — Il est si difficile de faire la juste part du bien et du mal, en appréciant des réputations si mêlées que celles du XVIIe siècle, et de ne pas exagérer en les attaquant ou en les louant.

Toujours est-il qu'au moment de l'histoire où je me place, la France est dans un état de civilisation très remarquable, mais malheureusement plus superficiel que profond. Ce qui brille, c'est *le bel esprit*, ce sont les études mondaines, et, parmi les études sacerdotales, celles qui supposent moins le labeur intime de la pensée et produisent moins de fruits pour l'avenir. Le travail civilisateur s'opère dans un sens laïque, dans une direction qui n'a rien de commun avec l'Évangile, mais qui va au contraire s'en écartant, comme le prouve la suite de l'histoire. C'est la faute de notre triste XVIe siècle, auquel j'attribue l'impulsion antichrétienne donnée aux choses de l'intelligence, pour aboutir aux malheurs modernes. La France est encore chrétienne dans sa vie privée ; mais, précisément, pour dire comment elle est chrétienne, je suis obligé de dire qu'elle l'est dans sa vie privée, c'est-à-dire dans les individus, et non plus dans le corps social. La politique, les institutions, le gouvernement se sécularisent — et vous savez ce qu'on entend par là. L'idée théologique n'est plus l'inspiratrice première, la règle souveraine de toute vie sociale ; elle disparaît pour faire place à l'intérêt terrestre de la dynastie. Le christianisme, respecté, ne gouverne plus ; déjà vous le voyez dans un domaine circonscrit, comme une institution particulière, et une des diverses religions possibles ; il semble évident qu'alors la France, encore chrétienne — parce qu'une nation ne perd pas si vite la foi — est en travail de se refaire un ordre nouveau, non fondé sur l'Évangile, une civilisation païenne.

On l'a fait remarquer, ce qui caractérise le XVIIe siècle, c'est la pompe, la solennité, l'apparat ; tout est fardé, poudré, empesé, en perruques et en dentelles. Ce n'est pas là qu'il faut chercher les doctrines profondes ; elles n'appartiennent plus qu'à une génération d'écrivains qui finissent. La théologie se réduit alors presque toute à la polémique. Citez-moi les grandes productions du temps, je veux dire ces travaux de doctrine qui constituent la richesse fondamentale d'une époque, et la ressource de l'avenir : chez les laïques, le fonds doctrinal est appauvri ; chez beaucoup d'écrivains ecclésiastiques, il est atteint par quelqu'une des erreurs du temps. L'antique tradition est abandonnée, pour faire place à deux tendances qui ont causé bien des ravages, qui demeurent encore chez nous, et dont le règne est même plus florissant que jamais : la tendance aux *études superficielles*, et la tendance à l'*innovation*, l'esprit de révolution dans les choses intellectuelles.

Je dis : l'esprit de révolution et d'innovation. Introduit par le protestantisme, cet esprit fut développé par Descartes, et accommodé d'une manière passable, pour le substituer à la tradition. Les grands écrivains eux-mêmes, Bossuet, Fénelon, et tant d'autres, s'y laissèrent prendre. — Je dis : la tendance superficielle ; d'aucuns veulent qu'elle soit dans notre tempérament ; j'ai prouvé précédemment le contraire ; cet état est accidentel, chez nous, depuis 300 ans, mais a son apogée au XVIIe siècle. Il reste certes des idées, une richesse acquise ; l'esprit public, dans l'élite des écrivains d'une nation, ne s'appauvrit pas en un jour ; mais je vois une grande légèreté de fond, une préoccupation excessive de la toilette littéraire, une solennité insolite dans les écrivains ecclésiastiques. Sous cette majesté fastueuse qui drape depuis la tragédie classique jusqu'à la prédication officielle, je n'aperçois plus, du moins en général et dans l'ensemble de l'enseignement, ce profond esprit théologique qui aime l'intime des choses, et qui a toujours pour ornement la simplicité. Car, chose remarquable, tous les grands théologiens ont été simples dans l'expression de leur pensée ; c'est que leur âme était trop dans le vrai, trop attirée en haut, pour se complaire aux futilités de la forme.

Au XVIIe siècle, tout est officiel et arrangé pour paraître. Cette pompe, répandue sur le langage religieux, est la même qu'au théâtre, elle ne procède pas de la foi, elle ne jaillit pas du dedans, de la pensée dogmatique, rayon du Verbe ; elle vient du dehors, elle est factice et empruntée. Traduisez une oraison funèbre de Bossuet en langage simple ; vous verrez le peu qu'il en restera. Au contraire, vous vous figurez saint Thomas encore plus grand, s'il avait orné les articles de sa *Somme théologique* selon les lois de la rhétorique. Or ce grand esprit théologique va disparaissant de plus en plus, dans la même proportion que la pompe du langage devient plus exagérée.

Je le sais, il y a des exceptions ; mais ce sont des exceptions ; elles ne font pour ainsi dire point partie du grand siècle : par exemple, Pétau, Thomassin, deux solides théologiens de la vieille roche, qui, ayant échappé par éducation et par situation à l'influence des idées cartésiennes, appartiennent encore à la bonne tradition scolastique. Le XVIIe siècle est trop mondain, trop dissipé, pour produire une théologie profonde, surtout la théologie mystique. Ceci est tellement vrai que s'il est, à cette époque, de vrais auteurs spirituels, il faut les chercher, phénomène curieux, ou chez les jansénistes, et leur spiritualité est malsaine, ou en dehors de nos grands écrivains. Sous le rapport de la spiritualité et de l'étude du christianisme intérieur, on trouverait dans les recoins peu fréquentés des bibliothèques, de bons vieux livres qui n'ont jamais eu l'honneur de nombreuses éditions et de riches reliures, mais qui fouillent autrement leur sujet que nos littérateurs en renom. Notre siècle a eu l'honneur d'en découvrir quelques-uns, et de leur rendre justice ; mais ce n'est pas ce qu'on appelle le XVIIe siècle ; et les auteurs qui les ont écrits, souvent fort médiocres littérateurs, sont demeurés profondément étrangers à leur époque. En dehors de ces hommes, inconnus de leur temps, mieux appréciés du nôtre, que reste-t-il ? deux ou trois philosophes — comme Descartes, Pascal, Malebranche — dont les idées sont suspectes, et dont les œuvres ont engendré des systèmes que les écoles catholiques doivent réfuter aujourd'hui ; quelques rares théologiens, pauvres de doctrine ou atteints par quelqu'une des erreurs du temps, et qui, par leur succession chronologique et par la qualité, le genre de leurs écrits, indiquent assez clairement le travail de décadence dans l'enseignement sacré. Bossuet, Massillon, Olier, Bérulle — je ne nomme pas Bourdaloue, la plus pure cependant de ces intelligences sacerdotales ; je ne le nomme pas, car il n'est qu'un apôtre, et non pas un maître de l'enseignement sacré; son influence ne s'est pas exercée dans la sphère dont il s'agit ici. Après Massillon, la tourbe des petits écrivains, médiocres, prétentieux, fardés, qui ouvre le XVIIIe siècle et auxquels est livré le théâtre où travaillaient tout-à-l'heure des hommes supérieurs, n'a plus que la pompe, la prétention, sans avoir le fond, la substance encore relativement riche de leurs prédécesseurs. C'est du reste bien l'ordinaire, et notre siècle nous a fort habitués à ce spectacle de la contrefaçon des grands hommes par de petits esprits. — Bérulle et Olier sont encore profonds, mais déjà ils accusent certaines tendances fausses. Malebranche, qui vient plus tard, est un philosophe distingué, mais plus suspect encore dans ses idées. Somme toute, l'enseignement des sciences sacrées, au siècle de Louis XIV, se résume dans Bossuet ; mais ce génie est trop unique, trop élevé, pour donner la mesure, la formule théologique de son siècle.

Quand donc, sous les pompes littéraires du grand siècle, je cherche le fond, le solide, je vois dans l'enseignement des sciences sacrées deux choses qui m'effrayent pour leur avenir et pour celui du clergé, toutes deux relatives à la méthode : d'une part, l'introduction de l'idée cartésienne dans les écoles théologiques, sous les auspices de nos grands écrivains ; d'autre part, et non sans une relation étroite avec ce premier mal, la prédominance de la méthode polémique, une préoccupation excessive de réfuter l'erreur, la dépense de toutes les ressources dans ce travail négatif et secondaire, l'influence qu'on lui a laissée sur la direction des études et le choix des questions. Telles sont, à mon point de vue, les deux causes principales, fécondes en erreurs, qui font du XVIIe siècle le lieu des germes de notre Révolution et de nos idées de 89, et qui détournent l'enseignement de la voie lumineuse où l'avaient engagé, puis maintenu, nos docteurs de l'époque scolastique et du Concile de Trente, de cette voie qui avait son point de départ aux sources mêmes de la foi et dans la mission confiée aux apôtres.

Je me suis expliqué précédemment avec assez de clarté sur l'influence néfaste de l'idée cartésienne, introduite d'abord dans la philosophie, puis transportée de là, tout naturellement, dans le domaine théologique, pour y fausser toutes choses. En ajoutant à cette première et puissante cause ce que j'appelle la *prédominance de l'élément polémique*, et en lui attribuant la même action, je ne me contredis nullement. Remarquez d'abord le rapport pratique très étroit d'origine et d'affinité entre ces deux erreurs de méthode : le *doute cartésien*, adopté comme situation où va se placer l'intelligence pour commencer ce formidable travail de la recherche du vrai ; et le *procédé* polémique, qui prend pour point de mire la controverse, et pour programme l'objection à réfuter. Il existe, entre ces deux erreurs de procédé, une rencontre malheureuse, puisque c'est juste au moment où l'on va se lancer dans la polémique que le doute cartésien fait son apparition, pour fausser la situation, énerver les forces du défenseur de la foi. Cette rencontre n'est pas une simple coïncidence, un pur effet du hasard ; elle tient à un état général des esprits qui engendre naturellement ces deux erreurs au XVIIe siècle. Cet état a certainement pour caractère un affaiblissement de la foi dans les âmes, puisqu'il a pour fruit, dans la méthode d'enseignement, deux procédés qui trahissent la présence d'un germe de doute dans les esprits. C'est là en effet le rapport commun, le lien de parenté entre ces deux systèmes.

Déjà, par elle-même, la méthode polémique est plus rapprochée du doute — si elle ne le suppose pas nécessairement — que l'affirmation, telle que la prédication de l'Église et l'enseignement des écoles l'avaient pratiquée jusque-là, *tanquam potestatem habens* (1). L'antique méthode, je l'ai prouvé, expose, affirme, vise à faire comprendre ; il n'y est question ni de l'erreur, ni du doute, ni de la négation ; tout cela est fort loin. Si parfois on réfute, c'est moins pour combattre, que pour écarter les notions fausses et approfondir la notion vraie du dogme. L'adversaire de saint Thomas, dans chacun des articles de sa *Somme théologique*, n'est ni réel, ni même hypothétique ; je n'y vois que le maître convaincu, fort de sa certitude et de la docilité du disciple qui reçoit ses lumières avec amour. Il n'est pas de méthode moins polémique et plus enseignante, plus ferme que celle de saint Thomas.

Au contraire, la méthode polémique proprement dite suppose moins la certitude, et cette assurance fortifiante de la foi, qui ne pense même pas qu'on puisse attaquer ses croyances, tant elle les voit lumineusement établies ; elle contient un soupçon de doute : vous admettez l'adversaire à élever la voix, à contredire. — Ainsi en était-il dans ces discussions publiques entre catholiques et protestants, qui eurent un instant la vogue dans plusieurs de nos églises, et auxquelles on fit bien de renoncer ; quoique triomphantes pour les catholiques, elles avaient pour résultat, par le fait même de la polémique, de rabaisser l'idée de la foi et la situation de l'enseignement dans les esprits, de semer le doute là où il n'existait pas encore. Bonne leçon, très applicable à mon sujet ! Vous ouvrez la discussion avec l'adversaire, vous l'admettez à poser son objection ; vous semblez supposer qu'il peut avoir pour lui des raisons, et que votre enseignement ne répond pas à tout ; vous entrez en composition, vous avouez qu'il y a lieu de chercher, de justifier les titres de la doctrine catholique, de produire ses raisons par devant l'erreur. Première et fatale concession ! Qui ne voit un élément de doute dans cet instant initial de la discussion où, admettant l'adversaire à monter près de vous et à prendre la parole contre vous, ne fût-ce qu'un instant et par condescendance, pour triompher ensuite de lui, vous mettez entre lui et vous une sorte d'égalité? Si fictif que soit ce doute, je le trouve dangereux et peu digne des grandes positions où la foi aime

1. *Matth.*, VII, 19.

à se tenir. Il aurait donc fallu, et l'enseignement catholique doit toujours, en raison même de la présence de l'erreur et pour lui opposer son contraire, garder cette position supérieure et majestueuse où l'enseignement traditionnel plaçait le théologien, et qui consiste à affirmer, à expliquer, non à discuter.

Mais encore, si vous consentez à discuter, si vous descendez avec l'adversaire pour le ramener à vous ; au moins choisissez un terrain solide, gardez ces positions fortes que donnent les puissantes certitudes de la foi. Ne commencez point par une concession, même hypothétique ; ce procédé est trop opposé à la méthode de l'Église, trop dangereux pour l'esprit humain déjà si porté à glisser sur ces pentes. Que si, dans l'ordre des sciences humaines, livrées par Dieu à nos investigations et à nos disputes, il reste des vérités philosophiques à rechercher, malgré les trésors acquis au genre humain par la philosophie, et légués à notre âge par la tradition de tant de siècles ; que si le raisonnement déductif est un des grands moyens, mais non pas le seul, de les trouver ; que si même ce travail, entendu à la manière cartésienne, peut y aider, moyennant qu'on n'en fasse plus, comme Descartes, le point de départ de toute philosophie et la base de toute certitude ; — je ne m'y oppose pas, et ce n'est pas mon affaire. Mais ce que je sais bien, c'est qu'en théologie la vérité n'est plus à trouver ; nous la possédons tout entière, dans sa substance et ses principes ; le livre de la révélation est clos à jamais, il ne reste qu'à l'ouvrir, et, comme dit l'Écriture, à s'en nourrir [1]. C'est l'intelligence qui est à trouver : *fides quærens intellectum ;* et elle le sera toujours en partie ; tandis qu'il est subversif des principes de la foi de chercher, par déduction et raisonnement, le vrai théologique dans sa substance, je veux dire les principes révélés. Or, c'est à ce dernier travail que semblait aboutir la méthode cartésienne.

Par leurs études philosophiques, les maîtres de l'enseignement s'habituèrent à partir non plus d'en haut, des grandes certitudes acquises par la raison et la foi réunies, mais d'en bas, de ce minime point d'appui que laisse le doute cartésien, de ce dernier échelon de l'ordre intellectuel au-dessous duquel

1. *Ezech.*, III, 1.

il n'y a plus rien. Il leur fallait désormais remonter péniblement, à travers mille difficultés, par la voie périlleuse d'une démonstration titubante, mesquine et chicanière, entourée non pas des grands appuis de la tradition et des ressources données à l'homme pour fortifier la raison, mais du doute qui le tourmente, l'embarrasse et fait le vide autour de lui. Et si la prétendue méthode de Descartes est, en réalité, pour la philosophie, la destruction de toute méthode, parce qu'elle est la destruction de toute certitude, elle le sera davantage en théologie ; car la théologie, bien plus encore que la philosophie, est une science d'affirmation, et n'admet ni hésitation ni doute. La raison, par un de ses côtés, celui qu'atteint le péché originel, a une sympathie pour le doute, la foi n'en a aucune. Désormais le théologien, dans son exposition de la parole de Dieu, appliquera d'une manière plus ou moins complète, plus ou moins consciente, ce triste procédé ; il entreprendra de faire suivre à la foi cherchant l'intelligence ces chemins étroits et désolés. Vous jugez de suite comment nous est venue de Descartes cette erreur, peu visible mais déjà existante au XVIIe siècle, bien plus accentuée au XVIIIe, enfin devenue, à notre époque, une hérésie formulée et frappée par l'Église, et qui consiste à faire du dogme une *déduction de la raison.* Vous voyez aussi où cela mène ; vous le verriez *a priori*, quand même l'histoire lamentable des deux derniers siècles ne le dirait par voie d'expérience.

Saint Thomas, je le sais, dit que la théologie est argumentative, et procède par raisonnements déductifs (1). Mais entendons-nous ; si elle est argumentative, toujours selon saint Thomas, ce n'est pas pour chercher, pas même pour prouver ses propres principes, les vérités supérieures qu'elle tient de Dieu par révélation ; c'est pour déduire les conséquences, les vérités secondaires, en un mot, pour chercher l'intelligence. Le propre de la foi, dit saint Hilaire, *perfectæ fidei officium* (2), c'est de croire, sans discussion ni examen, sur l'autorité divine enten-

1. I. q. I, a. 8.
2. *Homél. fête du S. Sacrem.* 7e leçon.

due et constatée, et de se servir de la lumière humaine pour expliquer et comprendre.

Ce fut au moment précis où s'élaboraient de grands travaux de controverse, que le doute cartésien porta ses premiers fruits ; il vint ruiner la théologie, énerver la force dont elle avait si grand besoin, la faire descendre de son piédestal sur un terrain humain, pour l'égaler à son adversaire, lui enlever l'avantage absolu de cette grande position que lui donnait l'autorité de la Révélation. Et c'est dans cette situation si rabaissée, si peu théologique, si différente de celle où se plaçaient les anciens Pères, c'est avec ces condescendances — chevaleresques dans les combats du corps, mais imprudentes et grossières dans les luttes de l'intelligence — qu'il faudra essuyer le feu de la controverse et de la polémique. A ce point de vue, lisez attentivement les réfutations du XVIIe siècle, même les plus célèbres, celles de Bossuet ; étudiez surtout les préambules, les principes sur lesquels s'établit la discussion, et dites-moi si déjà, en ce siècle, ce n'est pas la situation où se placera désormais la théologie en France, bien que le mal soit encore moins visible, moins accentué que plus tard. Bossuet peut bien triompher de Jurieu ; mais la majesté de la foi souffre d'être un seul instant mise en question par son défenseur même ; elle répugne, par tempérament, à cette confrontation qu'on lui fait subir avec l'erreur. Il en résulte une conviction inférieure à celle qui se dégageait de la méthode si simple, si magistrale, si lumineuse, des anciens scolastiques ; eux, ne commençaient jamais par ces concessions fatales ; l'erreur était réfutée *ipso facto* par leur exposition, comme les ténèbres sont dissipés par la lumière.

Voilà donc l'enseignement atteint, et atteint non seulement dans la pratique, mais, ce qui est plus grave, dans la théorie, dans la méthode. On aura beau dire que cela importe peu, que tout est sauf, s'il est intact dans sa substance, et si les doctrines ne sont pas atteintes. Les doctrines ne sont pas tout, et il ne suffit pas d'enseigner le bien, il faut le bien enseigner : « Tant il est dangereux, comme dit Bossuet (1), d'exposer la

1. *Disc. sur l'hist. univ.* l. 2, ch. XIX, p. 265.

vérité dans un autre ordre que celui que Dieu a suivi. » — L'enseignement atteint dans sa méthode, c'est une ville forte demeurée intacte, mais privée de ses fortifications ; et nous verrons plus loin si l'ennemi de la foi négligea longtemps d'entrer par les brèches. On peut du reste se demander si la substance même de l'enseignement était alors intacte, si les doctrines n'étaient pas blessées déjà du même coup ; pour moi, je crois qu'elles l'étaient profondément, sinon très visiblement.

Quoi qu'il en soit, c'est de ce point de l'histoire que je vois partir tous les défauts que j'aurai maintenant à reprocher à notre enseignement théologique moderne, c'est aux influences fatales signalées plus haut que je les attribue. De là pour venir à la désorganisation complète des études, il n'est pas besoin qu'on l'ait prévue et voulue, il suffit de laisser l'enseignement à cette *logique naturelle des choses* qui, surtout dans l'ordre de génération des idées, est plus forte que les volontés réfléchies et les forces réunies des hommes. Ce travail de désorganisation, sans mettre à s'achever aussi longtemps qu'on pourrait le croire, ne se fit ni en un jour, ni avec une préméditation calculée ; à l'exception peut-être de quelques amers gallicans ou de quelques jansénistes radicaux, tout à fait conséquents avec eux-mêmes et qui ne reculaient devant rien, les hommes qui en posèrent les germes et qui, dans la suite, lui donnèrent leurs efforts, auraient reculé devant les fruits de leur œuvre, si quelqu'un avait pu les faire apparaître sous leurs yeux. Leur visée n'était certes pas de soumettre les divins oracles de la foi à cette épreuve de l'examen philosophique, qui n'est ni plus ni moins que le procédé protestant. Mais l'histoire aurait peu de malheurs à raconter, s'il n'arrivait au monde que ceux que les hommes ont voulu en pleine connaissance de cause ; le sujet que je traite n'est pas le seul où cette remarque soit vraie, et aucun siècle n'en a fourni autant de preuves que le nôtre.

Et maintenant, que l'hérésie se présente et cherche à prendre pied ; surtout, comme il arrive en France au XVIIe siècle, par une sorte de providence diabolique, qu'un ensemble d'erreurs se coalisent pour faire le siège de la nation, pour troubler la vérité dont jouissait sans conteste l'Église, ce qui permettait aux maîtres de la doctrine de vaquer tranquillement à leurs belles études, de prêcher la foi aux intelligences sans être troublés dans ce noble travail ; que l'hérésie parte ainsi en guerre, il en résulte une situation et des besoins nouveaux, auxquels l'Église a le devoir d'adapter son enseignement. — Et on a toujours vu, dans l'histoire du dogme, que ce travail, nécessité par l'hérésie, devient fécond par la miséricorde de Dieu, et, s'il est bien conduit, exerce toujours sur la marche des idées, sur le développement doctrinal, une influence éminemment précieuse, en mettant en lumière quelqu'un des chapitres de la foi jusque-là inexpliqué. La controverse est l'arme défensive, la mise en action des forces de l'Église contre l'erreur.

Il est bien clair qu'au XVIIe siècle il fallait soutenir la controverse, réfuter les objections, démasquer l'erreur, faire de l'érudition, amasser des textes, prouver le dogme et le prouver, selon le conseil de saint Thomas,par des arguments précisément opposés à ceux de l'adversaire, et choisis, en conséquence, parmi ceux qui pouvaient le convaincre (1). Mais encore, le danger signalé plus haut existait-il, et il était possible d'excéder en cette matière. Que le théologien, armé de toutes pièces, adaptât une partie de ses travaux aux besoins des circonstances, rien de mieux ! C'était nécessaire, en France surtout, puisque la France, sans être, grâce à Dieu, la terre natale et le propre séjour d'aucune des hérésies du temps, était le terrain où elles venaient se rencontrer. Il devait même être avantageux à l'Église que la lutte, à condition d'être bien conduite et dirigée par Rome, se fît en France et *en français*. Mais à deux conditions, entre autres : Premièrement, le point de départ de la controverse devait être juste, réglé par une saine théologie, conforme aux principes de la foi. Le polémiste catholique ne devait pas, dès le début, prendre une attitude suspecte, commencer par des concessions fatales ; surtout, il devait s'abstenir de se poser, par réalité ou par fiction, comme cherchant aussi la lumière. Secondement, il fallait qu'une méthode de circonstance et de combat ne devînt pas la méthode principale, je veux dire que l'on fît toujours une distinction

1. Saint Thomas, 1, q. 1, a. 8.

profonde, surtout dans les écoles,entre le travail auquel l'hérésie oblige parfois le théologien, quand il est aux prises avec elle, et celui que l'Église lui demande, s'il s'agit de se former lui-même dans la science sacrée. Car, autre chose est de convenir qu'il faut combattre, autre chose de dire qu'il faut porter la lutte dans les écoles où se forment les esprits et où se préparent les combattants de l'avenir, dans ces solitudes vénérables du travail et de la piété, que ne doivent pas franchir les agitations, les controverses et les passions du monde. Que les défenseurs de la foi, déjà montés sur la brèche, jetés, après une solide formation, dans l'action pratique, et rencontrant l'erreur sur leur chemin, s'employassent à ce combat ; c'était leur devoir, un des grands devoirs du ministère évangélique. Mais qu'au moins on réservât à l'étude recueillie, à la recherche de l'intelligence, et à la contemplation du dogme, telle que je l'ai définie, le sanctuaire sacré des écoles, où se forment les générations sacerdotales destinées au combat ; qu'on leur garantît cet enseignement tranquille, leur nourriture, la matière nécessaire des manuels et des programmes propres à former en eux le sens des vérités révélées, et ce *studium cœlestis desiderii*, qui est le trésor du sacerdoce et le fruit de l'éducation cléricale !

Ces deux conditions ne pouvaient manquer de se réaliser, si la direction effective de la controverse était venue de Rome. Mais il n'en fut pas ainsi, et ces réserves ne furent pas faites, dans le plus grand nombre et les plus influentes de nos écoles. Telle fut la pierre d'achoppement de l'enseignement théologique, et vous allez voir ce qui en résulta. A mes yeux, j'ose le dire, Bossuet même, notre grand Bossuet qui, à certains égards, se tient au-dessus des défauts du vulgaire, et fait exception à quelques-unes de ces remarques, ne fait pas exception à toutes, pas même aux principales. Sa notion de la théologie n'est plus ni complète, ni profonde, ni même entièrement juste ; il a perdu l'idée vraie de la science sacrée, et le plus théologique de ses ouvrages, le plus solide, le plus irréprochable dans la doctrine, justifie cette remarque d'une manière frappante : dans l'*Exposition de la doctrine chrétienne*, il ne part pas de l'autorité de l'Église, mais de l'idée polémique, son inspiration est plutôt l'objection. — Pendant qu'à Rome, et presque partout hors de France, dans les grandes écoles catholiques, on demeurait fidèle aux antiques traditions, on gardait la saine notion théologique, sans négliger les nouveaux devoirs imposés par les circonstances, et tout en pratiquant la théologie *stricte dogmatica ;* chez nous, on s'évertuait à démolir l'édifice des études rationnelles, pour lui substituer cette tour de Babel, commencée par Descartes et achevée par les encyclopédistes, ce monument le plus complet qui ait jamais été construit dans le genre faux. L'entraînement de la controverse et des travaux secondaires de critique, d'érudition, de recherche mesquine, de manipulation superficielle de textes, faisait presque perdre de vue le propre élément théologique, les principes et les raisons profondes, la notion précise enfin de la doctrine. Le concept de la science sacrée n'était plus *la foi cherchant l'intelligence;* mais, par un bouleversement étrange des rôles, *l'esprit cherchant à justifier la foi* [1].

L'enseignement catholique a deux fonctions à remplir contre l'erreur : prémunir les esprits qu'elle n'a pas encore conquis, ramener ceux qui se sont laissé entraîner. Bien que l'Église ne néglige pas la seconde de ces fonctions, la première est d'une importance tellement supérieure, qu'elle suffit ou à peu près, et elle est assurée par l'étude approfondie du vrai, par une exposition large et solide des principes ; l'autre, au contraire, je veux dire la réfutation directe, fait entrer souvent le doute où il n'était pas, son rôle se borne à démolir. Or, faites bien attention à cette remarque : c'est ici qu'on se trompa ; on ne pensa plus qu'à ramener de l'erreur, oubliant de prémunir contre elle ; là même où il faut viser à meubler les esprits de vérité, — c'est-à-dire dans les écoles, — on fit entrer l'autre travail, et on n'étudia plus que pour réfuter. Je montrerai tout-à-l'heure les conséquences de cette méthode.

Il y eut donc, surtout en France, des théologiens, et ce fut la majorité, qui perdirent de vue l'idée vraie de la science sacrée, pour s'oublier dans ce travail secondaire de la polémique, et qui, s'égarant dans des discussions et des recherches, utiles

1. Cf. Van Loo, p. 46.

sans doute, nécessaires même, vu les circonstances, mais secondaires, s'en allèrent bien loin du vrai terrain de la science théologique, telle que l'entendent l'Église et la tradition. Ces théologiens ne commencent plus par établir la question dans la lumière de l'Église, par planer eux-mêmes dans cette région supérieure et calme où le doute ne monte pas. Ils partent d'en bas ; ils règlent sur les exigences de l'objection la marche de leur travail, qui se ressentira toujours de cette inspiration malsaine. Quel immense danger dans une telle manière de traiter les choses de la foi ! Quelle trouée déjà, faite à l'édifice doctrinal ! Il y a là une application subtile du protestantisme, un examen privé, puisque la raison est érigée en juge, l'autorité anéantie ou écartée. Sans doute, en théorie et de propos délibéré, dans le principe surtout, on ne veut pas l'écarter ; les théologiens assurent bien que l'Église est leur raison de croire, et c'est vrai pour eux personnellement. Mais l'Église n'est pas la raison qu'ils donnent pour exiger la foi ; et ainsi, *pratiquement*, l'autorité de l'Église est remplacée par l'examen privé. Le théologien songera sans doute à déclarer, dans une note ou un préambule, que cette méthode, il ne l'adopte que vu l'état des esprits, sachant, du reste, et prévenant ses disciples qu'elle est toute de circonstance, et qu'il en est une autre plus élevée, plus magistrale, plus catholique, celle des anciens. Une telle déclaration sera fort peu remarquée ; et ce qui, en réalité, passera dans les esprits et sera transporté dans l'école, ce sera la méthode employée pratiquement, la méthode qui d'accidentelle deviendra fondamentale. C'est bien ce qui est arrivé ; encore une fois prenez les ouvrages de nos théologiens, depuis le XVIIe siècle, faites sur eux l'étude des points de départ, des manières de poser l'état de la question théologique, de leur attitude dans la controverse, vous verrez si je suis dans le faux.

L'enseignement, lancé dans cette voie, aurait dû, je le répète, ne fût-ce qu'en théorie et pour garder la notion juste de la science sacrée, conserver la distinction entre la méthode toute de polémique et la méthode immortelle de l'Église qui plane au-dessus des accidents de temps et des vicissitudes de nos disputes. Malheureusement on ne fit aucune réserve. Ce qui ne devait être que le *confirmatur* de la foi et l'argument *ad hominem*, fut mis à la première place et pris pour le côté fondamental; ce qui n'aurait dû absorber que les forces des écrivains aguerris, fut introduit dans l'éducation ecclésiastique. De là, une confusion malheureuse entre la tactique à suivre dans la période de lutte contre l'erreur, et la méthode à imposer dans la période de formation. C'était à croire que la réfutation de l'erreur doit faire l'essence de l'enseignement de l'Église. Il y a, dans cette violation des écoles par l'introduction de la polémique, une sorte de profanation qui fait plus de peine que tout le reste, et qui ressemble à la violation des tabernacles par les cris et le tumulte mondains.

Cette confusion se traduit d'abord, théoriquement, par le mépris et la haine, pratiquement, par l'abandon des grands scolastiques, de leurs livres et de leurs méthodes. Voyez-vous nos écrivains du XVIIe siècle, si grands littérateurs soient-ils, dédaigner les anciens docteurs, dont les écrits sont la richesse de l'Église, pour s'inspirer de Descartes? Fénelon ose l'égaler à saint Augustin: « On trouverait dans saint Augustin, dit-il, tout Descartes et plus encore! » La belle grâce qu'il lui fait! Une assemblée de l'époque censure Suarez et Cornelius a Lapide; Bossuet lui-même, qui pourtant goûte saint Augustin et saint Thomas, critique amèrement Lugo et plusieurs autres scolastiques; avec l'école théologique de Paris, il lui préfère Gerson, Pierre d'Ailly, Henri de Gand; et il ne trouve pas de plus grand éloge à faire de Nicolas Cornet, que de le comparer à ces trois théologiens. On est stupéfait, du reste, de voir Bossuet, dans une assemblée d'évêques dont il est l'âme, tenue en 1700 pour les affaires du jansénisme, louvoyer et défendre cette hérésie autant qu'il la censure, dénoncer à l'assemblée, sous l'imputation de morale relâchée, Molina, Suarez, Lugo, Lessius, C. a Lapide, et plusieurs autres qu'un théologien catholique ne peut pas ne pas estimer (1). La conduite de Bossuet dans cette assemblée est étrange; il condamne les principes jansénistes, mais mollement; il justifie les auteurs, pour attaquer l'infaillibilité dans les faits dogmatiques; sous

1. *V. Rev. des Jésuites*, avril 1877, p. 521.

le nom de *casuistes*, il censure de solides théologiens qui depuis ont repris une fort belle place dans l'enseignement. On est peiné de l'entendre s'exprimer comme les jansénistes sur des hommes dont la suite des temps et l'usage des écoles les plus autorisées a prouvé la valeur. Il y a, dans ce mépris de la scolastique — sentiment très cartésien et aussi très janséniste — le signe d'une profonde révolution intellectuelle, et sinon une coalition avec les jansénistes, du moins une grande satisfaction accordée à leurs haines. La méthode cartésienne, loin d'introduire en théologie, comme on pourrait le croire, une tendance prononcée à chercher l'intelligence de la foi, est venue aboutir à deux résultats absolument contraires, dont l'un se formule ainsi : puisqu'il n'y a de sûr que ce que la raison constate par déduction, la raison seule cherchera à déduire la foi de ses propres conceptions ; — l'autre : puisque la foi ne peut se tirer des conceptions de la raison par voie de raisonnement déductif, défense à la raison d'étudier la foi ; elle ne peut que la constater par voie d'autorité. Cette contradiction vient de l'inconséquence de Descartes, pour qui rien n'est certain que ce qui se déduit par raisonnement de ce principe premier : je pense, donc je suis ! Partant de ce principe, les uns disent : donc la foi doit se tirer de là ! Les autres, respectant l'exception du philosophe en faveur de la foi, disent : la foi n'a rien à demander à la raison. Ainsi, erreur d'un côté comme de l'autre ; et, ici comme partout, à moins de rester dans la donnée scolastique, on ne se tire d'un excès que par l'autre. Donc, ne vous y trompez pas, si l'entrée de Descartes en philosophie, c'est la destruction de la philosophie, c'est aussi la destruction de la théologie, qui est l'application de la philosophie à la foi, la foi cherchant l'intelligence [1].

Ce désordre fut moins longtemps qu'on croirait à devenir une théorie et un principe avoué. Les jansénistes se chargèrent d'ériger en règle doctrinale l'incapacité de la raison vis-à-vis de la foi. Pascal interdit à la philosophie et à la raison l'entrée de la foi, comme Boileau l'entrée des lettres au dogme. Dieu

1. Aussi Léon XIII avait-il raison de réclamer avant tout la restauration de la philosophie scolastique, comme plus urgente encore que la restauration des sciences théologiques.

n'est plus un *sujet poétique ;* JÉSUS-CHRIST n'est plus ce *Rex mansuetus ;* la sainte austérité de sa loi n'est plus ce joug suave, ce fardeau léger qui inspire la crainte et le respect, mais aussi l'amour, et dont la majesté, par les sacrifices même qu'elle impose, éveille cette sympathie, source du dévouement libre et des vocations saintes. Non ! c'est la loi de crainte revenue, ce sont les *mystères terribles de la foi*, selon l'expression de Boileau, c'est cette *face hideuse de l'Evangile*, comme dit Bossuet. Quelle idée du christianisme ! — Le précepte si janséniste et si peu catholique de Pascal, qui place la perfection de la foi dans la fuite de l'intelligence, accepté pratiquement d'abord, passa en théorie, se formula comme un principe, et nous avons eu, jusque dans notre siècle, des théologiens d'ailleurs recommandables et d'un bon esprit, qui l'ont accepté et proclamé (1). La scolastique nous avait bien dit que la théologie est argumentative, qu'elle démontre et procède par témoignage ; mais nous savions, par sa théorie comme par son exemple pratique, comment elle l'entendait ; et c'est précisément ce qui lui attira la haine et le mépris de cette école cartésienne et janséniste, qui avait ses raisons de craindre la lumière, et selon laquelle la perfection de la foi consistait à fermer les yeux à ses divines clartés.

On va donc prouver, toujours prouver, rien que prouver ; on ne pensera plus à expliquer, commenter, approfondir, ouvrir des vues, développer les idées, le concept et le *sens théologique*. On ne formera plus des *théologiens* d'instinct et de sens ; on *apprendra*, on *saura de la théologie*. — Remarquez ce mot expressif, très usité dans le langage contemporain : *apprendre, savoir sa théologie !* combien ce mot, commun en France, est tristement expressif et donne une idée fausse ; et comme cette idée est bien celle que, depuis longtemps, on s'est réellement faite de la théologie. La théologie ne pénètre plus dans l'intelligence, pour l'imprégner de foi, *imbuere Evangelio* (2), la transfigurer, la diviniser ; elle n'est plus la sève de l'âme entrant dans sa vie, dans toutes ses fonctions. Elle est juxtaposée, comme

1. Van Loo, *Sur Liebermann*, p. 47.
2. S. Léon le Grand.

une pièce adventice étrangère à l'esprit. On nous dit : « Sachons le dogme, croyons-le, prouvons-le, mais ne perdons pas notre temps à le comprendre, c'est un labeur inutile et dangereux ; tenons-nous au *Quod sit,* ne nous arrêtons pas à chercher le *Quomodo sit,* ceci n'est pas notre affaire (1). » Cette théorie janséniste nous a valu la lettre de saint Augustin à Consentius sur l'intelligence de la foi ; elle vivait encore au temps des scolastiques.

La preuve ne suffit pas toujours à prouver, et on ne peut pas tout prouver ; il est des vérités qui se sentent plus qu'elles ne se démontrent, ou qui, du moins, se démontrent beaucoup mieux par le travail intime de l'âme recueillie dans la méditation, que par A + B ; et c'est surtout en théologie que l'induction n'est pas inférieure à la déduction, comme l'a si bien démontré Gratry. Or, les ergoteurs gallicans et jansénistes croyaient au contraire qu'il faut tout prouver, et à leur façon ; qu'une démonstration n'a point de valeur, à moins d'être matérielle, et de consister en un texte emprunté à autrui, ou d'être en forme syllogistique. Cette prétention, bien que gallicane, n'est ni catholique, ni conforme au large et généreux esprit de la théologie ; car la science sacrée n'est pas une science épuisable et bornée à un point de l'espace ; c'est une science catholique, c'est-à-dire infinie. Cette prétention n'est pas non plus d'une saine philosophie ; car la logique s'adresse à l'âme tout entière, à ses plus harmonieuses facultés, et non pas seulement à la faculté qu'elle a de supputer des chiffres, d'aligner des valeurs mathématiques, d'enchaîner des majeures et des mineures. Cette prétention n'est non plus ni française ni humaine ; car le génie français, ou plutôt le génie humain, dans l'exposition d'une doctrine, unit admirablement la discrétion à la lucidité ; il laisse quelque chose à faire à l'esprit, sans pour cela manquer de clarté ; souvent il passe sous silence la conclusion contenue dans les prémisses, et cependant visible toujours. Son sens exquis lui fait comprendre, comme dit M. Nicolas (2), qu'une conclusion détachée de ses prémisses est

1. Historique.
2. *La Vierge Marie dans l'Église,* t. 1, l. 2, ch. VI.

moins forte que celle qui en sort d'elle-même dès qu'on les admet. N'est-ce pas d'ailleurs ce que saint Thomas, qui se connaissait en logique, dit excellemment, quand il montre que les textes sont bons pour prouver, en polémique, le fait matériel du dogme ; mais que si on ne donne pas autre chose, l'esprit s'en ira vide et insatiable, sans conviction et sans idée. Oh ! la bonne remarque, et comme elle apprécie bien le misérable travail de beaucoup de nos théologiens modernes, qui laissent vide et inquiet le cœur de leurs jeunes disciples. Enfin, c'est surtout en théologie qu'il convient de faire cette remarque, si admirablement appliquée à la *Logique* par Gratry : l'esprit humain ne peut se contenter de la déduction, elle ne le satisfait et ne lui suffit pas, elle ne répond pas à son besoin d'intuition et d'élévation ; il lui faut l'*induction* (1).

Je l'ai dit, il ne suffit pas de prouver le dogme, il faut en étudier la notion intime. Mais encore, comment l'étudiait-on ? au moins, puisqu'on donne toute la place à la démonstration, va-t-elle être admirablement fortifiée, poussée à un degré étonnant de perfection. Si on ne vise plus qu'à prouver le dogme, sans doute ne lui refusera-t-on pas les plus belles et les plus satisfaisantes preuves, celles qui pénètrent profondément l'esprit humain, et répondent le mieux à ce besoin de lumière qu'il porte dans toutes les branches de son activité. — Oui, vraiment, la démonstration sera grandement perfectionnée par les nouveaux théologiens, comme vous allez voir !

Non seulement l'ensemble de la méthode était faussé par ce soin exclusif de la démonstration ; mais, du même coup, la démonstration, qui n'est qu'un des côtés et des devoirs de la théologie, était atteinte au vif et blessée mortellement. Cela se comprend : dans la science sacrée, plus encore que dans toute autre science, tout se tient et fait corps ; la théologie n'est vivante que si on lui conserve ses membres essentiels ; coupez-en un, le sang coule, la vie s'échappe et abandonne les autres. En détruisant la contemplation, on tarit une source précieuse de preuves : la contemplation du dogme, bien plus que les

1. Le lecteur a déjà compris que le procédé désigné sous cette expression diffère de l'*induction philosophique* proprement dite.

arguments de témoignage, a le don d'engendrer la conviction, car elle donne satisfaction aux plus justes exigences de l'esprit humain; elle a le secret de *persuader*, et non pas seulement la puissance de prouver et de confondre, comme la démonstration déductive. Ainsi est construit l'homme, il faut qu'il voie ; il ne se contente pas de preuves sèches, humiliantes, pour ainsi dire, qui ne lui mettent pas la lumière dans l'âme, qui lui ferment la bouche et le réduisent au silence, sans charmer son intelligence, sans attendrir son cœur, qui enfin ne s'adressent en lui à aucune de ces facultés supérieures, affamées d'harmonie plutôt que d'arguments, de lumière et d'amour plutôt que de textes et de syllogismes. — Il est, dit J. de Maistre, des vérités qui ne se prouvent ni par le calcul, ni par les lois du mouvement, et que l'homme ne peut saisir qu'avec l'*esprit du cœur ;* les vérités dogmatiques sont les premières en ce genre ; les plus hautes preuves qu'on en puisse donner, ne sont pas les plus précises, mais celles qui, prenant leur source dans les intuitions de l'âme, ont le don d'éclairer et de toucher : « On écrit souvent des choses que l'on ne prouve qu'en obligeant tout le monde à faire réflexion sur soi-même et à trouver la vérité dont on parle [1] ».

Cette méthode, qui retranche l'intelligence, détruit le lien philosophique des preuves particulières, leur sève commune, et comme l'atmosphère où elles ont leur vie, leur charme, leur liaison, leur harmonie. Tout se détache, se désagrège, tombe en poussière; je vois désormais non plus des théologiens, mais des érudits, des *chiffreurs*, comme dit encore J. de Maistre, tombés dans l'esprit de détail, pâlissant sur des livres où ils recherchent, sans joie, sans enthousiasme, des textes qu'ils extraient, copient, numérotent et amoncèlent en une synthèse factice et matérielle. Ce n'est plus là une science de principes. Remplacer l'intelligence par le nombre des arguments recherchés partout et à tout prix, jusqu'aux plus infimes ; éplucher et faire suer les textes, y trouver, à toute fin et souvent malgré eux, ce qu'on est résolu d'y trouver; entasser, aligner tout cela dans des livres, sous un ordre factice qui est un désordre réel :

1. *Soirées*, t. II, p. 153.

quelle méthode fastidieuse, aussi fatigante à l'étude que stérile pour la formation de l'esprit, et appauvrissante pour l'âme.

Est-ce là, grand Dieu ! la divine théologie ? Et si ce n'est plus celle des scolastiques, du moins est-ce celle que nous appelons la *théologie positive*, la théologie de nos docteurs, Suarez, Bellarmin, Pétau, Melchior Cano, du Concile de Trente et de l'Église ? Non, je l'appellerais plutôt un vrai *positivisme théologique* (1), ce qui est tout différent, une sorte de *matérialisme* qui chasse l'âme de la science sacrée, comme le matérialisme philosophique la chasse du corps humain ; une *science exacte*, non pas comme les sciences mathématiques qui peuvent progresser, mais une *science exacte arrêtée*, à laquelle tout progrès est interdit ; l'esclavage, l'oppression de la pensée, la prison de l'intelligence. Cette prétendue théologie n'a plus rien à dire à l'âme, surtout au cœur ; elle n'est plus faite que pour la mémoire ; c'est une langue morte, sans saveur, incapable de remuer une des fibres intimes de l'homme, de produire l'élévation, le vrai sentiment. Et, si elle ne peut parler à l'âme, que peut-elle produire en elle, comment peut-elle concourir à former cette grande et sainte chose, cet admirable composé d'intelligence et d'amour, le prêtre, le cœur sacerdotal ? Et si elle ne forme le cœur sacerdotal, que peut-elle faire ?

Hélas ! Elle exerce la mémoire ! Et vous savez quel rôle prépondérant, pour ne pas dire exclusif, joue la mémoire depuis longtemps dans les études théologiques en France. J'ai connu quelques-uns de ces théologiens positivistes, arbres sans fleurs ni feuillages, sans fruits surtout, incapables de nourrir et d'abriter les âmes d'un peu de fraîcheur, de donner aux esprits le moindre goût de la théologie ; vraies machines à dessécher la science sacrée, à éborgner les intelligences pour les empêcher de voir, sous la lettre et les détails, la douce et réjouissante lumière du ciel. Ils auraient fait une théologie en chiffres, tout y étant disséqué, mort, décoloré, aplati, serré dans de petits casiers bien en ordre matériel. L'arithmétique joue un grand rôle dans les études de ce genre : pas un regard, pas une aspiration, pas un coup d'aile vers les régions supérieures, où la

1. Cf. *Biographie de J. B. Aubry*, p. 88.

méditation contemple ce que la foi a d'abord accepté ; pas un principe, pas une élévation de l'esprit et du cœur vers ces hauteurs mystiques où la foi devient amour, vie et fécondité. — C'est comme la montagne où le roc décharné et brûlé par le soleil n'a plus un pouce de terre végétale, pour arrêter l'eau bienfaisante du ciel et nourrir un arbrisseau, une fleur, un peu de verdure. Ces théologiens — grâce à l'abaissement et à la vulgarité générale des esprits, qu'ils ont d'ailleurs concouru à former — on les admire fort à la ronde, de cette admiration banale, aveugle, sèche et sans amour, qui n'importe pas à l'intelligence, et qui est un mensonge qu'on se fait à soi-même ; on les admire, sans jamais prendre goût aux sciences sacrées ; et si quelque étudiant embrasse la vraie théologie, c'est celui qui, par une circonstance indépendante de leur enseignement, souvent même contre leur direction et leur volonté, a pu, à force de recherches et de désirs, trouver une méthode meilleure et plus féconde.

De toutes les voies ouvertes à l'intelligence de la science sacrée, le positivisme gallican n'a donc conservé que la voie de démonstration par l'érudition, par la recherche des monuments et des témoignages. Certes elle était nécessaire, et elle a rendu d'inappréciables services ; l'hérésie prétendait que le dogme n'a pas sa source dans l'antiquité, il fallait bien la confondre en démontrant le contraire. Mais si elle était nécessaire, elle ne suffisait pas. Pour le théologien qui marche appuyé toujours sur la tradition, l'érudition est un immense secours ; ce n'est pas elle cependant qui constitue la science ; elle lui est même un écueil, et vous allez le comprendre. La science n'est nulle part la connaissance matérielle des détails techniques ; la science est une résultante, une essence, un esprit, un sens ; elle ressort de l'étude des détails ; elle plane au-dessus, comme la flamme légère et délicate au-dessus d'une combustion chimique. L'érudition accumule les matériaux ; la science les étudie, en saisit les rapports, en pèse la valeur, en approfondit le sens, les fait parler, puis les rapproche et les coordonne, s'imprègne enfin de l'esprit de chacun d'eux, sans être aucun d'eux. La science ne consiste donc pas à reproduire les idées des autres, à tirer de partout des lambeaux, pour les ajuster ensemble, à copier partout des textes, pour en composer non des œuvres originales, mais des recueils de citations. C'est là l'écueil de l'érudition. Les recherches critiques, les travaux de patience, sont les éléments premiers, mais ils n'ont et ne peuvent communiquer la vie par eux-mêmes ; il faut que l'esprit souffle sur eux, comme Ezéchiel sur les ossements d'Israël, et ils auront la vie.

Or la théologie est une science ; donc elle n'échappe pas à cette loi ; elle y échappe moins que tout autre, parce qu'elle est la reine des sciences, et que sa nature est plus élevée et demande davantage à planer. Mais cette notion a été détruite par Descartes et Bacon. Je ne dirai pas de mal de la méthode expérimentale, appliquée par les néophilosophes qui ont succédé à la réforme, et transportée des sciences physiques aux sciences de principes ; je n'en dirai pas de mal, parce que je n'ai pas le temps ; mais cette méthode a servi, en philosophie, à détruire la notion de la science ; et le système cartésien n'est autre chose que l'expérimentation appliquée aux choses de l'esprit. Or, de la philosophie elle est descendue jusque dans la théologie qui éclaire la philosophie elle-même ; la méthode de démonstration, par recherche d'érudition, est un vrai système d'expérimentation appliqué à la foi. Qu'elle soit acceptable dans une certaine mesure, non comme base, mais comme confirmation humaine, d'une chose divinement certaine, soit ! Mais, l'expérimentation étant un examen libre et indépendant, qui refait à nouveau toute la vérification des bases d'une science, sans préjugé, sans autorité; la complète méthode expérimentale en théologie, c'est le protestantisme, le libre-examen des bases de la science, par un esprit qui secoue toute dépendance et fait avec lui-même ce pacte : « Je m'assurerai, par ma propre expérience, de la vérité, je ne croirai que ce que j'aurai constaté, vu et compris par ma propre lumière ; les dogmes attendront, pour avoir ma créance, que je les aie vérifiés par mes observations personnelles ! » Encore une fois, c'est le protestantisme ; et c'est pourquoi le protestantisme a engendré cette fureur des méthodes expérimentales appliquées à tout, et appliquées exclusivement. Faites attention, ce qui vient du protestantisme, ce n'est pas la méthode expérimentale, c'est son exagération, son exclusivisme. Vous comprendrez un des grands dangers de l'érudition, si vous vous rappelez que le protestantisme est né de l'érudition du XVIe siècle, entêtée, infatuée, engouée d'elle-même et, dans son aveuglement, ne croyant plus à l'autorité de l'Église. Chose étrange qu'au XVIe siècle on trouve l'érudition qui, de sa nature, est si grave et si austère, unie à la légèreté, au bel esprit, au pédantisme littéraire, à l'obscénité même.

L'érudition est bonne ; mais les théologiens du XVIIe siècle ont contribué à la rétrécir et à en fausser l'application, et cela de trois manières. — D'abord, en la restreignant aux auteurs et aux monuments qui leur plaisaient, par cet esprit de coterie qui enserre ses travaux dans un cercle borné, et lui ferme les plus belles voies. Que de témoignages récusaient les gallicans, dissimulant l'action pontificale et les documents si précieux émanés d'elle, enlevant un œil à la science de l'antiquité ecclésiastique ; ils en étaient venus à dire, selon la remarque de J. de Maistre : « En France, nous enseignons ceci... nous ne croyons pas cela ! » — Secondement, ils dénaturaient le sens de la tradition, lui prêtaient un langage faux, habituaient les esprits à cette déplorable et mesquine méthode qui détache le témoignage du contexte, l'arrache à l'ensemble doctrinal où il était encadré, lui fait dire alors tout autre chose que ce qu'il a dit. On sait si les jansénistes étaient habiles à cette manœuvre, s'ils étaient exclusifs et *perfides*, dans le choix et l'interprétation des textes ; c'est ainsi qu'ils ont faussé l'histoire et la tradition. — Troisièmement enfin, ils firent de ces témoignages un usage trop sec ; la pure érudition est desséchante, vous savez ses dangers, ses abus ; chez nous elle les a réalisés tous en théologie.

Chose étonnante encore une fois, à côté du système qui fait du dogme une déduction de la raison, et qui écarte l'autorité de l'Église, il s'introduisit en théologie, sortant de la même source cartésienne et rationaliste, un système qui rejette de l'étude de la foi tout usage de la raison, pour ne plus argumenter que sur l'autorité, non pas sur la grande et unique autorité de l'Église, mais sur l'autorité infirme de témoignages isolés de la tradition, branches séparées du tronc, ruisseaux détournés de leur source. Parce que les protestants, abusant de la raison par le libre-examen, s'étaient jetés à l'extrême, ne croyaient à aucune autorité, et donnaient libre carrière à la raison personnelle; on se jeta dans l'extrême contraire, qui consiste à réduire à néant l'intelligence, à ne plus rien laisser faire à l'esprit, à ne procéder que par argument d'autorité. — Deux excès également nuisibles : l'un anti-catholique et meurtrier du principe de foi, l'autre anti-humain et meurtrier de l'élément que la foi demande à la raison, en l'abordant et en s'offrant à elle comme sujet d'études et de contemplation. D'où ce desséchement de la science, qui désole et stérilise, aujourd'hui encore, nos études, et que j'ai appelé le *positivisme théologique.*

Cet affaiblissement du rôle de la raison, venu de la philosophie cartésienne, se retourna contre elle, et la rendit méprisable; en sorte qu'elle ne gagna rien à s'isoler de la théologie. Rappelez-vous le triste mot de Pascal; il déclare que toute la philosophie ne vaut pas une heure de peine. Jansénius va plus loin ; il dit que la philosophie, employée à éclairer les choses divines, est toujours mère de l'erreur (1). Lamennais renouvelle l'erreur janséniste sur l'impuissance de la raison. D'après de tels principes, il fallait bien conclure que l'intelligence humaine, en face de la foi, n'a plus de fonction que de constater le dogme, de le prouver par des témoignages ; tout le reste : exercice discursif sur la foi, théories scientifiques, recherche de l'intelligence, était non seulement inutile, mais dangereux et coupable.

La science théologique, réduite ainsi à ce qu'elle a de plus matériel, paraît n'avoir rien perdu, car l'échafaudage extérieur subsiste ; de fait, elle a perdu une seule chose, la vie, le souffle, l'âme, la fécondité. Il est des notions, des substances, comment dirai-je ? des essences, qui ne tombent pas sous la mesure des textes et des chiffres ; ce sont précisément les plus précieuses, les plus riches ; c'est surtout l'idée surnaturelle, et ce que le langage théologique appelle l'*esprit.* Voilà ce qui disparaît à partir du XVIIe siècle. Il reste la lettre, la réponse aux ob-

1. *Lib. Prœmial. August.*, ch. III.

jections, des définitions, des notions même, tout ce qu'il faut pour discuter, prouver, faire de gros livres, — et on continue d'en faire ; — mais on a beau couvrir de littérature ce squelette, je n'y sens pas la vie. L'érudition ressemble à la théologie, comme le squelette au corps humain. Sans doute, le mouvement qu'elle s'est donné, la somme de travail réalisée, les immenses matériaux amoncelés, tout cela sera utile à la postérité, selon le mot d'un paléographe célèbre : « Cherchons et déchiffrons des textes, d'autres les expliqueront ! » Mais le profit n'est ni en proportion de la peine, ni ce qu'il devrait être.

L'érudition et la polémique sont à peu près les seuls genres dans lesquels la France ait déployé toutes ses forces, depuis deux siècles ; nous sommes arrivés, aujourd'hui, à une fièvre d'études spéciales, poussées à l'invraisemblance et au ridicule. L'érudition veut étudier à fond une foule de personnages, de faits, de détails, grands quelquefois, par le tapage qu'ils ont produit et l'importance qu'on leur prête, mais infimes dans la réalité des choses et aux yeux d'un théologien qui a pour norme de ses jugements les idées éternelles, — *annos æternos in mente habui* (1). L'érudition s'est occupée de tout, oubliant souvent Dieu et l'homme, — l'âme surtout : on ne peut penser à tout ! L'histoire intérieure de l'humanité est encore à faire, les événements qui lui importent le plus ont été des secrets jusqu'à ce jour ; du moins, la plupart des esprits ne les ont considérés que dans le détail, à la loupe, cherchant le petit côté des grandes choses. — J'exagère peut-être ? Ouvrez quelques-uns de nos auteurs français, même des meilleurs, de ceux qui ont voulu et cru aimer les scolastiques, comprendre leurs idées, rétablir leur méthode ; ouvrez-les à la première page des *prolégomènes*, là où se donne, dans les livres, la notion de la science qu'on va traiter. Voyez l'idée qu'ils se font de la théologie et du rôle qu'y doit jouer la raison. Prenez, par exemple, — pour choisir parmi les meilleurs, — la théorie de Libermann, un de nos théologiens les plus répandus, les plus estimables et les plus rapprochés de la scolastique : il justifie parfaitement mes observations, quand il traite de cu-

1. *Ps.*, LXXVI, 6.

riosité excessive, inutile et artificieuse, la théologie scolastique qui ne se contente pas de constater la foi, et de déduire des principes révélés les vérités dogmatiques positives ; mais qui vise à l'intelligence des dogmes, et qui cherche à pénétrer les secrètes profondeurs des choses révélées. Aussi évite-t-il ces explications spéculatives du dogme, lorsqu'il établit sa propre méthode [1].

Telle a été, depuis Descartes, telle est encore, dans beaucoup de nos écoles, la *théorie des études théologiques*, théorie antiscolastique au premier chef, théorie admise même par ceux que nous regardons en France, à l'heure présente, comme nos meilleurs théologiens, les plus sains d'idées, les plus avancés dans le sens du retour aux méthodes scolastiques. L'erreur persiste, non sur un point secondaire de la doctrine et de son enseignement, mais sur la *notion même de la théologie ;* sur ce point fondamental qui embrasse et règle tout, parce qu'il est tout juste le grand problème, le *caractère distinctif*, la *pierre de touche* de la théologie, et, j'ose dire, l'*unum necessarium* de l'enseignement. Les savants, les érudits ne manquent pas ; ce sont les *hommes de méthode* qui font défaut. Que de professeurs suent sang et eau pour infiltrer dans l'esprit de leurs élèves ce qu'ils savent eux-mêmes surabondamment, et dont les labeurs sont infructueux. Quelle déperdition déplorable de forces précieuses, faute de principes. Avec moins de ressources et plus de méthode, on ferait infiniment plus de fruits. En toute science, mais surtout en théologie, le professeur le plus savant, s'il n'a pas cette méthode puissante et large des scolastiques, ne formera pas un disciple. Au contraire, un maître trempé de principes, appuyé sur une bonne méthode, fût-il du reste peu érudit, formera école ; il produira des hommes de doctrine, des *esprits théologiques*, c'est-à-dire ce qui nous manque le plus, ce qui est le plus nécessaire à notre société contemporaine.

1. « *Mysterium fidei credi salubriter potest ; investigari salubriter non potest* ». Libermann, *Instit. theol.*, t. IV, p. 176. — « Quando theologia speculativa intra limites revelationis coarctata est, idque sibi proponit unice, ut quæ ad fidem pertinent, ex principiis revelationis eruat, stricte, *dogmatica* vocari potest vel *positiva*. Quando vero *artificiose magis quam theologice* de divinis disserit, et nimia curiositate quæstiones sectatur subtiles magis quam utiles, altissimarum rerum omnium sinus penetrare cupiens, ut nihil sit, cujus non velit rationem reddere, tunc *scholasticæ* nomen obtinet ». *Ibid.*, t. I, p. 7 — et passim : t. I, p. 8, 36 : t. IV, p. 186, 379....

CHAPITRE NEUVIÈME.

CONSÉQUENCES THÉOLOGIQUES.

Rationalisme théologique. — Le doute. — L'apologétique moderne. — Pente aux concessions de principes. — Amoindrissement de la foi. — Devant le progrès moderne on semble plaider pour l'Église les CIRCONSTANCES ATTÉNUANTES. — Le christianisme de Chateaubriand. — L'école de Lacordaire. — Affaiblissement de l'autorité doctrinale de l'Église. — L'argument de Tradition et d'Écriture-Sainte, d'après la théologie gallicane. — Les manuels classiques. — La mnémotechnie : compendium, répertoire, REPASSE, tableaux synoptiques. — Conséquences : abandon de la théologie.

PLUSIEURS désordres très graves, produits par les méthodes fausses, et portant la ruine dans l'enseignement, semblent se rattacher directement au doute cartésien, comme à leur source philosophique. Ces désordres se remarquent encore aujourd'hui, dans beaucoup de nos écoles ; il sera facile de juger si je me trompe, soit en les dénonçant, soit en les attribuant à cette cause. Ici, du moins, je ne sors pas de mon sujet, car ces désordres atteignent les doctrines, en même temps qu'ils sont la conséquence nécessaire d'un système théologique condamné par l'expérience.

Un des fruits les plus funestes du système cartésien et de la méthode polémique, fut de faire de la foi une *déduction de la raison*, et de montrer le christianisme comme un progrès naturel, étape par étape, de la philosophie. Il fallait bien s'attendre à ce résultat dans les sciences sacrées, grâce à la contagion nécessaire qui fait de suite passer en théologie toute erreur introduite en philosophie ; du reste, l'état de la question entre la doctrine catholique et l'objection qui l'attaque ayant été posé comme je l'ai dit, on ne pouvait procéder autrement. Ce désordre s'appelle le *rationalisme*, et vous le trouverez dans un très grand nombre d'ouvrages, écrits avec les meilleures intentions du monde, au XVIIIe siècle et plus encore au XIXe siècle ; surtout dans les *Introductions philosophiques* à l'étude du christianisme, dans les *apologies*, les *défenses* de la religion, les *conférences*, les travaux d'histoire, etc. Ce désordre, c'est au XVIIe siècle qu'il apparaît, dans cette philosophie rationaliste qu'on respire partout ; il est d'ailleurs l'indice et l'explication d'un autre mal qui s'en suivra et qui existe déjà, le *doute*. Le doute, soit à l'état de système et de raisonnement, comme chez Descartes, soit à l'état d'instinct et de tourment, comme chez Pascal, ce Jouffroy du XVIIe siècle ; le malheureux doute, si ruineux pour la raison et la foi, et qui, depuis lors, a fait tant de mal chez nous, c'est au XVIIe siècle qu'il commence à entrer dans les habitudes intellectuelles, à ronger secrètement et profondément la fermeté des convictions, à énerver les esprits, en ébranlant toute certitude, à soustraire sous leurs pas le terrain ferme et assuré des croyances. Il s'insinue adroitement dans l'atmosphère des doctrines, pour détruire ce quelque chose de délicat et de précieux que je ne puis appeler mieux que la *santé intellectuelle publique*.

Et malheureusement, même les maîtres de l'enseignement sacré, même les grands écrivains catholiques du temps, semblent atteints, au moins à un degré inférieur qui est la demi-erreur, le libéralisme, de cette grave maladie du doute. Par l'histoire, par leurs propres déclarations, nous les savons cartésiens ; nous trouvons, dans leurs ouvrages, les traces d'un état d'esprit qui pèche du côté de la vigueur des convictions ; chez eux, la solennité n'est pas un indice de force ; leur regard, qui se promène sur la généralité des choses, ne se pose avec profondeur sur rien de déterminé ; on sent poindre dans leurs écrits les opinions mitoyennes, les doctrines d'entre-deux, les concessions et complaisances, en un mot, tous ces signes de l'affaiblissement du tempérament intellectuel, inconnu jusqu'alors. La société marche vers ce christianisme diminué, tronqué — la plaie de notre siècle.

Quand on regarde au cœur des doctrines, sans se laisser éblouir par l'éclat des discours pompeux, on voit germer et grandir ces désordres intellectuels,au milieu de ce XVIIe siècle malsain, entamé de tous côtés, atteint de plaies malheureuses, frappé surtout de l'esprit de rhétorique, ce mal moderne qui nous a fait accuser de légèreté, et qui consiste à couvrir, sous la splendeur de la forme, la pauvreté du fond. — Le XVIIe siècle a produit Bossuet, gallican, et cependant moins gallican que les autres, complaisant pour le pouvoir civil, et cependant ne dépassant pas certaines limites, faible pour les jansénistes, et cependant les combattant ; il a produit encore Fénelon, quiétiste,même après sa soumission, inventeur de théories libérales, mitigées, naturalistes, en histoire et en politique, théories qui sont encore aujourd'hui une ressource pour le libéralisme et le naturalisme contemporain. Le XVIIe nous a donné Massillon, avec ses fleurs et ses complaisances ; Olier avec sa piété, son grand esprit sacerdotal et ses idées fausses [1] ; Bérulle, profond en dogme, faible en morale, sérieux, mais d'une rigidité janséniste ; Malebranche, philosophe distingué, mais souvent dans le faux ; enfin Descartes et Pascal. Les efforts de ces grands hommes, comme de tant d'autres venus à leur suite, ont

1. Cf. Les étranges doctrines de M. Olier, sur la *maternité divine de Marie* : « Choisie de Dieu le Père, pour qu'elle fût son aide ou son épouse dans cette génération, *participant* toujours à cette même fécondité et à toutes les communications du Père à son Fils, quoiqu'elle ne puisse les comprendre. Il n'y a pas plus de difficulté de croire qu'une créature puisse être associée au Père éternel dans l'*acte fixe* et permanent d'engendrer le Fils, que de croire qu'une créature puisse être associée au Verbe dans l'acte de produire le St-Esprit, etc. » (*Vie intérieure de la T. Ste Vierge*, passage censuré par le cardinal Franzelin *De Verbo incarnato*, p. 331). — Sur la présence réelle de J.-C. dans l'âme chrétienne autrement que par l'eucharistie (*Catéchisme chrétien*, 2e part. v.) — Sur la puissance de S. Pierre et le rôle de S. Jean dans le gouvernement de l'Église (*Vie intérieure*, ch. XVIII, § 2. et p. 49, 231, 253, 255, 257). — Sur les choses cachées à J.-C. avant sa mort (*ibid.*, t. II. p. 129-134). — Sur l'union mutuelle de JÉSUS et de Marie (*ibid.*, t. II, p. 124, et *Journée du chrétien*, p. 394). — Enfin sur l'esprit d'humilité, le rôle des familles religieuses dans l'Église, etc., etc. (*V. Vie de M. Olier*, t. III, p. 79, 555, 778.)

abouti à ce christianisme diminué, dont nous sommes affligés aujourd'hui. Des études érudites d'histoire ont montré dans le grand Bossuet, si impitoyable et si dur parfois, ces faiblesses fatales, ces transactions pernicieuses, qui sont la marque, je ne dis pas d'un esprit médiocre, mais d'une formation doctrinale incomplète et d'une conviction insuffisamment affermie, qui caractérisent bien notre tempérament intellectuel moderne.

Voilà le désordre principal, et celui qui engendre les autres ; celui qui ouvre la porte à la foule des erreurs contemporaines. Plus on étudie le grand siècle, dans son ensemble comme dans ses détails, en se débarrassant du préjugé engendré par ses gloires, plus on y trouve déjà le faux installé partout : gallicanisme, jansénisme, quiétisme, rationalisme déiste ou athée, scepticisme, panthéisme, paganisme même, tout y pullule et y fourmille. Rien d'étonnant dès lors qu'il ait engendré si vite la pourriture intellectuelle et morale du XVIIIe siècle et la révolution. Si fait pourtant, une chose me surprend, c'est qu'on ait pu admirer si longtemps et si fort un tel état intellectuel. A la faveur de l'affaiblissement des convictions, chacune de ces erreurs travaille de son côté, à sa manière et selon sa puissance propre, à ronger l'intérieur de la nation, à détruire son essence catholique, à ruiner ce grand esprit théologique dans lequel elle avait été trempée.

N'est-ce pas de cette même source que nous sont venus les systèmes, encore plus allemands que français, de progrès intrinsèque objectif et matériel de la religion et de son dogme ? En étudiant de près les *traités de la religion*, écrits tant au XVIIIe qu'au XIXe siècle, on trouverait, dans beaucoup d'entre eux, une atteinte de cet esprit qui fait de la foi une déduction de la raison ; on trouverait la même chose du reste dans bien des écrits célèbres, glorifiés comme des apologies lumineuses du christianisme ; et, de tous les grands hommes que déjà Frayssinous donnait comme les gloires de la religion, on serait effrayé de voir combien peu sont dans son véritable esprit. Faites la liste de nos apologistes, depuis le XVIIe siècle jusqu'à nos libéraux contemporains, voyez combien il en est peu dont l'Église puisse accepter toutes les théories. Au contraire le plus grand nombre de propositions condamnées pendant cette même période, sont tirées des apologistes de la religion(1). Quelle déperdition de ressources, d'énergie, de bonne volonté, quel état intellectuel et social cela suppose ; jugez enfin à quoi sert le *sel de la terre*, jeté sur une société pour l'assainir, et ce que devient une nation, quand ce sel disparaît. Il est très heureux pour la religion d'avoir des défenseurs, mais je ne sais s'il ne lui est pas plus funeste d'être défendue par de faux principes qu'attaquée par un ennemi impitoyable. L'apologie ne porte plus ce grand air de vérité, cette santé des principes ; elle fourmille d'aperçus faux, elle pactise avec l'erreur, elle s'arme des arguments de l'hérésie.

Un second désordre, une conséquence non moins désastreuse de l'influence cartésienne en théologie, c'est la pente aux *concessions de principes;* cette pente, qui procède du doute, puisque toute concession est un doute, si même elle n'est pas une négation ; cette pente, que la plupart des défenseurs du christianisme donnent aujourd'hui pour une nécessité du temps, tandis qu'elle n'en est que le fléau. D'ailleurs, l'état de la question entre la doctrine et l'objection étant ce que j'ai dit, les concessions s'expliquent : il n'y a plus de fixité dans les esprits ; et la déduction cartésienne, marchant par le circuit compliqué du raisonnement, n'est pas tellement évidente, ne va pas tellement droit, qu'elle aboutisse à des conclusions identiques dans tous les esprits, et qu'il n'arrive jamais de voir nié par les uns ce qui sera affirmé par les autres, concédé par ceux-ci ce que refuseront ceux-là. Dès lors, quel désarroi pour les intelligences chrétiennes, quelle anarchie dans les idées dogmatiques.

Le dogme catholique, c'est la citadelle de la certitude, bâtie au milieu d'une société chrétienne, pour y abriter les forces de l'intelligence, pour y conserver une réserve précieuse et indéfectible d'idées nettes, de notions sûres, de principes solides,

1. Le *Syllabus*, les actes de Pie IX et de Léon XIII d'une main, la liste des écrivains contemporains de l'autre, il est malheureusement facile de constater la trop grande véracité de cette affirmation. Il ne s'est presque rien écrit, en France, dans le genre apologétique, dont l'*école libérale* ne puisse se réclamer. Le *christianisme des temps présents !* disait Mgr Pie, faisant allusion au dernier ouvrage paru dans ce genre. *(N. de l'édit.)*

sur lesquels on puisse vivre, et recommencer au besoin le travail, si tout le reste, philosophie, sciences, idées humaines, morale, organisation sociale, venait à être bouleversé ou détruit. Si l'ennemi s'installe dans la citadelle, s'il y est introduit par les défenseurs eux-mêmes de la place, que ne faudra-t-il pas craindre ? — Or, le gallicanisme et le jansénisme, furent les deux ennemis qui firent la brèche la plus fatale à l'idée dogmatique : le jansénisme, par la diminution de l'*idée du surnaturel*, le gallicanisme par l'altération de l'*idée de l'Église*. Ces deux idées sont les deux pivots de la théologie ; elles s'éclairent l'une l'autre ; ne vous étonnez donc pas de voir le jansénisme et le gallicanisme se rencontrer contre elles au XVIIe siècle, et, depuis lors, toute la lutte se concentrer sur elles. Travaillons à relever ces deux idées, et ne manquons pas de les éclairer l'une par l'autre.

Mais voici une nouvelle conséquence : c'est l'attitude fausse et honteuse que l'on prête désormais à l'Église, pour laquelle on semble *plaider les circonstances atténuantes*. Car je ne puis caractériser autrement la situation faite à l'Église depuis deux cents ans, soit par la politique, soit par la société mondaine, et acceptée trop facilement par les chrétiens, les écrivains, les apologistes, souvent même le clergé. On oblige le christianisme à faire tout un ensemble de concessions à une sorte de seconde société, qui vient s'asseoir à côté de la première, pour fonder le *progrès moderne*. De là, cet abandon progressif des principes, qui a énervé le sens public, pour aboutir à faire passer en axiômes des monstruosités. Bossuet, Fénelon et tant d'autres, ont oublié les antiques principes de la tradition, pour donner l'exemple de ces concessions, et le système de Descartes est devenu la théorie philosophique, le *Credo*, de ce fléau moderne.

Quand, à la suite de la grande révolution, les survivants du sacerdoce furent investis du soin de reconstituer l'édifice ecclésiastique en France, quelques prêtres de vieille race se trouvèrent, dans chaque diocèse, qui se mirent à l'œuvre, comme Néhémie, et s'efforcèrent, dans l'obscurité d'un labeur modeste, de restaurer les ruines et de multiplier les hommes — œuvre héroïque dont on ne les loue pas assez. — Mais ils ne pouvaient organiser les choses doctrinalement, et il ne suffit pas de multiplier les hommes. C'est là cependant le point de départ de la restauration de l'esprit catholique en France. Ces prêtres, si abandonnés de tous les secours sur lesquels on s'appuyait avant 89, et qui permettaient en quelque sorte de se soutenir sans Rome, cherchèrent où s'appuyer, et ne trouvèrent que Rome ; de Rome seule leur venait l'encouragement et la lumière ; partout ailleurs ils ne rencontraient que persécutions et entraves. Malheureusement, la plupart n'avaient pas de programme ; personne ne connaissait ni théoriquement ni pratiquement les idées romaines. On refit à la hâte des séminaires, une éducation, des diocèses, un clergé ; les études sacrées furent reprises, mais comme un élément tout à fait inférieur. Que de prêtres de ce temps-là nous ont raconté avoir fait un an, deux ans de théologie ; d'autres étaient chargés d'enseigner les sciences sacrées, sans étude ni préparation plus solide. On revint alors fatalement aux principes et aux théologiens gallicans, surtout à Bailly, qui dirigea longtemps encore l'enseignement classique, et fut universel à une époque de ce siècle.

Bientôt même, on n'étudia plus du christianisme que ce que Chateaubriand en avait écrit ; on s'en tint aux aperçus de ce littérateur, du vicomte Walz, et de quelques autres. Nous-mêmes, n'avons-nous pas été formés, nourris de ce premier chapitre où Chateaubriand, reprenant à sa façon le grand courant de l'apologétique chrétienne, montre que les docteurs et les Pères se sont trompés tous *in globo*, dans leur manière de présenter et de défendre le christianisme, et qu'il faut arriver à notre XVIIe siècle, pour trouver la vraie méthode de combattre l'hérésie, et de relever la vérité, humiliée jusque-là par la faute de ses défenseurs. On n'est ni plus naïf, ni plus expéditif contre toute la tradition catholique ; et ce n'est pas le seul exemple, mais l'un des premiers et des plus remarquables. Comme s'il suffisait, pour défendre le christianisme, d'aimer poétiquement la religion, d'avoir bonne intention et bon désir de la défendre ! N'est-il pas plaisant aussi de lire, dans le *Génie du christianisme*, l'étrange choix d'arguments, présentés comme échantillons des gloires littéraires du christianisme, et pour prouver sa supériorité ? A part un seul chapitre, sur les Pères de l'Église, loués d'ailleurs d'une étrange façon, les trois livres relatifs à l'histoire, à l'éloquence et à la philosophie, sont tout entiers consacrés aux apologistes modernes ; comme si le christianisme n'avait commencé qu'au XVIIe siècle à produire ses gloires et à parler aux intelligences ; comme si ni le moyen âge, ni l'antiquité chrétienne n'avaient produit un nom à citer. Encore, parmi ces noms de philosophes, de moralistes, d'historiens, d'orateurs et de littérateurs chrétiens, qu'il tire des temps modernes, en trouve-t-on beaucoup que l'Église ne reconnaît pas, tant s'en faut, pour sa parure et son ornement, et dont elle a condamné les ouvrages. Chateaubriand est pourtant quelque chose dans la formation du goût littéraire soi-disant chrétien en notre siècle ; et, bien qu'il ait perdu du terrain, il possède encore une place de choix dans l'éducation, les bibliothèques et l'estime de beaucoup.

Je ne dis pas qu'il soit injuste de tout point d'admirer Chateaubriand et son apologie du christianisme. J'admire moi-même la faculté qu'il avait de trouver le côté poétique des choses religieuses, et de poser le précepte contraire à celui de Boileau : restituer le christianisme à la littérature et à la poésie. Mais quel plaidoyer faux souvent en faveur de la foi, et qu'un défenseur maladroit et inconséquent lui fait parfois de mal ! Or, serait-ce exagérer de dire que, dans la première moitié de ce siècle, beaucoup de prêtres n'avaient, pour bagage théologique, que les idées puisées dans Chateaubriand ; et, dans les apologistes modernes, même lors de nos dernières luttes pour la liberté d'enseignement, la situation du christianisme, n'est-elle pas trop souvent la circonstance atténuante ?

Longtemps on a suivi la direction tracée par Chateaubriand, qui trouvait faibles, disait-il, les apologies des Pères (1), et conseillait «d'envisager la religion sous un jour purement humain», de ne l'étudier, de ne la présenter au peuple que sous ce jour. A son avis, les auteurs seuls du XVIIe siècle, Bossuet surtout, sont adroits, prudents et vainqueurs, dans leur lutte contre l'erreur. Le conseil du grand écrivain eut force de loi ; il n'a

1. Introduction.

produit que misère intellectuelle et néant de convictions solides ; on en revient aujourd'hui.

Encore une fois, je suis loin de mépriser Chateaubriand ; j'ai pour son génie et pour son œuvre une singulière estime, malgré le faux qui abonde dans ses vues ; et je ne trouve pas, comme beaucoup d'écrivains, qu'on doive négliger entièrement son *Génie du christianisme*. Mais voyez-vous les pygmées de son école s'attaquer à la tradition catholique la plus ancienne et la plus admirable, critiquer sa méthode, trouver que les Pères de l'Église se sont trompés en masse pour ainsi dire, ne se sont pas établis sur le vrai terrain de la controverse, et ne faire grâce de cet arrêt qu'au XVIIe siècle. — Si admirable que soit en plusieurs points Chateaubriand, si grands que soient les services qu'il a rendus, si excusable qu'il soit dans ce qu'il a de faux, je ne puis pas ne pas dire que le clergé, dans ses études et dans sa manière de présenter le christianisme, devait fuir son esprit comme un poison, pire peut-être qu'un mal plus radical. Lui-même constate, dans l'édition de 1828, l'influence de son livre : « La littérature, écrit-il dans la préface, se teignit des couleurs du *Génie du christianisme ;* des écrivains me firent l'honneur d'imiter les phrases de *René* et d'*Atala*, de même que la chaire emprunte encore, tous les jours, ce que j'ai dit des cérémonies, des missions et des bienfaits du christianisme. »

Le *Génie du christianisme* a donné naissance à toute une école de théologiens littérateurs, ceux-là qui, pour éviter la sécheresse, le terre-à-terre justement reprochés à l'école précédente, et sentant l'insuffisance des voies communément suivies, cherchaient quelque chose de plus élevé, et ne trouvèrent, faute de direction et d'aliment, que des considérations creuses et extérieures au christianisme vrai. Lacordaire, qui appartient à cette école, fit beaucoup mieux ; il avait étudié saint Thomas, et il a de très beaux aperçus dogmatiques ; mais il n'a pas fait ce qu'il eût fallu pour ramener la vraie notion de la foi. La doctrine catholique prend, dans ses *Conférences*, une attitude trop faible, l'attitude d'une doctrine pour laquelle on ne demande qu'un respect tout humain. L'ensemble de son œuvre ne présente pas cette majesté calme, lumineuse, royale, avec laquelle le christianisme me semble devoir se poser devant une société baptisée, même si elle est apostate et si elle n'écoute que par curiosité. La vérité paraît entrer en composition avec l'erreur, elle souffre de lui être comparée. C'est du moins l'impression qui résulte d'une lecture totale des *Conférences :* M. de Broglie l'éprouvait sans doute, lorsqu'il parlait du « dogme exposé par Lacordaire, non pas dans ses mystères intimes, mais dans ses rapports avec les besoins de l'histoire de l'humanité, *dessiné pour ainsi dire du dehors, par ses arêtes extérieures* (1) ». — Tout en faisant ces réserves sur l'ensemble, et en m'associant à plusieurs graves reproches faits soit à ses idées, soit à sa méthode — particulièrement à son influence sur l'introduction du romantisme dans la chaire, et sur l'abus du genre conférence — j'admire grandement le talent du P. Lacordaire, la puissance des vues qu'il ouvre sur certaines qualités et certains fruits du christianisme. Son premier mérite, selon moi, c'est que le point de départ de son apologie consiste à montrer l'Église actuellement vivante, visible, couronnée de tous les signes de crédibilité et de divinité ; voilà le vrai procédé de l'apologétique chrétienne ; il aboutit à faire éclater la divinité de J.-C. ; car si l'œuvre est divine, son auteur est Dieu nécessairement.

Une dernière conséquence du système cartésien appliqué à la théologie, explique et résume toutes les autres : l'affaiblissement, dans presque tous les esprits, et la perte, dans plusieurs, de la notion de l'autorité doctrinale de l'Église, si essentielle dans l'ordre de la foi. Et cela se comprend encore : Dans un travail comme celui que proposait Descartes à l'esprit humain, l'autorité de l'Église qui impose une somme de vérités acquises, réglées et fixes, un fonds d'idées sûres et déterminées, sur lesquelles elle ne souffre ni doute, ni ombre de doute ; l'autorité de l'Église, qui oblige l'esprit humain à regarder quelque chose comme certain, quand Descartes n'admet comme certain que sa propre pensée ; cette autorité était un obstacle fâcheux, il fallait l'écarter. Je ne dis pas qu'on la rejeta en théorie et délibé-

1. Éloge de Lacordaire à l'Académie.

rément; mais on ne fit plus à la doctrine l'application pratique de cet argument, le plus absolument solide, souvent le seul péremptoire et décisif en théologie, surtout devant certains esprits inquiets à qui il faut des déclarations de ce genre : « L'Église actuellement vivante enseigne ceci »! Cet argument, vous le chercheriez en vain dans nos théologies modernes, on l'abandonne pour une infinité de petits raisonnements isolés, sans lien logique, sans unité, sans force, parce qu'ils ne sont plus fondés sur celui de l'autorité enseignante de l'Église.

Or il ne faut admettre d'autre base à l'enseignement théologique, ni d'autre règle à sa méthode, que l'*autorité de l'Église actuellement exercée* par la prédication du corps des pasteurs unis au pape infaillible. On peut être protestant avec l'Écriture, bien qu'elle soit inspirée ; on peut l'être avec la tradition, bien qu'elle soit le canal des croyances apostoliques ; on peut l'être même avec l'histoire, bien qu'elle soit le vêtement ou le cortège de la tradition, et le grand argument de la divinité de l'Église : car l'histoire, la tradition, l'Écriture, n'étant pas des autorités vivantes capables de s'expliquer et de se défendre elles-mêmes, peuvent devenir, pour le libre-examen et la raison révoltés, un argument de l'erreur et un instrument pernicieux. Toute thèse théologique se prouve donc d'abord par l'autorité de l'Église, dont le témoignage domine toutes choses ; avant de rechercher les arguments spéciaux, il faut toujours commencer par établir quel est l'enseignement de l'Église ; c'est la base la plus forte, la seule vraiment solide et normale, puisque, même dans l'ordre naturel des connaissances, l'autorité précède la raison [1]. Il n'est pas besoin de prouver combien l'idée de l'autorité de l'Église dans les sociétés, de son rapport avec le pouvoir séculier, a été amoindrie : de là ce concept faux des droits de l'Église sur les intelligences ; de là cet abandon de sa direction sur les études. Dans cette autorité on voit, non plus le rempart extérieur de la vérité, mais une administration hiérarchique quelconque; c'est depuis l'intrusion des idées et des méthodes nouvelles, qu'on cesse de se faire une notion juste et grande de cette *autorité enseignante*, de la place

1. S. Augustin.

qu'elle occupe, et de sa fonction dans l'économie chrétienne : *Euntes, docete* (1). En refusant ou en contestant à l'Église son caractère essentiellement doctrinal, en oubliant de la représenter comme une *société divine d'enseignement*, on lui a ôté sa force, son ascendant, sa grandeur, son influence sur les parties vives et fortes de la société, sur les hommes et les gouvernements ; on a donné lieu à ceux-ci de prendre en mains et de séculariser, c'est-à-dire de paganiser, l'instruction publique ; on a réduit le christianisme à une affaire de sentiment, de sensibilité, qui ne pouvait plus avoir que le mépris des parties influentes et fortes de la société.

Du grand mouvement de décadence, dont l'origine remonte au XVIIe siècle, est enfin sorti le déplorable type d'études qui règne encore aujourd'hui, et auquel je m'attaque comme à une cause de ruine pour l'intelligence sacerdotale, et un élément de décomposition pour la nation.

A l'heure présente, malgré les avis, les lumières et l'heureux courant venus de Rome, malgré les leçons théoriques et l'expérience acquise, malgré les grands auteurs réimprimés et dont la presse catholique inonde notre sillon intellectuel, les théories cartésiennes sont encore en vigueur, et portent toujours leurs fruits, dans la plupart de nos écoles théologiques, surtout dans celles qui sont et qui ont d'ailleurs bien des droits à être le type de beaucoup d'autres et la norme du clergé — *forma cleri*. La théologie est demeurée une science de détails matériels ; on ne quitte guère le terrain aride et monotone de la pure démonstration par mode d'érudition et de minutieuse exégèse. Toute thèse se trouve divisée, non pas en quelques idées-mères indissolublement unies, et formant un tout substantiel de vérité indivisé et indivisible ; mais, invariablement, en trois chefs de preuve ou *numéros* bien tranchés, et sans lien fondamental : preuves d'Écriture, preuves de tradition, preuves de raison.

Avez-vous remarqué l'importance de bonnes divisions des thèses en théologie : ce qu'elles supposent de rectitude et de fermeté d'esprit, de justesse et de profondeur de vues, de travail préalable et d'intelligence du dogme, dans celui qui en

1. *Matth.*, XXVIII, 19.

est l'auteur, enfin les méditations dont elles jaillissent comme naturellement? Il faut que ces divisions résultent du fond même de la question, que chacune de leurs parties soit un autre point de vue, un autre degré ou *stadium* de la même doctrine. Elles seront fortes et nourries, proportionnées dans leurs parties, équilibrées sur de solides fondements, claires et rigoureuses ; mais, en même temps, tellement larges et générales, qu'elles embrassent tout le sujet, et rien que le sujet, ne le laissant échapper par aucune fissure. Enfin, — comme les pierres d'attente d'un édifice complet, mais susceptible d'agrandissement et d'embellissement, sans être soumis à une reconstruction et à un changement général — elles seront capables de recevoir, sur les bases une fois posées, les arguments puisés à toutes les sources. Naturellement, les thèses doivent varier dans leur division, qui jaillit du sujet, et se formule selon les idées qui forment le concept du dogme.

Or, dans la méthode gallicane, toutes les divisions sont identiques. Cette harmonieuse variété, qui est, en théologie, la condition nécessaire de la justesse et de la solidité, fait place à l'uniformité fastidieuse et brutale ; la précision et la force disparaissent devant cet alignement factice qui les tue. — Vous avez un dogme à développer, vous ne cherchez plus, dans la contemplation approfondie de son concept, ses exigences et l'ordre des arguments qu'il réclame ! votre division est toute trouvée : Preuves d'Écriture, preuves de tradition, preuves de raison ! Il ne s'agit plus que de recueillir partout, dans les monuments et les livres, chez les anciens comme chez les modernes, une provision de *textes*, des textes, rien que des textes, classés non pas eu égard à l'idée qu'ils contiennent, mais d'après leur provenance et le témoignage qu'ils apportent. En tête de cette *macédoine*, vous mettez, nue et desséchée, la formule dogmatique, non pas à comprendre mais à prouver, et vous avez une thèse de théologie. Point d'originalité, point de recherches, d'étude propre et approfondie, pas même de pensée personnelle : un travail de copiste, et c'est tout !

On commence toujours par l'*Écriture*, quel que soit le point de vue, la force et le degré de clarté, parfois très faible de l'argument qu'elle offre. On fait dépendre de l'argument biblique, employé à la manière protestante et au sens privé, toute la suite de la démonstration. Ce procédé, d'abord employé avec la portée d'un simple argument *ad hominem* contre la réforme, qu'on avait dû combattre sur son propre terrain et avec la seule autorité reconnue par elle, aurait dû rester dans ce rôle et dans ces limites ; il en sortit, pour devenir la substance de la démonstration, le fond de la méthode. L'emploi de l'Écriture, dans la théologie gallicane, a été, selon moi, faux, malheureux et stérile, soit au point de vue de la démonstration, soit au point de vue plus important de la formation sacerdotale par l'étude et le commerce de la bible.

L'argument de *Tradition* n'est pas moins affaibli et défiguré. Isolé de l'ensemble fécond qui le vivifie, c'est-à-dire de la Bible d'un côté, de l'autre, de l'autorité de l'Église, il perd toute sa portée, il se trouve morcelé, émietté en une formidable collection de textes, arrachés impitoyablement à l'ensemble de la belle exposition des Pères, et aux entrailles palpitantes de l'histoire. La théologie se réduit à d'énormes nomenclatures de noms propres, de faits, de dates, de témoignages ; la science consiste à glaner partout des arguments détachés, à écraser sous le nombre des documents, et non à convaincre par la force et la profondeur des raisons, ni à charmer par l'élévation, l'étendue et la beauté des vues. C'est une sorte de *mnémotechnie* mécanique et glacée, à l'aide de laquelle on imprime à la surface des esprits — c'est-à-dire à la mémoire — comme sur une étoffe insensible, des notions prises et mesurées au cordeau : travail aride et rebutant, qui n'exige que l'érudition et la patience, nullement le sens théologique, l'élévation de l'esprit, la méditation, pas même la foi, et que le premier chercheur venu peut faire, sans être théologien, ni même chrétien, et à la seule condition de remuer beaucoup d'auteurs, et de copier beaucoup de textes. Dans les livres, des nomenclatures interminables de citations entassées ; dans l'enseignement oral, des cours de dictée et de récitation, aussi faciles à suivre pour des humanistes de début que pour des clercs à un an du sacerdoce. Le *Ratio studiorum* de la Compagnie de JÉSUS, qu'il est toujours prudent de prendre pour guide en matière de sciences sacrées, critique et prohibe sévèrement ces deux choses ; saint Thomas du reste, qui ne dédaigne pas de descendre aux conseils pratiques, défend cette érudition desséchante. Dans ces pages, léthargiques et désolées comme le désert, plus un souffle, plus une aspiration ni un charme, plus un horizon qui repose l'œil intérieur de l'esprit ; rien pour apaiser cette soif mystérieuse et noble de l'intelligence qui a besoin non seulement de savoir, mais de goûter, d'admirer et d'aimer.

La plupart des *manuels*, produits sous l'influence de cette méthode et destinés à la formation sacerdotale, sont de maigres et superficiels abrégés ; ils ne présentent aux jeunes intelligences que des notions juxtaposées ; on n'y sent pas cet enchaînement de principes larges et profonds, fécondés par le travail et la contemplation personnelle de l'intelligence. A lire ces livres, ou à suivre ces cours qui en sont le développement, il semblerait que la science consiste à entasser, dans une dissertation et sous une formule dogmatique aussi riche que possible et réduite à son dernier résidu, quelques milliers de textes, rangés trois par trois, dans des casiers symétriques. Combien cette méthode puérile énerve et fatigue l'intelligence, surcharge la mémoire, dissipe et disjoint les forces, disloque les facultés, paralyse les élans de l'esprit et du cœur, enfin est d'une désolante stérilité pour la formation de l'homme sacerdotal !

Je voudrais avoir une plume épique pour décrire ces grands échafaudages de démonstrations, cet appareil compliqué, ces enfilades de citations à retenir, ces lourdes thèses bourrées de textes, vides d'idées. Admirez comment des hommes intelligents, conduits par la logique inexorable de l'esprit humain, partis d'un système d'études absurde, peuvent être amenés à un tel concept de la science théologique. Admirez comment l'esprit humain, naturellement droit, porte sa rectitude jusque dans le faux, et ne peut, en s'y inféodant, aboutir au vrai. — Et puis, quel effort nécessaire pour retenir tant de choses ! A quelle *géhenne* se trouve condamnée la mémoire du pauvre étudiant ! A l'appel d'une thèse, il doit débiter, sans broncher, toute une suite de textes, les textes convenus, et dans l'ordre convenu. S'il bégaye, il perd un point; s'il cherche, il perd un point, et la note finale d'examen en souffre d'autant. Quelle cruauté de crucifier les jeunes intelligences à une besogne de ce genre, à l'âge où l'âme a des élans vers le beau, un besoin d'idéal et de tendresse, des aspirations inénarrables vers le Dieu qui a ouvert ses yeux, vers la sublime vocation à la virginité sacerdotale, à l'apostolat, à la vie intérieure et sacrifiée! La contemplation n'est-elle plus la meilleure part de la vie, le soutien, la consolation et la joie du cœur, la ressource et le secours de la faiblesse humaine, au milieu d'un monde plein de dangers et d'une vie peuplée de sacrifices qui se font sentir parfois avec amertume? Ces jeunes intelligences, elles demandent des horizons sans limite; il est inhumain de les emprisonner ainsi; elles n'ont pas été rassasiées jusque-là par la science humaine, et, dans leur instinct d'une lumière supérieure, elles croyaient trouver, dans la théologie, la satisfaction de leurs désirs les plus intimes et les plus profonds; quelle déception! c'est ainsi qu'on atrophie l'esprit humain!

La mémoire est une faculté inférieure, elle n'a pour mission que de servir l'intelligence et le jugement; dans la nouvelle méthode, elle agit seule ou tient le premier rang. Il faut non plus devenir théologien, acquérir le *sens théologique;* non! Il faut, comme je le disais plus haut, *apprendre de la théologie, savoir de la théologie.* C'est d'ailleurs une sorte de dicton de séminaire, fort accrédité en France, dans un grand nombre de nos écoles, accepté des professeurs eux-mêmes, et qui exprime bien une vérité d'observation: *Il faut savoir sa théologie pour l'examen* — mais il en restera peu de chose. Un tel résultat juge et condamne le genre d'études dont il est le fruit; il prouve que la science sacrée n'a pas pénétré, imbu l'être et la substance même de l'âme; mais qu'elle a été simplement un travail extérieur et superficiel.

Est-ce exagération? Non. Qui ne les a connus et plaints comme moi, les infortunés étudiants, courbés stérilement sous le fardeau d'une étude toute de mémoire, pâlissant sur ce *labor improbus*, condamnés à se caser dans la tête, sous divers titres, ce qu'on appelle des *thèses*, et ce qui, en définitive, ressemble plutôt à des registres de comptes et à des opérations d'arithmétique? Fallait-il, au nom de la théologie, étouffer les élans, tuer, d'une mort triste et lente, des intelligences débordantes de vie, de désirs et d'espérances généreuses? Détail caractéristique: il a été convenu, comme je l'ai fait remarquer précédemment, et je ne sais pour quel motif, que chaque thèse doit avoir trois parties : Écriture, tradition, raison. Les preuves y seront trois par trois : trois textes d'Écriture, trois des Pères ; plus c'est trop ; moins c'est trop peu. Je me rappelle cet examinateur qui, entendant un étudiant prouver une thèse par deux textes d'Écriture, le sommait de fournir le troisième — c'était trois qu'il fallait — au grand désespoir du pauvre patient, qui n'en avait trouvé que deux. Et cet autre séminariste qui, plusieurs semaines avant l'examen, disait : « Je suis content, je possède mes textes, reste à retenir leur place ! » On trouvait alors la théologie bien dénuée de charmes, bien fastidieuse, et on la comparait à quelqu'une des sciences humaines en apparence les plus arides, les mathématiques, la trigonométrie. N'avait-on pas raison, étant donné la méthode et les idées accréditées? Pourtant, il serait bien étonnant que la science des créatures fût si belle, si attrayante, et celle de Dieu si rebutante ; que celle-ci ne fût pas la plus attachante de toutes, la plus féconde en beaux aperçus, en poésie, en enthousiasme. Ceux qui ne sentent pas cela devraient au moins se douter que s'ils trouvent la science sacrée repoussante, c'est qu'ils l'ont mal comprise, ou que ce n'est pas elle qu'ils ont vue. Pour moi, je ne reconnais pas la science de Dieu dans cet amas d'érudition ; et quiconque, sans même connaître la vraie théologie, doit *a priori* penser et dire qu'il y a là un mystère à éclaircir, et que c'est profaner le beau nom de la sainte théologie que d'en décorer cette méthode.

J'ai dit précédemment que l'enseignement des sciences sacrées doit être à la fois *élevé* et *pratique ;* méditez bien ces deux mots ; l'alliance des idées qu'ils expriment a été rare, sinon absolument absente, dans nos écoles, depuis la révolution cartésienne. Au lieu de cette simplicité qui montre dans le dogme quelques idées fondamentales, frappantes, faciles à saisir et à graver dans les profondeurs de l'âme, nous avons un enseignement sans synthèse ni lumière, grandissant les petits objets et rapetissant les grands, plein de difficultés pratiques qui font de la théologie un travail de mémoire formidable, impossible à la plupart des esprits, et où le grand succès appartient aux bonnes mémoires, bien plus qu'aux intelligences profondes et aux jugements sains. Alors, pour aider au labeur de la mémoire — car on sent qu'il faut alléger le fardeau — on en arrive, comme nous allons le voir, aux procédés mécaniques ; tableaux synoptiques, repasse, méthode Jacotot, compendium, répertoire, etc.

L'idée scolastique et traditionnelle détruite, on est retombé, fatalement, dans la sphère des procédés personnels et arbitraires, incapables de fertiliser les âmes, de former à la contemplation le vénérable sacerdoce catholique, incapables surtout de remplacer la méthode antique qui est l'œuvre de l'Église, c'est-à-dire l'œuvre de Dieu. Une fois ouverte cette voie du particularisme, il était naturel que chaque maison, chaque maître eût sa méthode propre, et qu'on en changeât toutes les fois qu'on changeait d'hommes et plus souvent encore. Une telle conséquence est bien dans l'esprit français d'ailleurs très richement doué, très apte à s'éprendre du vrai. Est-il une fois dépouillé des principes qui font sa force, il devient terrible dans ses erreurs, porté au changement, même dans le vrai, mais plus encore dans le faux ; il jette sur n'importe quoi ce besoin d'enthousiasme qui le soulève, cette impatiente soif du nouveau ; il découvre sans cesse le principe qui doit sauver le monde, et ce principe est toujours nouveau ; il va d'une idée à une autre contraire, d'un enthousiasme à un autre opposé, usant sans profit cette générosité, qui se porte sur tout ce qui sincèrement lui paraît louable ; incapable d'être amené à la prudence par les leçons de l'expérience. — Comment décrire les inventions curieuses faites dans l'enseignement théologique sous l'empire de cette tendance ?

D'abord, l'enseignement du professeur, cette parole vivante qui féconde l'esprit, qui est la source génératrice de la foi — *Fides ex auditu* — et qui joue un si grand rôle dans l'organisation et les moyens d'action de l'Église et, en général, dans la vie du genre humain ; cette parole n'a plus qu'une importance faible ; par une sorte de réalisme stérile et fatal, elle se borne à reproduire les idées des auteurs, et non à développer les idées personnelles, vivantes et incarnées dans le professeur. La plus grande part du travail sera désormais l'étude du *manuel* classique ; l'élève l'apprendra péniblement, pour le réciter aussi fidèlement que possible. Or, dit Ozanam, « l'échange de la parole vivante, le bienfait de l'enseignement oral, la rosée fertile de l'esprit, mieux que la lettre morte des écrits les plus vantés, a le don de féconder les intelligences ».

De cette méthode est sortie celle du *compendium*. J'étendrais volontiers à toute science ecclésiastique, et même à toute science appartenant aux degrés supérieurs de l'enseignement, les réflexions de Mgr Audisio sur la théologie morale (1). Le compendium est bon comme *memento* de la science acquise dans ses principes fondamentaux et étudiée dans sa théorie substantielle ; malheureusement, les modernes ont fait du compendium la science même, et de sa confection la partie importante de l'étude : travail aussi stérile pour l'esprit que fatigant pour le corps. Ainsi entendu, le compendium appauvrit l'esprit, dessèche et rapetisse la science — comme une fleur dans un herbier — au lieu de l'animer et de l'élever. La science sacrée, comme du reste la philosophie, est devenue, chez nous, la connaissance rapide, expéditive et superficielle, des répertoires, index, tableaux synoptiques, numéros de paragraphes et titres de chapitres. Et, en effet, nous voyons tous les petits moyens fort en honneur : les tableaux synoptiques ont été et sont encore très pratiqués, très goûtés. Vous figurez-vous la théologie en tableau synoptique? Même la théologie morale, même les Épîtres de saint Paul, réduites en tableaux synoptiques ? Et on use beaucoup de ces tableaux dans ces cours. On donne une grande importance aux industries mnémotechniques ; en même temps que la théorie de la science est tombée, la pratique s'est abaissée avec elle. La préparation immédiate des récitations et des examens qui sont le contrôle de l'étude,

1. Audisio, *Introduction aux Étud. ecclés.*, t. I, p. 309.

absorbe toutes les énergies : il faut se bourrer la mémoire, pour dégorger au moment donné. On fait une grande réserve de temps pour la *repasse :* n'ai-je pas vu même, à la fin d'un étrange manuel de théologie, publié il y a quelques années, des tables de matières dressées en vue de faciliter cet exercice curieux, *quod vulgo dicitur* LA REPASSE, comme s'exprimait l'auteur, homme pratique, qui avait formé nombre de prêtres, dans une école célèbre ? Il est vrai, son livre fut condamné par Rome, et pour de tout autres raisons : c'était bien heureux ! Mais qui empêche de croire que si le livre n'avait été condamné, il serait aujourd'hui le type et le manuel des études dans nombre de séminaires de France ? L'auteur l'avait composé pour cela, l'estimait propre à cela ; Rome l'a condamné, parce qu'il y avait crainte qu'il ne devînt cela. L'auteur, professeur émérite, jouissant encore en son lieu d'une grande considération, et tout à fait en mesure de bien connaître l'état de l'enseignement théologique en France et les goûts du clergé, devait bien être éclairé sur le rôle probable de son livre. Il l'a rétracté, mais il avait donné sa mesure à lui, et son opinion sur l'état des esprits auprès desquels il avait ses raisons d'espérer le succès.

Quand je pense que les modernes, en exposant la partie la plus extrinsèque, la plus superficielle de la doctrine catholique, ont besoin, pour être clairs et se faire comprendre, de toutes les petites inventions, de tous les petits expédients typographiques : notes au bas des pages, pour expliquer leur pensée — lettres italiques, pour la mettre en relief — initiales majuscules, pour distinguer certains mots auxquels ils donnent tantôt un sens, tantôt un autre, avec ce seul signe distinctif — courts alinéas — titres en relief et en caractères spéciaux, etc... Tout cela, quand notre littérature moderne est devenue si flexible, si sensible, si expressive. Et quand je pense que, sans aucun de ces petits moyens mécaniques, à une époque où la littérature latine était si raide et si peu souple, la scolastique a exposé, dans son ensemble et ses parties, toute la doctrine catholique, toute la métaphysique théologique prise sous ses aspects les plus profonds, et que cet exposé est encore ce que nous avons de plus complet et de plus clair ! quand je fais cette comparaison, j'ai pitié des modernes qui méprisent le moyen âge.

Du reste, il y a mieux encore : des écoles se trouvèrent, où l'on appliqua la *méthode Jacotot* aux sciences théologiques, pour faciliter à l'étudiant le travail de la mémoire. Quelle idée lumineuse ! O foi de nos Pères qui cherchiez l'intelligence, centre resplendissant de toutes les sciences humaines ! O contemplation scolastique ! Il est vrai, ceci fut le sublime du genre, et peu d'écoles ont dû atteindre cet idéal ; mais c'était dans la logique du système. Et qui sait si l'invention, en son lieu, ne fut pas trouvée lumineuse; en tout cas, elle était commode, pratique, apte à conduire au but proposé; il était naturel d'y aboutir, étant donné que chacun suivait ses idées personnelles, qu'on ne visait plus qu'à perfectionner la mnémotechnie et que les jeunes théologiens devenaient des boîtes à théologie — comme en ce temps précisément on avait les boîtes à thèmes grecs.

J'en passe, et des meilleures ! Mais pourtant il faut rendre hommage encore à une autre invention lumineuse, destinée à produire les plus grands fruits, et qui, occupant l'étudiant à amasser un trésor qu'il emportera pour le compléter et l'utiliser dans le ministère, forme comme le lien, la synthèse entre les travaux intellectuels de sa jeunesse et ceux de l'âge mûr, assure le reste de sa vie contre les inconvénients déplorables de la perte de la mémoire. Je veux parler du *Répertoire*, cette mémoire imprimée qui commence par A et finit par Z, pour assurer contre l'oubli la marchandise théologique. Oui, au siècle des lumières, au XIXe siècle, on en est venu à découvrir le répertoire ; et l'invention, trouvée heureuse, adoptée partout, est d'un usage à peu près universel en France. La connaissance raisonnée et raisonnable des vérités dogmatiques a été remplacée par le répertoire, meuble indispensable, comme vous savez, sorte de dictionnaire universel, intelligence portative, armoire à compartiments numérotés, renfermant un peu de tout, dispensant de rien comprendre, de rien savoir, de rien retenir. — Car le répertoire sait et comprend tout, retient et prévoit tout, tient lieu de travail personnel, d'intelligence et même de tête.

Vous avez besoin d'un sermon sur la *Passion ?* Voyez le

répertoire au mot *Passion.* — Voulez-vous un discours sur un saint, une plantation de croix? Cherchez au mot *saint*, au mot *croix.* — Il vous faut une conférence sur ceci? Le répertoire! une thèse sur cela? Le répertoire! De la théologie? En voici! du droit canon? En voici! De la spiritualité? Il y en a! Des textes? On en a mis partout! Des idées? vous en aurez pour votre argent! Il s'agit seulement de trouver la page, le mot — car toute la science sacrée est *rangée par mots*, selon l'ordre alphabétique qui est, comme vous savez, tout à fait fondé en raisons doctrinales. Malgré tout, il est d'expérience universelle que personne, plus tard, ne se sert du répertoire, dans le ministère; cela tient encore à ce que, malgré lui, l'homme reste toujours une créature raisonnable. — Peut-être dira-t-on que tout cela est du passé. Entrez dans un bon nombre de nos séminaires; le répertoire y marque un des points du règlement; il y tient une place plus qu'honorable, dans le système de formation et parmi les moyens enfantins suggérés aux étudiants pour retenir les leçons de la théologie. Quels hommes de doctrine, quels théologiens, quels apôtres peuvent sortir d'un tel régime!

Remarquez bien, ce que je critique ainsi, ce n'est pas la méthode d'aider les études de fond, de principes et de synthèse, en amassant et en conservant des documents, classés de manière à être retrouvés facilement. J'aime peu cet ordre factice et mécanique; mais, s'il reste simplement un *aide-mémoire* et s'il ne prend pas le fond du travail, il ne gâte pas l'esprit. Or, ce n'est pas le cas du répertoire, tel que je le condamne, tel que je l'ai vu pratiquer, car il fait le fond de l'étude. Une fois le principe du répertoire découvert, on l'a appliqué à tout, mais surtout à la prédication, qui lui emprunte souvent des travaux tout faits, perdant ainsi sa profondeur, sa force de conviction, sa notion et ses qualités essentielles. S'il fallait qualifier une semblable méthode, on l'appellerait sans doute la parodie de la théologie, la *théologie crétinisée.* Et pourtant, c'est sur cette méthode que beaucoup ont jugé et jugent encore la théologie, je parle de la vraie théologie. Sur ces données, on devait aboutir à nier son utilité; on ne pouvait éviter cette conclusion, la logique le veut et elle eut le dessus. La théologie est une science jalouse, — comme Dieu est un Dieu jaloux, — elle aime mieux être niée que falsifiée. Elle fut désormais avilie ; on la déclara sans attraits ni grandeur, avec ses amas de textes et d'arguments ; on disait que pour le ministère actif il n'était pas nécessaire d'avoir des prêtres théologiens, mais des prêtres vertueux, qu'on en saurait toujours assez pour instruire les chrétiens, qu'un catéchisme développé était bien suffisant, qu'une théologie profonde, surtout en dogme, était inutile, voire même dangereuse — car la science enfle ; si on a des savants, on a des orgueilleux ingouvernables, des esprits révoltés. Si donc la science enfle, il faut l'abolir ; certains esprits, pour arrêter l'abus des bonnes choses, les détruisent ; c'est plus sûr ; quand il n'y aura plus de bonnes choses, il n'y aura plus d'abus. Et tout cela était logique, puisqu'on ne voyait la théologie qu'à travers cette méthode ; et tout cela était justifié, quand il s'agissait de la théologie gallicane. Le mépris de la théologie a suivi le mépris de la scolastique : c'était inévitable ; car en abandonnant la scolastique on faisait de la théologie cette science misérable dont j'ai parlé, et dès lors on ne pouvait plus l'aimer. Et, comme le mépris de la scolastique était devenu une théorie, le mépris de la théologie en devint une aussi, qu'il n'est pas trop rare d'entendre dans la bouche des prêtres, et que, pour mon compte, j'ai entendu formuler souvent.

La théologie, science fastidieuse, science méprisable ! je crois bien ! quel travail rebutant que cette supputation de textes. Aussi, le fruit de cette méthode fut-il, dès le séminaire, le dégoût des sciences sacrées ; on en faisait ce qu'il fallait pour les examens et la tranquillité de la conscience, c'est-à-dire le moins possible ; on s'en dispensait volontiers. Le séminaire fini, on disait adieu pour toujours à la plus ravissante des sciences, dont l'étude aurait dû être la nourriture habituelle de l'âme sacerdotale. De cet abandon est venue cette foule d'erreurs malsaines, souvent imperceptibles aux yeux de bien des chrétiens, et qui paraissent inoffensives, mais qui portent en leurs extrémités les poisons les plus violents de l'intelligence, la ruine totale du christianisme, et qui, dans leur état actuel, en contiennent le germe et en sont le commencement.

On a bien cherché à réagir contre cet abandon de la théologie ; des lois ont été faites pour ramener, dans le clergé en activité de service, le goût et la pratique des études sacrées ; mais les résultats ont toujours été imperceptibles. D'ailleurs, le sujet proposé aux *conférences ecclésiastiques* des prêtres dans le ministère est un indice de la situation intellectuelle, du niveau des études, et de l'idée qu'on se fait de la théologie en France. Prenez quelques-uns de ces programmes : sont-ils vraiment théologiques ? L'idée y est-elle élevée, comme il convient à des études proposées à des prêtres ? Ceux qui suivront ces programmes trouveront-ils là un aliment intellectuel ? S'ils le trouvent, cela prouvera-t-il des esprits élevés, formés dans des principes théologiques profonds ? Sous prétexte de rendre le sujet accessible et pratique, ne le réduit-on pas à une douzaine de questions élémentaires, étroites et dignes d'un catéchisme ordinaire ? Pour répondre à ces questions, ne suffit-il pas souvent d'un oui ou d'un non, d'une définition prise n'importe où, d'une courte explication de mots ? Pas un point de vue, pas une théorie, pas un souffle d'idée élevée, pas d'air respirable.

Ce qu'il y a de particulier dans cette manière enfantine de poser les sujets théologiques, c'est que s'il existe une question profonde, un aperçu élevé, et par conséquent vraiment théologique, vous ne pouvez le toucher sans sortir de votre programme. Non, rien de haut ! Rapetisser les choses, resserrer les horizons, poser des questions plus ou moins pratiques, mais toujours mesquines. Et voilà la théologie ! Quelle différence avec l'organisation des études dans le clergé romain ! Est-il étonnant que, traitée ainsi, la théologie laisse si peu de traces dans l'intelligence, et fournisse si peu de nourriture à l'âme ? Avez-vous remarqué comme le clergé de France est dévoré d'un besoin spontané, instinctif, d'études ; mais comme ce besoin se jette souvent sur des objets de troisième, de dixième et de vingtième ordre, sur des *petites études de genre ?* Avez-vous remarqué comme l'Église de France, à partir du XVIIIe siècle, perd ou laisse affaiblir son caractère de *société enseignante*, et comme, en proportion, l'impiété s'organise, se constitue en société enseignante ? Hélas ! c'est qu'on ne va pas assez au grand moyen, l'idée théologique, et que, pour se préparer au ministère, on étudie beaucoup les sciences humaines, la littérature, les arts libéraux, — toutes choses très bonnes sans doute, — et très peu les vérités auxquelles JÉSUS-CHRIST a promis une efficacité surnaturelle, et attaché le *carisma* de la conversion des âmes. En France, on est devenu *fluctuantes omni vento doctrinæ.* Il faut chercher la restauration dans les vraies études ecclésiastiques.

Enfin, une dernière conséquence de l'altération des études théologiques, c'est que les laïcs ont complètement délaissé la culture des sciences sacrées. Abandon malheureux, fatal, non seulement pour la théologie, mais pour la société. Car les chrétiens instruits, les défenseurs laïques de l'Église,n'ayant plus une connaissance approfondie de la doctrine révélée,la défendent ou l'exposent sous un faux jour, contrairement à son esprit et à ses principes. On sait, et nous verrons bientôt ce qu'est devenue l'intelligence nationale, dépouillée de cet élément préservateur. Les écrits publics, privés de ce sel de la terre, sont devenus de plus en plus malsains ; et l'on peut voir dans l'histoire, depuis deux siècles, le travail progressif de la pensée privée de ce germe de vie et, d'erreur en erreur, venant aboutir à l'état actuel de la presse. C'est le dogme qui fait les nations, a dit M. de Maistre, et si je ne connaissais de lui que cette parole, je le tiendrais encore pour un grand esprit, je dirais qu'il a vu clair dans la question sociale.

Lorsqu'on eut ainsi affaibli la méthode intérieure de l'enseignement, en la livrant à ces procédés défectueux et particularistes; du même coup, l'organisation extérieure des cours, des maisons d'études, se modifia par une conséquence nécessaire et inévitable. Un rapetissement, une dislocation se produisirent ; les traditions antiques firent place à des plans nouveaux et désastreux : travail trop naturel, puisque le mécanisme d'une institution se règle toujours, sans même qu'on y pense, sur l'idée qui l'inspire. La règle des séminaires s'organisa en dehors de toute idée doctrinale ; la préoccupation de former des théologiens ne présida plus à l'arrangement des cours et des moyens d'enseignement ; la théologie sacrifiée dut laisser une place énorme aux accessoires, aux parties humaines, terrestres et naturelles de la formation : sciences physiques, mathématiques et d'expérience, exercices d'argumentation et de prédication ; conférences d'œuvres, d'archéologie, d'agriculture, cours de musique, exercices de catéchisme, etc. Les études gagnèrent beaucoup en superficie, — ce dont je ne me plains pas, — elles perdirent tout en profondeur, — ce dont je me plains. Les sciences de principes, on a beau faire, demeureront le principal ; rien ne peut les remplacer. Un moyen bien simple du reste de suffire à tout, c'est l'organisation catholique, la synthèse des sciences dans la théologie ; seul, ce procédé peut concourir efficacement à la restauration sociale ; seul, il permet à l'intelligence de produire un travail énorme ; et il faut qu'avec une bonne organisation, par la force même et la sagesse de la règle, elle ne puisse pas ne pas le fournir. Avec moins de peine et plus de méthode, on obtiendra des résultats étonnants ; avec moins de méthode et plus de peine, on fera peu de fruit, l'intelligence sera stérilisée.

CHAPITRE DIXIÈME.

CONSÉQUENCES SOCIALES.

La théologie est le nœud de l'histoire et la clef de la politique. — La solution de la question sociale est dans les principes dogmatiques. — Rôle politique et social du sacerdoce. — La disparition des notions dogmatiques dans la société vient de l'appauvrissement des études théologiques. — Source, valeur, effet de la prédication. — Le libéralisme et ses conséquences : état désespéré de la société. — L'espoir, les symptômes et les germes de restauration sociale sont dans les écoles théologiques et la prédication évangélique.

DANS l'histoire des sociétés, les événements extérieurs, les hommes eux-mêmes sont peu de chose, tout au plus des instruments et des causes secondes ; les principes sont tout. Tant valent les principes, tant valent les espérances de la société qui les a reçus dans son sillon, et de la génération qui sera formée sous leur influence. Ce qui pétrit une société chrétienne, c'est le principe dogmatique, cette impénétration profonde de la foi entrée dans l'intelligence, non pas superficiellement comme un système philosophique, mais au fond, installée dans le fonctionnement, dirigeant toute vie morale, produisant ses fruits — comme la sève puisée par la racine de l'arbre. Tant vaut à son tour le dogme dans les intelligences sacerdotales à une époque, tant vaudra, bientôt après, le sacerdoce et par conséquent l'état social de la nation entière, quand le germe aura eu le temps de produire. En cet ordre de choses, les effets sont prompts et directs ; la cause passât-elle inaperçue, les conséquences ne le seront pas. Toute erreur en cette matière, si spéculative et inoffensive qu'elle paraisse en elle-même, avant d'avoir porté ses fruits,ou considérée en dehors de ses résultats, sera toujours un germe fécond en désastres, une cause toute-puissante de décadence — cause à peine sensible peut-être dans son principe, et plus ou moins lente à produire ses effets, mais absolument sûre dans ses conséquences, immense dans sa portée, irrésistible dans son action. Comme ces progressions mathématiques, parties d'un nombre infime, grandissent à chaque degré du calcul, s'élèvent à une puissance toujours supérieure, et finissent par embrasser des quantités formidables: ainsi se multiplie l'erreur ! Partie d'un point imperceptible, elle se développe toujours avec une logique impitoyable, et dans des proportions effrayantes ; elle s'infiltre dans le cœur et les veines du corps social ; et, si on lui en laisse le temps, elle finit par corrompre et tarir les sources de la vie.

Il n'est rien de plus intime, de plus essentiel à un peuple que ses idées religieuses ; or, c'est dans le sanctuaire de l'éducation sacerdotale qu'elles ont leur racine ; c'est donc là, en dernière analyse, qu'il faut chercher le fond de la question sociale. Le comprend-on assez en France à l'heure présente ? Je le sais, on convient généralement que la solution de ce grand problème est dans l'enseignement ; les luttes doctrinales de notre siècle, l'ardeur avec laquelle chacun veut s'emparer de la direction intellectuelle, ne laissent pas de doute sur ce point : il faut, dit-on justement, semer dans les intelligences ce qu'on veut récolter dans la société. Mais comprend-on que la question de l'enseignement se rattache à celle de l'éducation sacerdotale ? Ceci le comprend-on généralement, et surtout *pratiquement ?* J'en doute encore.

S'il est démontré que l'enseignement sacerdotal a été altéré chez nous, à une époque de notre histoire, on ne peut s'étonner de la décadence sociale et des malheurs sans nombre qui se produisent aux époques suivantes. Il serait plutôt inexplicable de voir la France encore si profondément chrétienne, après plusieurs siècles de ce travail funeste, et malgré les expérimentations désastreuses tentées sur elle ; il faudrait remercier Dieu de lui avoir épargné une ruine complète, et fait un tempérament chrétien assez fort, pour tenir contre cet ennemi intime, et attendre si longtemps, à travers les fléaux intellectuels par où elle a passé, le retour des idées saines et fortifiantes qui doivent lui rendre la santé.

Or, étant posé cette relation de causalité souveraine entre l'ordre des idées et celui des faits, entre l'enseignement sacerdotal et l'état des nations ; les malheurs modernes nous obligent à reconnaître qu'il y a eu, chez nous, quelque chose de faux dans les doctrines et l'éducation. Qu'il en ait été ainsi, le patriotisme ne nous défend pas de le dire ; il nous y oblige même, si la vérité des faits et la logique des principes nous parlent en ce sens. Le nier ne serait ni relever notre patrie, ni servir notre gloire nationale, qui demande un fondement plus solide ; ce serait, au contraire, dénaturer l'histoire, la rendre inexplicable. On a contesté que nous ayons été dans le faux depuis trois siècles ; cet aveuglement, d'autant plus dangereux qu'il était inavoué et garanti contre la lumière par une accusation de lèse-patriotisme toujours prête à frapper quiconque oserait le dénoncer, rendait l'histoire moderne incompréhensible. J'ai souvent lu et entendu dire, en effet, que nous sommes à une époque de surprises, que les faits contemporains sont étonnants, inexplicables, que les temps modernes sortent des conditions ordinaires de la vie de l'humanité, qu'il faudra les expliquer par d'autres lois que le reste de l'histoire. — Je n'en crois rien ! Inventée par la paresse et la légèreté, qui ne veulent ni méditer les faits, ni en rechercher les causes, par l'esprit de parti, qui écarte en principe tel ou tel genre d'explication gênante pour ses préjugés, cette théorie sommaire dispense notre orgueil soi-disant patriotique de reconnaître nos torts et nos erreurs.

Évidemment, si le système d'éducation sacerdotale adopté, et les idées communément reçues depuis Bossuet, sont irrépréhensibles, l'histoire des trois derniers siècles est inexplicable ! Mais c'est notre faute, et ceci condamne précisément les idées reçues. On nie les causes ; voilà qui rend l'histoire incompréhensible. Elle ne le sera plus, le jour où, sacrifiant des préjugés inspirés par le prétendu patriotisme dont j'ai parlé, on l'aura purgée des brouillards amassés depuis longtemps autour d'elle; lorsque, consultant non plus les sentiments mais les principes de la logique, nous aurons poussé l'enquête jusqu'au fond de nous-mêmes, nous le *sel de la terre*, et trouvé dans notre éducation ecclésiastique la source première, le germe vrai des événements.

L'histoire moderne est, je l'avoue, plus difficile à juger, précisément parce qu'elle est moderne ; le lointain ne l'a pas mise encore en perspective, pour en faire ressortir les lignes d'ensemble ; les principes sur lesquels elle repose n'ont pas produit leurs dernières conséquences, la lumière finale n'a pas jailli. Et pourtant, dès aujourd'hui, cette histoire n'est-elle pas une énigme : elle est soumise à des lois générales, à un ordre selon lequel la Providence a déclaré vouloir conduire le monde ; on ne peut échapper aux principes et à la logique des choses ; il n'est pas d'effet sans cause, et les effets sont toujours de la nature de leur cause, et en proportion avec elle ; c'est de la plus élémentaire philosophie, du plus simple bon sens. Or je pense, et l'on m'accordera bien, que les faits modernes n'échappent pas à cet ordre général, qu'ils ont des causes, que ces causes tombent sous la lumière des principes, et sont des sujets non pas mystérieux, mais accessibles à notre étude.

Nous sommes, du reste, si je ne me trompe, à une époque de transition et d'achèvement ; pour bien des questions, les conclusions se tirent aujourd'hui,la lumière est venue,le temps de l'histoire commence. Précisément, notre époque, par ses maux, a eu le privilège d'éclairer une foule de points obscurs ; c'est la raison du mouvement historique qui se produit avec les plus belles qualités ; s'il aboutit si tard, c'est que le bon sens chrétien et français attendait que l'expérience eût jeté sa clarté sur bien des questions du passé,moins comprises jusqu'ici, faute d'avoir reçu l'explication des événements arrivés à leurs dernières conséquences. Ici, comme partout, le christianisme illumine la science ; la foi donne la solution de tous les problèmes et surtout des voies de Dieu dans le monde. S'il reste des points obscurs, ils s'éclairent peu à peu, à l'approche de la lumière chrétienne, ennemie de l'erreur et des ténèbres. Qu'on place la théologie, mais la vraie théologie, en tête de toutes choses, alors les grandes lignes d'ensemble se dégageront d'elles-mêmes, les relations de causalité, qui se dénoncent déjà par bien des signes, apparaîtront au grand jour ; une fois de plus on verra que si les voies de Dieu sont mystérieuses, une chose du moins ne l'est pas, c'est que la source de toute vie sociale est dans le sacerdoce, et l'explication de tout événement dans l'Église ; on verra que, pour juger sainement n'importe quel état social et trouver les causes qui l'ont produit, c'est dans la maison de Dieu, et particulièrement dans le sacerdoce qu'il faut chercher les éléments premiers de la solution.

La théologie et les théologiens ont été exclus de la politique, c'est-à-dire du gouvernement de la vie sociale ; on veut aussi les chasser de l'histoire ; comme si l'Écriture ne contenait pas en germe la solution de tous les problèmes sociaux, comme si la théologie n'était pas l'explication la plus profonde de toute économie politique. Mieux que cela, l'histoire, comme la vie sociale, est impossible à traiter sainement sans les principes de la théologie ; lorsque nos écrivains catholiques l'auront bien compris, lorsqu'ils auront tiré les conclusions pratiques, la science de l'histoire surpassera tout ce qu'on a jamais vu. Depuis quelques années d'ailleurs, et quoi qu'on en ait pensé depuis le XVIIe siècle, il semble que l'idée catholique de l'histoire commence à percer le nuage qui l'enveloppait ; c'est à elle sans doute que nous devrons en partie de secouer peu à peu ce scepticisme politique, qui est un des effets de la perte des principes théologiques, un des caractères malsains de notre état social, une des causes actives de division et de faiblesse, un de nos grands péchés contre la justice, la morale sociale et le droit des gens, contre l'ordre chrétien, et la volonté divine exprimée dans nos traditions nationales.

Chose étonnante, le clergé qui s'occupe de toutes les sciences, de tous les arts, de toutes les industries, s'est vu obligé de quitter le domaine de la politique, à peu près au même temps où il a laissé dépérir la théologie qui est sa force. Le programme de la politique chrétienne appartient à la théologie, il en est inséparable ; il importe qu'il soit étudié à fond par le clergé; qu'il se conserve dans les intelligences sacerdotales, pour de là se répandre dans la société, le jour où le désarroi sera devenu assez complet pour qu'on sente le besoin de retourner à des traditions plus éprouvées, à des sources plus pures.

En ce sens, on a raison d'accuser le clergé d'agir sur l'ordre social, et d'imposer son influence ; c'est une accusation renouvelée des Grecs ! Si nos ennemis sont incapables d'une semblable influence, ce n'est pas leur faute, et il ne faut pas leur en savoir gré. On a même raison d'appeler cette influence *occulte*, si par là on entend ce qui n'est pas matériel, *quod oculus non vidit ;* elle est occulte comme tout ce qui est intellectuel ; de plus, elle agit lentement, *sensim sine sensu ;* on ne la voit pas progresser; même, souvent, ceux qui l'exercent n'y pensent pas, ne s'en rendent pas compte. — Un bon pasteur agit puissamment sur la politique, parce qu'il agit sur l'intelligence du peuple ; il est, selon M. Thiers, « le rectificateur des idées du peuple ». — En un autre sens, l'action du prêtre n'est pas cachée: notre doctrine et la manière dont nous la livrons, soit au sacerdoce, soit aux peuples, est publique, visible à tous, selon la prescription du Sauveur, *quod in aure audistis prædicate super tecta* (1). Que si notre enseignement prend mieux, agit plus irrésistiblement que celui de nos ennemis, tant mieux, c'est une preuve en sa faveur.

Les événements actuels sont assez graves, assez significatifs, pour nous inviter à rechercher une cause proportionnée à leur lamentable importance, et à croire leur racine enfoncée très avant dans le sol où se plantent les doctrines. Ils sont certes de nature à prouver qu'un désordre considérable s'est produit, qu'une nourriture malsaine a alimenté les intelligences, qu'enfin des causes puissantes de ruine ont été posées dans le passé. Ces causes, je puis me tromper en les cherchant, mais je ne puis me tromper en affirmant qu'elles existent, là, quelque part ; serait-ce m'égarer que de les rechercher dans ce qui est incontestablement la source première, en bien et en mal, et l'expli-

1. *Matth.*, X, 27.

cation essentielle de l'histoire, les *doctrines reçues* dans la société? Dans ce qui est, sans concurrence possible, envers et contre toutes les puissances du monde, la genèse nécessaire des doctrines populaires, l'*éducation ecclésiastique ?* Enfin, dans ce qui est, pour l'éducation ecclésiastique, l'élément le plus solide et le plus actif, le cœur de la question, l'*enseignement théologique ?*

Cette relation que j'indique, ou, si vous voulez, que je soupçonne, entre cette cause des causes et les événements modernes, dont le rapport avec elle semble si lointain ; cette relation, il est possible qu'on ne la voie pas dans l'histoire elle-même, qu'on ne puisse découvrir en quoi elle consiste, et comment elle s'est exercée de fait; il est possible même qu'on la nie, et que je me trompe en l'expliquant. Mais le principe est indubitable, et, j'ose le dire, je ne crains pas de démenti à mon assertion, en ce qu'elle a de général. N'ai-je pas le droit de croire aussi que je suis avec l'Écriture ; et l'Esprit-Saint ne nous dit-il pas comment s'expliquent les maux et s'établissent les responsabilités, *omne judicium incipit a domo Dei* (1). Ces réflexions sont déjà de l'histoire, hélas ! pour les peuples qui, ayant vécu de la vie chrétienne, ont perdu plus ou moins complètement la foi ; et je me demande si l'histoire, qui pense à tant de choses, qui aime à trouver les causes premières de tant d'événements, ne devrait pas chercher, dans un vice originel de l'éducation cléricale chez ces peuples sortis de l'Évangile, le principe vrai et profond de leur chute.

L'impiété du XVIIIe siècle, la révolution, le désarroi moderne, la lutte désespérée que nous soutenons ; tout cela, c'est l'état fort peu mystérieux et tout naturel d'une nation privée de principes, du *sel de la terre*. On s'acharne à trouver le remède à nos maux dans la cause même qui les produit ; on veut cette cause, et l'on s'étonne des conséquences, on cherche à les arrêter. Un corps sans âme doit tomber en pourriture ; or l'âme de la nation, c'est l'éducation sacerdotale. La relation paraît bien lointaine, du moins à première vue, entre l'éducation sacerdotale, telle qu'elle commence à se pratiquer au XVIIe siècle, et nos événements modernes ; elle est étroite

1. *I Petr.*, IV, 17.

cependant ; Fénelon et Leibnitz avaient pressenti l'avenir, et les théories révolutionnaires sont visibles et claires dans les *Pensées* de Pascal. Les effets sociaux qui se rattachent aux études ecclésiastiques sont innombrables ; ou plutôt, toute cette formidable question qu'on appelle aujourd'hui la *question sociale* est renfermée dans la théologie.

La perte des antiques méthodes et l'affadissement des études théologiques ont produit,dans notre société chrétienne moderne, la diminution des notions dogmatiques, la ruine des convictions fortes, la perte du sens catholique, le scepticisme, enfin l'incrédulité et la fermentation putride. Lorsqu'on eut fait du christianisme quelque chose de vague et de flottant, il fut facile de le dissoudre ; et aujourd'hui le flambeau de l'intelligence publique va pâlissant à mesure que s'affaiblit la foi. A la place des doctrines, ce sont des systèmes qui se combattent, se succèdent, avec une rapidité vertigineuse, l'un renversant l'autre, chacun croulant inévitablement, après s'être donné comme le dernier mot des recherches et l'éternelle formule de la science. Rien de solide ni d'assuré ; rien qui puisse servir de fondement à une construction intellectuelle de quelque durée, et préparer à la science un avenir quelconque. Les choses les plus folles affirmées avec un succès qui est le plus triste symptôme du temps.

La perte de la foi n'a pas mis en péril seulement les intérêts surnaturels des âmes, ce qui est toujours le principal ; elle a compromis encore ce quelque chose de délicat, de précieux et de susceptible, qu'on nomme la *raison publique*, si difficile à guérir lorsqu'elle est ainsi attaquée. La conservation de la foi dans un peuple est la condition de la conservation du bon sens ; c'est là une vérité que la raison n'aperçoit pas toujours, mais que l'histoire et l'expérience démontrent. La formation psychologique de la révolution est l'une des plus remarquables de ces expériences ; le siècle qui l'a préparée a pour caractère, tout à la fois, la pauvreté des travaux théologiques et l'extravagance philosophique [1]. La perversion de l'esprit et de la parole s'est produite par les mille voix de la presse. Je ne parle

1. C'est l'objet du livre de M. Nicolas : *La Raison et l'Évangile.*

pas ici des *malfaiteurs intellectuels* qui ont le *mensonge pour carrière ;* si grande soit leur multitude, les écrits impurs moralement et funestes intellectuellement dont ils inondent la nation, m'effrayent moins, comme signe d'état social, et comme cause d'abaissement futur, que l'insuffisance et la décadence de l'esprit doctrinal et des principes chrétiens dans les ouvrages qui ont l'intention ou la prétention de défendre la morale ou la foi ; surtout si cette insuffisance se remarque dans les écrits émanés du clergé, car il a mission de soutenir à lui seul tout l'édifice de la nation chrétienne.

Où trouver la lumière et la vie à l'état pur? A part ce qui est parole officielle de l'Église, on ne lit rien de moderne, et surtout rien de français, sans trouver à chaque pas des idées déplorables que les intelligences de bonne volonté acceptent de confiance, pieusement, grâce au titre et au nom des écrivains comme au but de leurs ouvrages. Que d'apologistes excellents d'intention, mais dénués ou faux de principes, dans les œuvres desquels on sent fermenter et pulluler sous les dehors corrects de la lettre et la bonne volonté des intentions, ce libéralisme latent et inconscient, à l'état de vapeur non condensée, de nuance insaisissable! L'erreur n'a pas de forme plus pénétrante et plus dangereuse ! L'équilibre que donne le libéralisme, soit à l'esprit humain soit à l'ordre civil, est un équilibre instable ; il les place sur un plan incliné où ils glisseront peu à peu, jusqu'au radicalisme irréligieux et révolutionnaire. Cette pente est fatale; on ne s'y arrête que si on la quitte résolument pour rentrer dans l'esprit catholique. Si les concessions faites à l'erreur par le libéralisme n'étaient qu'une faute de tactique, une maladresse, une imprudence échappée à l'apologiste, nous devrions en conscience les accepter pour l'Église, car elles ne seraient pas une injustice. Mais elles sont une injustice, et nous n'avons pas le droit de laisser entamer notre foi ; systématiquement elles écartent ce qui choque les esprits modernes, elles *tamisent* la vérité catholique, — *Dic nobis placentia* (1) !

Et pourquoi cette diminution de la vérité? C'est que, dans

1. *Is.*, XXX, 10.

la chaire comme dans la littérature, la langue nationale s'appauvrit d'idées dogmatiques ; degré par degré, les notions chrétiennes cèdent le pas à une certaine religion naturelle, exprimée par des mots nouveaux ; pour parler des dogmes catholiques, beaucoup d'esprits, au lieu d'employer l'expression théologique, éprouvent le besoin d'en atténuer la crudité par des circonlocutions qui les voilent et les déguisent : on ne nomme plus *Jésus-Christ*, on parle peu de l'*enfer* (1) ; on s'exprime à mots couverts sur certains dogmes, par exemple sur la *grâce* et le monde surnaturel, dont la réalité n'apparaît plus clairement ; la *providence*, le *créateur*, deviennent la *nature ; Dieu* s'appelle l'*être suprême ;* la *Religion* remplace l'*Église ;* la *foi*, le *dogme* sont des *idées*, des *opinions religieuses.* On voit des métaphores, des figures, des manières de parler, dans les grandes *réalités* de la foi : voilà, comme dit Mgr Gay, la cause de la plupart de nos péchés et de nos infirmités spirituelles ; voilà ce qui fixe et consacre les idées fausses dans le peuple, ce qui obscurcit l'intelligence nationale et ce qu'il faut écarter à tout prix de l'esprit du sacerdoce.

Le libéralisme n'est qu'une de ces atténuations complaisantes de la vérité, mise au niveau et à la discrétion de l'esprit moderne (2) ; on peut bien dire de lui ce que saint Bernard disait d'Abeilard : *Quum de Trinitate loquitur, sapit Arium ; quum de gratia, sapit Pelagium, quum de persona Christi, sapit Nestorium* (3). Les fortes idées théologiques et surnaturelles sont trop élémentaires et trop catholiques, trop vraies, trop hardies et trop radicales, pour ne pas trancher d'une façon gênante sur le fond affadi et déteint de l'esprit moderne, et pour ne pas rencontrer généralement de répugnance, même dans une partie du clergé, en ce siècle de *poltronnerie* intellectuelle. On ne met pas du vin nouveau dans de vieilles outres ! Aux esprits timides, nuageux et affadis par le libéralisme et le rationalisme, les idées vigoureuses paraissent des exagérations choquantes — *stultitia gentibus.* Elles sont blessantes, en effet, pour l'intelli-

1. Cf. les théories de M. Bougaud sur l'Enfer. *Le christianisme et les temps présents*, t. V, p. 347, 353.

2. V. La brochure de Mgr Fèvre : *L'Encyclique* LIBERTAS *et les principes de 89.*

3. S. Bernard. contr. Abeilard.

gence, désormais si étrangère aux notions surnaturelles qu'elle ne peut les comprendre, en goûter la saveur puissante et vivifiante — *non sapit ea quæ Dei sunt* (1).

Dans ce désarroi de la raison humaine, le plus radical peut-être qui fut jamais, ce ne sont plus seulement les grandes vérités apportées par la Révélation qu'on rejette, ce sont même les principes premiers de la raison, ces fondements de toute science et de tout travail. Pour avoir amoindri le dogme, on aboutit à le nier ; on en arrive même à nier la raison. C'est ce que fait le positivisme : « Toute réalité, dit M. Littré, doit être établie par l'observation, aucune réalité ne peut être atteinte par le raisonnement ». — Il faut donc renoncer à poursuivre, soit par voie théologique, soit par voie métaphysique, la recherche *vaine et stérile* de l'absolu, de la cause première, de la destination dernière. Ceci est l'abolition non seulement de la théologie, mais de la philosophie ; c'est du plus pur sensualisme, rehaussé de formules scientifiques. Renan, sous une forme moins crue, et avec des précautions oratoires délicates, ne va pas moins loin ; il ne veut d'aucune affirmation bien caractérisée ; il tempère la crudité du vrai par un peu d'alliage de faux. « Un béotien seul, dit-il, peut ignorer que les prétentions de la philosophie ne sont pas plus justifiées que celles de la théologie, qu'elles aboutissent à un dogmatisme aussi insupportable ».

Ainsi, plus de dogme rationnel, plus de vérité purement vraie, plus de philosophie basée sur des données certaines et aboutissant à des conclusions certaines. Telle est la dernière conséquence de la perte des idées théologiques dans une nation. On en vient à redouter comme un péril l'exposition de la vérité, de la vérité avouée : spectacle plein d'une instruction trop malheureusement salutaire, que celui d'une nation si riche, réduite à un tel degré d'impuissance par la force irrésistible des principes faux où elle s'est jetée, et dont l'absurdité, peu choquante à l'origine, en arrive à une exorbitante folie.

Que de fois j'ai fait cette expérience étonnante : j'étais amené — presque toujours malgré moi, vu l'incrédulité à la-

1. *Marc.*, VIII, 33.

quelle je m'attendais à me heurter — j'étais amené à exposer les idées fondamentales dont je viens de parler ; je faisais ressortir leur harmonie avec l'économie chrétienne, je développais mes preuves; on écoutait, on convenait généralement de tout, du moins on n'avait rien à répondre. Puis, à part quelques esprits plus hardis, qui ne reculaient pas devant les conséquences pratiques, on partait, comme ce jeune homme de l'Évangile, *abiit tristis* (1), hochant la tête d'un air qui signifie: « Vos idées entraînent trop loin ; elles importent un bouleversement que nous n'avons pas le courage d'entreprendre ; gardons les nôtres, vaille que vaille » !

Hélas, oui ! l'idée catholique, les principes de la théologie purs de tout alliage, sont trop hardis pour notre société ; la pusillanimité des esprits les écarte, et il faut du courage pour les embrasser, non pas le courage d'un novateur — les novateurs n'ont que de l'audace — mais le courage demandé au fier Sicambre : « Brûle ce que tu as adoré, adore ce que tu as brûlé » ! le courage non seulement de les embrasser et de s'y fixer, mais aussi et surtout de les exprimer et de les défendre. Faut-il être obligé de défendre, en pays catholique, devant des catholiques et contre les idées modernes, les droits de Dieu sur la société? Il semble que si quelque chose doit demeurer intangible, ce sont les droits de Dieu. Mais non ! Ils sont profondément méconnus de toutes parts. Sans doute, la Providence veut donner à ses dogmes divins la confirmation, la justification de l'épreuve vaincue, et l'*auréole du martyre*, c'est-à-dire du témoignage. Ce qui m'effraie le plus, ce n'est ni l'impiété, ni la persécution, ni les germes de perversion jetés dans le peuple, ni en un mot la *force du mal;* ce qui m'effraye, c'est la *faiblesse du bien*, et ce que Pie IX appelait le *mélange des principes*.

Les idées surnaturelles se retirent une à une de la nation, l'abandonnant à la corruption naturelle qui saisit tout esprit dépourvu de ce sel. Voilà le mauvais signe par excellence. Ce mal, installé au cœur de la société, s'avance de ce pas lent tranquille, inexorable, dont marchent les choses fatales ; sans

1. *Matth.*, XIX, 22.

interruption ni obstacle possible, il tend, comme un cancer, à la destruction de la vie chrétienne. Croyez-vous qu'une nation, engagée dans cette voie, puisse s'arrêter avant le dénouement tragique? J'avoue n'en être pas encore bien persuadé; d'ailleurs, un observateur profond pourrait dire dans combien de temps tout sera fini, comme le médecin peut dire dans combien de temps le cœur du malade ne battra plus ; car les siècles ou les années sont aux nations ce que les heures sont aux malades, et je ne puis me rappeler sans frémir la parole de J. de Maistre: « Il n'est pas sûr que votre nation ne soit pas déjà morte » ! Toute la question est donc là. — Ah ! qu'il faut de temps à la France, ou pour mourir ou pour guérir ! En somme, depuis 1815, nous n'en savons pas plus long sur la question de vie ou de mort, bien que nous ayons des signes de renaissance. Cette parole de M. de Maistre est terrible ; la première fois que je l'ai lue, elle m'a percé jusqu'aux moelles, comme un glaive. Si elle était vraie, que penser du bruit et de l'agitation qui se poursuivent encore ? S'il ne faut plus appeler cela la vie, quel nom lui donner? Ce serait sans doute la fièvre ; nous remplacerions la vie par la fièvre.

Ici pourtant, je trouve encore un sujet d'espoir. Il faut que le mal arrive au paroxisme ; on n'arrête pas la gangrène, on coupe le membre, ou elle éclate. Plus tôt l'ulcère crèvera, plus vite nous serons guéris, puisqu'il faut en finir ; il est désirable aujourd'hui qu'on accélère les phases de cette maladie horrible ; la crise est déchirante : bon signe ! — Notre siècle, comme le malade dans l'émotion de la souffrance, est disposé à entendre la vérité ; aussi, quand le christianisme rentrera — s'il rentre, — il produira une foi plus profonde, il enfoncera ses racines bien plus avant dans le cœur de la société. C'est le cas de dire, avec Montalembert (1), que la nouvelle société chrétienne aura ce caractère touchant et profond d'expérience douloureuse et de souffrance.

Ce qui me rassure encore et me fait espérer en l'avenir, c'est de voir les germes posés par le Saint-Siège depuis trente ans (2):

1. *Sainte Élisabeth*, introduction.

2. Inutile de faire remarquer que tout a été dit par Pie IX et Léon XIII sur la *réforme des études* et la *question sociale;* qu'on parcoure les *actes* de ces illustres pontifes, on y trouvera identiquement à chaque page la grande thèse du P. Aubry.

Là, point de mélange de principes, mais le bien à l'état pur et souverain — *fons illimis* — autant sous le rapport de l'efficacité, que sous celui de l'opportunité. Il ne se peut pas que ces germes demeurent stériles; cette espérance pour moi n'est pas un sentiment, c'est un principe pour lequel j'accepterais la mort comme un martyre, car ce principe fait partie de ma foi. Malheureusement, les germes posés par l'Église n'agissent qu'après avoir été longuement élaborés dans la terre par la pluie des orages; je ne vois aucun indice qu'ils aient commencé d'agir, et ne puis prendre au sérieux un certain enthousiasme superficiel, théorique et sentimental, avec lequel on accueille, sans en tenir compte *dans la pratique*, les déclarations de Pie IX et de Léon XIII.

Ce qu'il faut à la France, ce ne sont pas des *amateurs de religion*, de ces hommes qui acclament les idées de l'Église sans les appliquer, qui louent le christianisme sans le pratiquer, et dans quelques-uns de ses bienfaits sociaux les plus extérieurs et les plus terrestres. Il n'est rien de funeste comme l'attitude respectueuse de ces hommes, et je préfère l'hostilité déclarée, qui résulte de l'évolution complète et de la logique naturelle de l'erreur. Ce qu'il nous faut, ce ne sont pas non plus ces écrivains heureux, faciles, universels, habitués à concevoir leurs œuvres dans le bruit ; une verve rapide leur permet d'écrire sans labeur ; la méditation les gène au lieu de leur faciliter la composition ; mais, si les douleurs de l'enfantement n'existent pas pour eux, leurs ouvrages se ressentiront toujours d'avoir été sans recueillement et sans solitude ; les fruits seront en raison directe de la peine, c'est-à-dire à peu près nuls, heureux s'ils ne sont pas funestes. Ce que je vois de plus clair dans ces écrits où se déploient l'élégance du style et les artifices du langage — *persuasibilia humanæ sapientiæ* (1), — c'est l'absence de principes catholiques. Ne causât-elle d'autre désordre que de gâter le goût et d'accoutumer aux choses fades et insipides, une œuvre n'est déjà plus inoffensive pour la santé publique. Que manque-t-il, pour faire de tant d'écrivains médiocres les bienfaiteurs insignes de l'intelligence pu-

1. *I Cor.*, II, 4.

blique, et de leurs travaux la richesse de l'avenir ? Ce qui leur manque, c'est cette nourriture forte, substantielle, saine et bienfaisante qui s'appelle la théologie, et qui, tout en rassasiant l'âme — *qui edent adhuc esurient* (1) — creuse en elle des abîmes, un besoin d'approfondir et de méditer les sujets qu'elle touche.

Ce qu'il nous faut, ce sont des chrétiens et des prêtres radicaux dans le bien. Lorsque les idées régnantes, les désertions et les scandales, auront enlevé à l'Église, la moitié, puis les trois quarts, puis les neuf dixièmes, puis les quatre-vingt-dix-neuf centièmes, puis les neuf cent quatre-vingt-dix-neuf millièmes de sa famille, si le millième demeuré fidèle est excellent et radical, tout sera gagné, car ce millième formera la petite mais vaillante *armée de Gédéon*, la semence saine et irréprochable d'une nouvelle société. Combien serait plus puissante, pour la régénération d'un peuple comme le nôtre, une telle phalange, sortie d'écoles théologiques solides, armée de toute la force surnaturelle de l'Évangile, fortifiée de principes sûrs et inébranlables contre l'esprit du siècle ! Elle se répandrait partout, occuperait les positions sacerdotales, comme des postes militaires où elle doit faire sentinelle et combattre, *saupoudrerait* en quelque sorte la société et lutterait avec ce bel ensemble contre l'erreur. Certainement elle vaincrait, à moins que l'Écriture n'ait menti en disant : *Hæc est victoria quæ vincit mundum, fides nostra* (2). — On dit souvent : « Les hommes manquent ! » Je n'en crois rien ; ce sont les principes qui manquent, et il y a toujours assez de chair humaine. La France est trop féconde pour manquer d'hommes ; quand on a les bons principes, on fait des merveilles avec quelques hommes. Notre-Seigneur a précisément voulu, par le choix des apôtres, prouver que la pauvreté d'hommes n'est pas un obstacle, mais une ressource souvent, toujours même, moyennant des principes. Le mal, c'est qu'il y a des hommes, beaucoup d'hommes, mais peu de principes.

On comptait sur Henri V. Certes, j'ai toujours cru au droit

1. *Eccli.*, XXIV, 29.
2. *I Joan.*, V, 4.

et à la vertu de Henri V, comme à la coopération très heureuse d'un bon gouvernement à l'œuvre de Dieu. Mais on comptait trop sur ce moyen séculier et humain ; c'est pour cela sans doute que Dieu ne l'a pas donné. Du reste, Dieu n'a jamais converti une nation par les pouvoirs publics [1], bien qu'il les ait employés comme ministres, au témoignage de saint Paul. Aujourd'hui, plus que jamais, Dieu semble dédaigner ce moyen. Supposé même que nous ayons le meilleur des gouvernements, un sacerdoce puissamment trempé, une éducation excellente imposée à tous, il faudra encore du temps, car la génération actuelle est peu chrétienne, et influera sur les générations futures. Et puis, il existe, dans la société, de puissants éléments de perversion, comme la liberté de la presse, le suffrage universel ; des habitudes prises, une organisation de la débauche, une atmosphère de luxure, le mépris du bien et du prêtre, des institutions diaboliques, telles que les sociétés secrètes, qui combattront toujours le bien et dureront longtemps encore.

Ceux qui espèrent une conversion si prompte, oublient tant de blessures, guérissables mais invétérées ; il faudrait un miracle sur chaque individu ; et l'expérience de la dernière guerre a démontré la profondeur du mal, et l'impossibilité d'une guérison rapide. *L'école du malheur* devait nous convertir, selon certains penseurs ; elle a fait le contraire. Je ne suis pas de l'école du découragement ; mais je crois qu'on ne convertit pas une nation malade avec de l'enthousiasme, des sentiments, de grands cris d'espérance jetés dans les chaires, les tribunes, les journaux et les livres. Il y faut quelque chose de plus sérieux et de plus solide ; le sentiment est un effet, non une cause, et l'enthousiasme est souvent l'inspirateur des résolutions pernicieuses. La conversion d'une nation se fait lentement, après deux ou trois siècles d'une action sacerdotale forte, continue, théologique, et par le seul retour au dogme, à l'idée chrétienne, à la foi : travail d'autant plus formidable, que la

1. Les bons gouvernements ne peuvent naître que s'il y a un peuple bien préparé qui les pousse. *Léon XIII.*

Vainement tenteriez-vous, messieurs, de refaire une patrie française, si vous ne refaites tout d'abord une patrie chrétienne. *Cardinal Pie.*

France va plus avant dans le mal, et que son péché, c'est le péché de l'esprit. N'est-ce pas là le but de cette restauration des études et de l'éducation en général, mais surtout de l'enseignement théologique ? — Il est deux moyens possibles de conversion pour la France : la foudre et la brise. La théologie est la brise ; Dieu ne convertit jamais les peuples par la foudre, mais par une large et pénétrante infusion de doctrine.

Sans doute, le grand miracle national, Dieu pourrait le faire ; mais qu'on me trouve, dans l'histoire, l'exemple, et, dans l'Évangile, l'espérance d'un miracle de cet ordre? En fait de miracle, de prophétie et d'espérance de régénération sociale, je crois à la parole du Sauveur : *Vos estis sal terræ* (1) ! et je la traduis ainsi : c'est vous autres, prêtres, qui sauverez le monde ! Les grands rois et les belles lois, c'est très bien ; mais travaillez sans y compter ; ils ne viennent qu'après,... s'ils viennent ! Pour moi, le nœud de la question c'est l'*éducation cléricale ;* le salut, encore une fois, viendra non des pieds, mais de la tête, non des manifestations laïques et bruyantes, de l'élément *maître d'école;* mais de l'action évangélique, et d'un sacerdoce puissamment trempé. Quand donc j'aurai vu les méthodes transformées, je croirai à la régénération de la nation ; jusque-là, chacun de nous ne peut travailler que sur quelques individus, les âmes qu'il atteindra seront l'exception. « Tout est à refaire pour créer un peuple chrétien, disait Mgr Pie. Cela ne se fera ni par un miracle, ni surtout par une série de miracles. Cela se fera par le ministère sacerdotal, ou bien cela ne se fera pas du tout, et alors la société périra (2). »

Dans les temps anciens, avec moins de science on était plus fidèle à la vérité, parce que les principes imprégnaient mieux les esprits ; l'atmosphère intellectuelle n'était pas pleine de ces senteurs d'hérésie qui la rendent aujourd'hui si dangereuse. On arrivait au vrai par intuition, sans combat, ou plutôt, on était dans le vrai, on le puisait partout, on le respirait avec l'air. La théologie était, selon la belle parole de Guizot, « le sang qui coulait dans les veines du monde européen » ; et on

1. *Matth.*, v, 17.
2. *Vie du Card. Pie*, t. I, p. 219.

ne peut mieux expliquer, d'un seul mot qui exprime tout, comment la constitution même des intelligences était trempée de foi. La *douce France*, comme disaient nos troubadours, était le vase qui portait, au milieu du monde, et versait sur les nations l'esprit de JÉSUS-CHRIST : ce vase, qui pourrait être brisé par la colère de Dieu, il doit être réparé pour sa gloire ; n'avons-nous pas assez prié, souffert, pleuré pour cela ! Dieu qui voit le fond des cœurs et qui recueille, dépositaire fidèle, le trésor de nos larmes, attend le jour marqué par sa miséricorde et connu par sa sagesse pour nous relever, et, par nous, relever le monde.

Voyez l'Espagne ; on l'appelle la *nation théologique ;* et elle mérite ce nom, par la profondeur et la pureté de son enseignement. Cela tient moins à son tempérament qu'à des causes libres, surtout à la conservation des lois de l'Église, à la bonne entente de l'éducation ecclésiastique. Ces causes, posées chez nous, nous rendraient bien supérieurs, car notre tempérament intellectuel n'est pas du tout inférieur à celui de l'Espagne, le XIIIe siècle le prouve. Il est remarquable aussi que la superstition croît dans un peuple en proportion inverse de la foi : chez nous, la foi périt, et l'on croit aux amulettes, aux remèdes sympathiques, aux devins, aux songes, à la théurgie et à la communication des esprits (1). « Allez en Espagne, dit J. de Maistre, vous serez étonné de n'y rencontrer aucune de ces humiliantes superstitions. C'est que le principe religieux étant essentiellement contraire à toutes les vaines croyances, il ne manque jamais de les étouffer, partout où il peut se déployer librement. »

L'affaiblissement de la théologie, la perte de cette rosée des âmes, a tari dans les veines de la nation la source du génie. On sait combien le moyen âge fut fécond en belles intelligences ; vit-on jamais pareille moisson de grands hommes et de grands travaux ? Cela était dû à ces fortes études, toutes de principes, qui donnaient aux esprits une trempe supérieure. Aujourd'hui, par une raison contraire, tout est marqué au cachet d'une

1. V. à ce sujet l'article de M. Blanc : *La révolution est-elle satanique ? — Revue des sciences ecclés.*, avril-mai 1890.

médiocrité désolante ; tout est bâtard, pervers, corrompu. Mêlez-vous aux conversations du monde, même de la société chrétienne : que d'erreurs vous entendrez, que de préjugés, de notions inexactes, sur les questions les plus graves ; quelle atmosphère insalubre et malsaine. Hélas! ne trouve-t-on jamais cela dans la conversation, les idées, la prédication, la direction et les travaux même du clergé ! — Il faut des préservatifs plus puissants, des études plus approfondies, pour se garder de l'erreur, et l'on ne peut arriver au vrai, qu'en le démêlant des principes faux, à grand effort de raisonnement, de discussion et de travail. Notre société française a un besoin absolu d'être guidée par une autorité visible, et de procéder par une méthode sûre, claire et bien définie.

Quelle trempe intérieure ne faudra-t-il pas au clergé en particulier, pour échapper à cette puissance à la fois secrète et manifeste, lente et irrésistible qui s'appelle l'influence des milieux, et à laquelle il est d'autant plus difficile de se soustraire, qu'on la subit sans le savoir. La situation faite au clergé de France, les conditions dans lesquelles il est condamné à exercer son apostolat, sont étrangement fausses. Cette situation, si elle venait uniquement de la mauvaise volonté, serait peut-être moins inquiétante, car la mauvaise volonté est un état violent et forcé qui ne peut durer. Ce qui m'inquiète davantage, c'est qu'elle est garantie par une certaine bonne foi qui empêche l'application du remède et l'espoir de guérison : il y a là, selon Mgr Pie, « un malentendu qui procède de l'absence des études théologiques, indispensables à quiconque veut aborder et trancher des questions si complexes et où tant de principes sont engagés [1] ».

Tout le monde accuse notre mal, et en veut la guérison ; mais s'agit-il de proposer le remède, le malentendu s'accentue; il devient impossible de préciser. Il faudrait agir avec cette unité, cette force d'ensemble, que donnent seuls les vrais principes théologiques ; et c'est précisément sur ce point fondamental que les divergences se produisent. On cherche le remède dans des expédients, qui ont sans doute le mérite de ne rien

1. IIIe *Synodale*, p. 270.

renverser, mais qui ont aussi le vice de ne rien guérir, et de prolonger seulement une situation malsaine. C'est l'effet de nos études et de la manière dont elles nous ont fait comprendre l'Église, les choses religieuses, et surtout les conditions du ministère. — Chacun tire donc à soi, propose son remède, se débat et tombe dans un malaise impuissant. Ce qui nous manque, selon les uns, c'est la publicité, le journal, la brochure ; selon les autres, c'est la polémique, le combat, la réponse à toutes les objections. Ceux-ci veulent de l'union, de l'entente, de la centralisation, une sorte de complot ; ceux-là, des patronages, des conférences, des cercles, des confréries, des organisations ingénieuses, enfin ce qu'on est convenu d'appeler les *industries du zèle apostolique*. D'autres encore demandent des savants, qui connaissent leur siècle : on leur parlera surtout du temps actuel ; on leur montrera les besoins de la société moderne; ils auront de la littérature, de l'esthétique et de l'éloquence ; ils seront compétents et intéressants sur toutes choses, mais surtout *modernes ;* ah ! ce ne seront pas des scolastiques, des hommes renfermés dans la poussière et la terminologie obscurantiste des temps anciens ; mais des hommes universels, à la hauteur de leur siècle, en un mot des esprits distingués!

Tout cela est très bien, tout cela mène au but; mais tout cela n'est bon qu'avec quelque chose de mieux encore : *Fides ex auditu* (1). En fait d'apostolat, saint Paul a parlé de tout, et pour tous les temps, et cependant il ne parle pas de cela, ou il accorde peu de place à cela. La sève productrice des œuvres doit venir de la racine, l'éducation théologique. Avec moins de peine, l'homme de doctrine fera plus de fruits, parce que son intelligence sera plus ordonnée, son âme plus forte, son jugement plus droit. On se fie trop aux *industries du zèle*, voire même aux *œuvres laïques* d'apostolat (2). Ne me parlez pas surtout d'initier les étudiants, en voie de formation, à toutes ces

1. V. la lettre de Léon XIII à Mgr Krementz, archev. de Cologne, 20 avril 1890, sur la *question sociale*.

2. Les évêques — entre autres Mgr Pie — ont été plusieurs fois obligés d'élever la voix, pour rappeler sur la ligne droite du devoir, du sens chrétien, et de l'esprit de l'Église, certaines assemblées de catholiques, riches en bons désirs et en bonnes idées, mais souvent rendues stériles ou même dangereuses, par les tendances libérales.

connaissances de détail; donnez-leur des principes; plus tard, le sens théologique leur montrera toujours assez vite le mal; d'elle-même, la science sacrée bien comprise les initiera à l'étude et à l'application du remède. Moi aussi, je veux des hommes distingués et complets, autant que possible, dans leur formation d'hommes; moi aussi, je crois que la connaissance de son époque et de ses lamentables besoins est un des grands devoirs du sacerdoce, un des éléments principaux de son influence. Mais il est de l'essence des écoles théologiques, de se borner à la partie théorique de toute science; les études doivent y être spéculatives, sévèrement bornées aux principes, très scolastiques. A ce compte, les étudiants seront à la fois prémunis contre les dangers de l'étude de la société sur place, dirigés dans leurs lectures et leurs expériences. On dira que, sortant du séminaire, ils sont neufs, gauches, inexpérimentés; tant mieux, s'ils sont solides! On dira qu'il est choquant, par exemple, en histoire, de leur apprendre ce qui s'est passé autrefois, sans les initier à ce qui se passe aujourd'hui. — Je répondrai que l'histoire n'étant complète, explicable, instructive et philosophique qu'à distance, n'est une science de principe qu'à condition de s'exercer sur le passé; l'étude de l'histoire contemporaine, utile en un sens, est très dangereuse en un autre sens plus important. Oui, je veux que le prêtre, quittant le séminaire, n'ait que des principes; qu'il connaisse les terres lointaines, les siècles écoulés; et non seulement je consens, mais j'aime qu'à son début apostolique, il ignore ce qui se passait hier de l'autre côté du mur, à l'abri duquel s'est écoulée paisible et pieuse sa jeunesse, et à l'ombre duquel il a appris la première des sciences, la *science des principes*, et la seconde, celle de soi-même.

La mission de l'École théologique ainsi comprise n'est pas, comme on pourrait le croire, de former des théologiens, ou des canonistes, des docteurs capables de donner une consultation, de résoudre des cas difficiles, de composer une sorte de sénat intellectuel. Non; c'est de faire circuler, dans la masse même de la nation, l'esprit de la théologie; c'est de verser abondamment, dans l'âme de la société, cette infusion de sève surnaturelle renfermée, comme une essence de vie divine, dans ces réservoirs sacrés de la religion qu'on appelle les prêtres. Il ne s'agit pas non plus, et qui prétend cela, de faire une nation de théologiens; mais une *nation théologique*, à la bonne heure! une nation formée théologiquement. Je sais que le mot est choquant pour nos rationalistes, peu importe. C'est le clergé séculier qui sauvera la France, puisque le grand moyen de conversion des peuples, c'est la parole divine, jetée dans les âmes par la parole apostolique, ceci est élémentaire. Or, pour être capable d'appliquer ce moyen, pour comprendre son efficacité surnaturelle, pour avoir même la notion de son rôle, pour en être convaincu, agir en conséquence, et ramener tous les moyens à celui-là, il faut déjà être rempli de la parole de Dieu, être théologien; la théologie seule produit l'apostolat. Donnez-moi un clergé théologien, il pourra aimer les industries du zèle, s'en servir, insister sur leur utilité, les dire nécessaires, s'enthousiasmer pour elles; jamais il ne consentira à leur sacrifier la parole de Dieu, l'enseignement. Donnez-moi un clergé profondément théologien, il pensera unanimement que l'enseignement de la parole de Dieu est le grand moyen de production de la foi; il regardera le reste comme moyen très secondaire et subordonné à la prédication évangélique.

Comme l'action du prêtre doit être une *action sociale*, c'est à exercer cette action que doit préparer l'éducation sacerdotale. Si elle ne fait cela, elle ne fait rien, ou du moins ce qu'elle fait est si peu de chose, qu'on peut dire que ce n'est rien, en comparaison de ce qu'elle devrait faire. Que de trésors de générosité, de vertu solide, d'ardeur, de zèle, d'esprit de sacrifice, se dépensent chez nous, sinon en pure perte — car devant Dieu rien ne se perd en mérites — du moins avec peu de profit, pour la restauration chrétienne. L'amoindrissement de l'éducation sacerdotale a contribué puissamment à enlever au prêtre toute influence sociale, à lui briser bras et jambes, à le réduire au rôle minime d'une personne isolée qui travaille, de ses seules forces, à une œuvre immense qui demande des forces divines. La méthode française, incarnée depuis le XVIIe siècle dans une école théologique fameuse, en détruisant la juste notion des études sacrées, a formé un clergé sans action sur les peuples ; elle l'a privé de cette supériorité intellectuelle qui façonne une nation à son image, l'imbibe de principes, lui imprime sa direction. — Vous reconnaîtrez, entre mille, tout disciple de cette école, à l'indécision, à la timidité, au caractère vague, au peu de fondement philosophique et dogmatique de ses idées, sur la théorie des rapports entre l'Église, l'État et les choses temporelles ; sur la constitution de l'Église ; sur l'extension du domaine surnaturel, de l'infaillibilité et de la Révélation; sur la limite à tracer entre la foi et la raison : sur l'union de la théologie et des sciences ; sur l'usage de la coaction contre les erreurs doctrinales; sur le droit d'enseigner ou de tenir des opinions non condamnées mais pourtant improuvées par l'Église, et de ne pas sentir avec l'Église — *sentiendum cum Ecclesia* (1). — Sur tous ces points, encore une fois, le disciple de cette école théologique en question n'a pas d'idées nettes et fermes ; il ne peut répondre sans hésiter et tâtonner ; souvent même, telle est sa devise : Éviter de tomber sous les condamnations de l'Église; pour le reste, profiter de sa liberté; il appelle cela: *In dubiis libertas!* N'est-ce pas plutôt une racine de libéralisme, et l'évolution la plus subtile des théories rationalistes, qui sont le fléau de notre éducation moderne ?

Le remède suprême aux maux actuels de la société est donc dans une réorganisation des choses ecclésiastiques *absolument conforme* de tout point, aux anciennes institutions de l'Église, qui ont le double mérite et d'avoir fait leurs preuves, et d'être les institutions de l'Église, par conséquent d'avoir mission et grâce d'état pour être la combinaison qui sauvera le monde. Il faut toujours se placer à ce point de vue, pour apprécier sainement ce que font les hommes, et ce qui arrive de leurs œuvres. Puisque la décadence doctrinale a son contre-coup dans l'enseignement populaire ; puisque les écoles théologiques sont la source de la prédication publique ; le sacerdoce sera toujours la lumière du monde et le type de la société. Si on affaiblit dans le prêtre l'intelligence du dogme, dans une porportion

1. S. Vincent de Lérins.

quelconque, le ministère sacerdotal perd, dans les mêmes proportions, cette *force convertissante*, cette vertu divine de sauver les croyants, qui est le don propre de l'Église ; la prédication populaire s'appauvrit, et le sens chrétien s'efface dans le troupeau ; l'ignorance se répand, et, avec elle, les désordres, fruits de l'ignorance et effets du péché originel ; des novateurs hardis apparaissent ; l'orgueil de la raison s'exalte ; l'erreur se répand et s'accentue ; l'autorité de l'Église devient gênante, perd son action, partiellement chez les uns, totalement chez les autres ; on tend à la remplacer, soit par un christianisme national, soit par un déisme absolument rationaliste. — Il ne m'appartient pas d'exposer comment le travail qui s'opère dans la société répond à la formation théologique du clergé, et comment le dogme est la source intime de l'action sociale ; il me suffit de rappeler cette corrélation nécessaire.

Or, serait-il téméraire de dire que la prédication de l'Évangile s'est affaiblie chez nous, que les vérités chrétiennes sont trop souvent traitées comme des thèmes à éloquence, que les principes théologiques n'inspirent plus assez généralement les hommes de l'apostolat ? — Une prédication sans théologie n'a pas chance de durer, de s'imposer aux âmes pour les féconder, car le sel de la terre n'est plus en elle : ce n'est plus la parole de Dieu qui sème le Verbe, c'est la parole de l'homme qui sème des idées humaines. Et il est écrit : l'homme récoltera ce qu'il aura semé ; ce n'est pas seulement une règle de botanique, c'est autant une loi d'ordre intellectuel et moral.

Nous voyons la nation livrée au plus mauvais esprit, le clergé désarmé contre la sécularisation universelle, et nous nous étonnons. Ce n'est pas cependant que le sacerdoce manque d'aucun des dons naturels ou d'aucune des vertus morales nécessaires à l'action : générosité, intelligence, activité, énergie de résistance aux puissances séculières révoltées, il a toutes les vertus, mais il a oublié peut-être un point, éclairer, animer, féconder tout cela par des principes dogmatiques solides. Un clergé exceptionnel par le dévouement, l'intelligence, s'il inutilise ses riches ressources en négligeant les études de principes, celles qui fécondent tout le reste, un tel clergé ne fera pas de fruits durables ; c'est certain, et je dis que c'est certain, parce que c'est logique.

C'est la théologie qui assainira le sens public, l'intelligence nationale, enrichie des dons de la foi ; elle coordonnera les vérités découvertes par l'homme, en leur ajoutant une lumière supérieure. Ce que ferait la théologie sur la société, c'est comme l'opération médicale de la transfusion du sang. Il y a, dans les intelligences modernes, surtout en France, quelque chose de maladif et d'inquiet, de tourmenté ; cet état, pour ne pas dégénérer en une sorte de phthisie intellectuelle, en une langueur inquiète et malsaine, appelle une forte nourriture, un *substratum* solide, que la théologie seule peut donner, par ses principes sains et inébranlables. Plus l'inexactitude de l'esprit et la fausseté des doctrines se propagent, plus il est urgent pour les prêtres de garder la pureté des principes, afin que leur esprit en soit le réservoir et le trésor, et leurs lèvres enseignantes la source : *Labia sacerdotis custodient scientiam* (1).

Il est certes bien douloureux pour le catholicisme d'avoir à se défendre aujourd'hui devant ses enfants, comme il se défendait autrefois devant ses bourreaux ; mais puisque — selon le mot de Chateaubriand — l'*apologétique aux gentils* est devenue l'*apologétique aux chrétiens* (2), l'Église ne peut reculer, l'enseignement doit donner les règles de cette défense, dont il sortira un nouveau et plus grand bien. La situation de l'Église, en face des chrétiens incrédules gagnés par l'esprit moderne, est la même qu'en face des païens ; la question doit être reprise d'aussi loin. Devant cette difficulté, quelle que soit l'inutilité apparente de sa prédication et de ses travaux, le prêtre formé et comprenant sa mission comme je l'ai dit, ne peut pas oublier que sa parole est une semence, qu'il est lui-même le sel de la terre, la lumière du monde, et que pour porter du fruit, le grain doit mourir en terre.

Si notre siècle est, malgré ses malheurs extérieurs, le lieu des germes du salut, comme le XVIIe siècle a été, malgré ses gloires extérieures, le lieu des germes de la décomposition

1. *S. Jean Chrysost.*
2. *Génie du christianisme*, III, liv. IV, c. 2.

sociale ; parmi ces germes vitaux que porte encore dans son sein notre société, et qui autorisent l'espérance, l'enseignement théologique est le plus profond ; c'est par lui que les autres seront féconds, et ils ne peuvent l'être sans lui. Il a, du reste, le temps de prendre ses mesures, pour produire les effets sociaux dont il est capable ; il peut être patient, puisque le christianisme est immortel. Les âmes, en particulier, ne peuvent attendre pour faire leur salut individuel ; aussi le christianisme leur donne-t-il de suite le nécessaire ; mais lui, en tant qu'il doit convertir la société, il a le temps, il peut prendre largement ses dispositions. Pour conquérir le monde, il place ses prêtres partout dans des postes de détail, il les charge de travailler sur les individus, sur les plus petits éléments; peu à peu il arrivera aux résultats d'ensemble, à son but définitif — *Confidite, Ego vici mundum* (1) !

Peut-être ne verrons-nous que du haut du ciel ce triomphe du christianisme ; et pourtant, malgré les troubles de notre siècle, et au milieu de la tempête qui enveloppe le monde, Dieu nous montre déjà en haut bien des signes d'espérance. Le règne des expédients se termine, celui des principes catholiques va commencer ; à travers les questions qui s'agitent, les recherches qui s'opèrent et les querelles qui remuent la société, il se fait en Europe un profond travail de doctrines ; c'est là certainement l'élément le plus élevé et le plus fécond de la régénération qui se prépare. L'âme de ce travail gigantesque, c'est le sacerdoce catholique, non pas un sacerdoce amoindri par la faiblesse des méthodes surannées et impuissantes, ou par l'infiltration des idées modernes, mais un sacerdoce retrempé aux vraies sources, dans cette tradition scolastique à laquelle la France doit, dans le passé comme dans le présent, tout ce qu'elle a de gloires sans tache, d'influence solide, de travaux féconds et de vertus héroïques.

Cette espérance de rénovation intellectuelle et sociale n'est pas nouvelle ; née avec Chateaubriand, elle était vague et incertaine au commencement de ce siècle ; plus il avance vers la fin, plus elle devient précise et assurée, plus on voit apparaître,

1. *Joan.*, XVI, 33.

dans toutes les directions de l'horizon, les signes de sa prochaine réalisation. On sait maintenant en quoi consistera l'ordre nouveau ; ce ne sera certes plus un christianisme qui transige avec le monde, mais une nouvelle effusion de foi et de lumière dans les intelligences, de vie chrétienne dans les cœurs, de civilisation catholique dans la société. Si grands que soient les maux actuels, si contraires que paraissent les travaux et les tendances de la science, certains indices nous crient, au nom du christianisme : *Hæc est victoria quæ vincit mundum, fides nostra.* Jouffroy n'écrirait plus aujourd'hui *comment les dogmes finissent*, car il verrait la foi plus vivante que jamais, et l'immense chemin parcouru, en 50 ans, dans le sens du retour au dogme catholique. Si la perte des notions théologiques a écarté du dogme certains esprits, et fait prendre le change au philosophe de 1825, il est toujours des intelligences où brûle ce feu sacré de la foi, en attendant de se répandre ; il s'éteint dans les unes, par l'abus de la grâce, pour se rallumer dans les autres par la bonne volonté. La foi, c'est le germe transformateur ; elle fermente dans l'âme, envahit, absorbe, transforme tout l'être humain, et, par l'être humain, toute la société.

FIN DE LA PREMIÈRE PARTIE [1].

1. La *seconde partie* de l'*Essai sur la méthode* est en préparation.

TABLE DES MATIÈRES

Imprimé par la Société Saint-Augustin, Bruges.

www.ingramcontent.com/pod-product-compliance
Ingram Content Group UK Ltd.
Pitfield, Milton Keynes, MK11 3LW, UK
UKHW022050260726
13993UKWH00001B/31